2022 年吉林市社会科学界联合会课题"智慧图书馆建设视域下的阅读推广研究"（证书编号：2279）

智慧图书馆建设视域下的阅读推广研究

刘鹏强　著

辽宁大学出版社 | 沈阳
Liaoning University Press

图书在版编目（CIP）数据

智慧图书馆建设视域下的阅读推广研究/刘鹏强著
. --沈阳：辽宁大学出版社，2023.7
ISBN 978-7-5698-1325-8

Ⅰ.①智… Ⅱ.①刘… Ⅲ.①数字图书馆－读书活动
－研究 Ⅳ.①G250.76

中国国家版本馆 CIP 数据核字（2023）第 131950 号

智慧图书馆建设视域下的阅读推广研究
ZHIHUI TUSHUGUAN JIANSHE SHIYU XIA DE YUEDU TUIGUANG YANJIU

出 版 者：辽宁大学出版社有限责任公司
　　　　　（地址：沈阳市皇姑区崇山中路 66 号　　邮政编码：110036）
印 刷 者：河北万卷印刷有限公司
发 行 者：辽宁大学出版社有限责任公司
幅面尺寸：170mm×240mm
印　　张：13.75
字　　数：254 千字
出版时间：2023 年 7 月第 1 版
印刷时间：2023 年 7 月第 1 次印刷
责任编辑：冯　蕾
封面设计：韩　实
责任校对：任　伟

书　　号：ISBN 978-7-5698-1325-8
定　　价：78.00 元

联系电话：024-86864613
邮购热线：024-86830665
网　　址：http://press.lnu.edu.cn

"阅读推广"一词最初源于英文的 reading promotion，promotion 除可翻译为"推广"外，还有"促进、提升"的意思，所以也有人将 reading promotion 翻译为"阅读促进"。自国际上发出全民阅读的倡议之后，我国迅速响应，顺理成章地借用了 reading promotion 这个概念，并将其翻译为"阅读推广"。于是自 1997 年以来，"阅读推广"逐渐成为国内图书馆界、出版界的一个常用词、高频词。按字面意思理解，"阅读推广"无非就是为推动全民阅读的实现而开展的所有引导阅读、激励阅读的活动的统称。

随着各种智能化设备、新技术以及智慧平台在图书馆的应用，图书馆对读者的阅读需求、阅读行为、阅读情绪和阅读满意度的细节化测量成为可能。图书馆如何有效地对所采集的读者阅读行为数据进行分析，满足读者潜在的阅读需求，成为图书馆开展精准阅读推广的基础，这为图书馆阅读推广服务转型提供了发展机遇。在智慧服务驱使下，基于大数据的新兴技术、设备、软件等给图书馆阅读推广服务带来了挑战，因而研究基于智慧服务的图书馆阅读推广服务在信息搜集、信息组织与信息开发上的变革与创新尤其必要。

到目前为止，我国已经有 35 个省级智慧图书馆正在建设，各级图书馆之间的业务也开始互联互通。针对智慧图书馆，国家提出了一系列的发展策略。"互联网 +"的应用使得图书馆逐渐朝着数字化、智能化方向发展，智慧图书馆已经成为图书馆发展的必然趋势。传统的图书馆在服务模式、效率和灵敏度上都存在着一定的局限性，而智慧图书馆充分利用大数据、云计算等先进的技术打破了时间与空间上的界限。因此，智慧图书馆阅读推广的发展空间很大，市场非常广阔且需求量庞大。

本书共分五章。第一章介绍了阅读推广的基本概念；第二章对智慧图书馆的概念、特征、功能、技术支撑、资源建设和服务概况进行了解读；第三章阐述了智慧图书馆建设视域下阅读推广模式的构建，主要包括资源知识化模式、服务智慧化模式、媒介多元化模式、活动规范化模式；第四章探讨了智慧图书馆建设视域下公共图书馆的阅读推广，主要内容包括公共图书馆智慧服务的解读、公共图书馆智慧服务的现状以及智慧图书馆建设视域下公共图书馆的阅读推广发展策略；第五章探讨了智慧图书馆建设视域下高校图书馆的阅读推广，主要内容包括高校图书馆阅读推广概述、高校图书馆阅读推广的方式以及智慧图书馆建设视域下高校图书馆的阅读推广发展策略。

本书内容翔实，适合图书馆阅读推广相关工作者与研究者进行阅读与参考。

目录
contents

第一章 阅读推广概述

第一节 阅读

一、阅读的概念与本质

（一）阅读的概念

人们对于"阅读"再熟悉不过了，自从世界上出现了有记录的信息，人类的阅读活动就开始了。阅读是人类所特有的一种社会活动，是人类认识世界，从而改造世界的重要手段。阿尔维托·曼古埃尔在其所著的《阅读史》中写道："阅读，几乎就如同呼吸一般，是我们的基本功能。"我国自古就有"忠厚传家久，诗书继世长"的民谚。

究竟什么是阅读？《说文解字》中，"阅"的解释是"具数于门中也"，即将家庭功名尽数记载于大门的门板，以便浏览。后引申为阅览，亦有查看、经历、观赏等意。"读"的解释是"诵书也"，即朗诵诗书经文，照着文字用嘴念出声。后引申为观看、上学等意。后世把"阅"和"读"加以结合，如宋代曾巩在《徐禧给事中》一文中说："惟精敏不懈，可以周阅读；惟忠实不挠，可以司论驳。"叶圣陶在《中学国文学习法》一文中说："阅读总得'读'。出声念诵固然是读，不出声默诵也是读，乃至口腔喉舌绝不运动，只用眼睛在纸面上巡行，如古人所谓'目治'，也是读。"《汉语大词典》中对"阅读"的解释是"看（书、报、文件等），并领会其内容"。

阅读，一般是指看书、看报，并理解其中的意思。这个解释说明了阅读具备三个要素：一是能看的"人"，这个"人"有基本的视力条件，有识字能力；二是有可看的"物"，这个"物"是由文字或图画等构成的书籍、报刊等；三是有一般理解能力的"人"，也就是要求这个"人"有一定的文字认知能力，有一定的知识积累，还要有一定的思维能力。阅读关系中的"物"通常叫作"读物"，而其中的"人"通常叫作"读者"。

一般而言，阅读是从视觉材料中获取信息，并通过大脑进行吸收、加工、理解的过程。视觉材料主要是文字和图片，也包括符号、公式、图表等。阅读作为一种复杂的智力活动，在人类生活中有更广泛的应用。

（二）阅读的本质

1. 阅读是生而为人最基本的社会活动

一个人的成长过程，就是一个不断学习的过程，通过学习，人得以不断地感知和认识社会。这期间，有大人的帮扶、教育，也有自己的模仿、学习。当一个孩子学习读图时，他便开始了他的阅读生涯。通过阅读，孩子逐渐学会独立认识更加丰富的世界，也在不断地适应生活、学会生活，最终可以独立生活。所以，阅读是一个人成长过程中乃至生存过程中最基本的社会活动之一。

2. 阅读是生而为人最基本的精神需要

一个人的阅读史，就是他的精神发育史。阅读的意义不仅在于让人获得更多新知，更重要的是让人从前人身上找到前行的方向、战胜困难的勇气、坚定的意志和高尚的德行等精神启迪。因此，阅读需要是人类精神需要的一部分，它既是一种社会需要，又是一种心理需要，是人的内心和谐发展和精神健康成长的有力保障。

3. 阅读是生而为人最基本的文化权利

阅读是一个人精神生活的延续，是社会道德和精神文明的传承。社会应该为人类提供最基本的阅读条件，创造更加优越的阅读环境，这些是文明社会赋予人的基本文化权利。

4. 阅读是生而为人最基本的社会义务

阅读可以让个人累积和创新知识，产生自我学习动力，提升自我发展能力，每个心智健全的人都应该努力阅读，尽力获得更多知识和能力，为社会更快更好的发展尽一份自己的责任和义务。阅读不仅能让个人精神成长走向成熟，还能为社会的延续和发展传承文化、创造文明。阅读是作为社会人的基本义务之一。

二、阅读的主体与客体

（一）阅读主体

阅读主体是指具备阅读能力的人，因人在阅读过程中处于主动的地位，故被称为阅读主体。然而并不是每个人都能够成为阅读主体，李长喜在《中国大学生百科全书》中指出："一个人成为阅读主体应该具有三方面的条件：一是有阅读欲望；二是具备一定阅读能力；三是从事阅读活动。三者兼备，才是真正意义上的阅读主体。"真正有效的阅读，必须依靠阅读者全部的心智和情感意向活动，对书面符号进行感知和理解，只有这样，阅读者才能把握其所反映的客观事物及其意义，达到阅读的目的。

1. 阅读动机

阅读动机是指由与阅读有关的目标所引导、激发和维持的个体阅读活动的内在心理活动和内部动力过程。阅读动机包括愉悦、减缓紧张、交流、增强社会意识、获取关于生活的信息。这些动机受时间、地点、情绪、记忆、经验、愿望、读书兴趣的影响。因此，阅读可以被看作一项活动，它受读者的许多内在因素的影响。

阅读动机可以分为以下几种类型。

（1）积极性阅读动机。符合道德规范，具有积极社会意义的阅读需求，属于积极性阅读动机。例如，为了学习专业知识而选择阅读各种专业类书籍；为了扩大知识面或掌握实用技术，而选择阅读计算机、英语与人文科学类书籍。这类读者的阅读动机不在于阅读的过程，他们注重的是阅读的结果，希望能够掌握专业知识或实用技能，从而为将来的就业打下良好的基础。

（2）消极性阅读动机。没有明确的阅读目标，只是出于猎奇或其他不健康目的而产生的阅读需求，属于消极性阅读动机。例如，部分读者喜爱阅读消遣性杂志，热衷于影视作品、体育新闻、娱乐新闻等，以此消磨时间；部分读者喜爱阅读传奇、武侠等类型图书。此类读者阅读只是为了消遣或寻求刺激，他们所追求的只是阅读过程而不是阅读结果。

（3）稳定性阅读动机。因长时期的需求而产生的阅读动机属于稳定性阅读动机。例如，读者对于专业书籍的阅读需求。

（4）暂时性阅读动机。由短时间的需求而产生的阅读动机属于暂时性阅读动机。例如，在学校组织大型活动时，读者对于活动所涉及的领域内图书的阅读需求。

阅读动机是在一定社会环境影响下形成的，不同的阅读主体具有不同的阅读动机，同一阅读主体在不同的情况下也会产生不同的阅读动机。

2. 阅读能力

阅读能力是指在阅读实践过程中与阅读后的理解、分析、概括和联想能力。阅读能力是在长期的阅读过程中逐步培养起来的，其养成有一个从低级到高级的渐进过程。通常所说的阅读能力包含以下五个方面。

（1）阅读内容选择能力。这是阅读能力的基础。读者应具备辨别是非的能力，对于阅读内容的甄别应具有自己的标准。因此，读者是否能够选择适合自己的阅读资料进行阅读，直接体现出其阅读能力的高低。

（2）感性认知能力。这是指对文章表面的理解能力，对于读过的文章，能够明白词句所表达的含义，知道文章是什么体裁，写了什么内容，能够对文章内容进行简单复述。感性认知能力属于浅阅读层面的阅读能力，是最低级的阅读能力。

（3）内在关系理解能力。内在关系理解能力要求对文章精读之后，能够厘清文章内容和结构上的各种关系，在理解字面意思的基础上，进一步探求和把握语言的深层次含义，善于捕捉作者在字里行间隐藏的"言外之意"，能够理解文章为何这样行文。这属于深阅读层面的一种阅读能力，如果不具备这种深层意义的分析与把握能力，往往不能全面理解文章的中心思想，也不能准确体会作者的思想感情，对于文章就没有真正理解。

（4）鉴赏能力（即评判能力）。这种能力是指能够对文章进行认真评析，能够考察其真实性，能够判定其是非曲直，能够做到不盲目读书，不迷信书本。在阅读时，能够在全面理解作品的前提下，对作者在作品中表达的内容与思想感情做出自己的判断与评价。既能鉴赏，又能批判，从而真正在阅读中增长学识。

（5）创造性理解能力。这是指能够将读过的内容经过思维的过滤，融于自己的知识体系之中，并能因此生出新意。对作品的理解能同现实生活相联系，能把书本知识同已经掌握的知识相融通，善于触发联想。这样能够将死书本化为活材料，由旧知识生成新思想。

3. 阅读活动

阅读活动可以是自发的，也可以是有组织的活动。所谓自发式活动，是指人自己进行的阅读活动，与其他人的阅读活动没有交叉，完全是自主式地开展活动。有组织的活动通常是指由某一机构或者某一组织所发起的，面向一定人群、具有一定规模的有主题的活动，如阅读心得征文比赛、朗读比赛或演讲比赛等。

（二）阅读客体

阅读客体又称阅读对象，有广义和狭义之分。广义的阅读对象包括自然和人类社会的一切。鲁迅将"社会"看成读物，提出要留心世事，"用自己的眼睛去读世间这一部活书"。陶行知将"活书"阐释为"活的知识之宝库"，如"花草是活书，树木是活书，飞禽、走兽、小虫、微生物是活书。山川湖海，风云雨雷，天体运行都是活书。活的人、活的问题、活的文化、活的武功、活的世界、活的宇宙、活的变化，都是活的知识之宝库，便都是活的书"。人们也常常将这样的"活书"称为"无字书"，以便与书籍、报纸、杂志这样的"有字书"相区分。阿尔维托·曼古埃尔在《阅读史》一书中对人类的阅读行为做了形象生动的描述："阅读书页上的字母只是它（指阅读）的诸多面相之一。天文学家阅读一张不复存在的星星图；日本的建筑师阅读准备盖房子的土地，以保护它免受邪恶势力侵袭；动物学家阅读森林中动物的足迹；玩纸牌者阅读伙伴的手势，以打出获胜之牌；舞者阅读编舞者的记号法，而观众则阅读舞者在舞台上的动作；织者阅读一张待编织的地毯的错综复杂的设计图；弹奏管风琴的乐手阅读谱上编成管弦乐的各种同时性的串串音符；双亲阅读婴儿的表情，以察觉喜悦或惊骇或好奇的讯息；中国的算命者阅读古代龟壳上的标记；情人在晚上盲目地在被窝底下阅读爱人的身体；精神科医生帮助病人阅读他们自己饱受困扰的梦；夏威夷渔夫将手插入海中以阅读海流；农民阅读天空以测天气，这一切阅读都和书本的读者共享辨读与翻译符号的技巧。"正如叶圣陶在《读书二首》中所言："天地阅览室，万物皆书卷。"广义的阅读对象包括人类目之所及的一切事物。

曾祥芹根据马克思的"人的主体性"理论对此概念继续补充说明：没有和读者建立阅读关系的潜在读物，不能称其为阅读对象，只有与读者建立了阅读关系，并已被读者认识和把握了的读物，才可称其为现实的阅读对象。[①] 内容的思想观念性、形式的语言符号性和物质载体性，以及阅读主体的占有性是读物的四种基本属性，只有四者兼备，才能构成阅读对象的本质特征。此观点似乎有点将阅读对象窄化，朱永新在引用此概念时做了适当的修改："狭义的阅读对象是一种精神产品，比如书本、报纸、杂志等。这种精神产品既不同于自然事物和自然现象那种'自然客体'，也不同于社会存在和社会关系那种'社会客体'，而是一种'可供传播精神的外化物'。"[②] 事实上，根据"对象"一词在《现代汉语词典》中的释义"行动或思考时作为目标的人或事物"，可见作为"对象"的人或事物并不一定要处在行为发生的过程中，尚处于思考中的人或事物亦可称之为对象。因此，不如忽略"阅读主体的占有性"，将狭义的阅读对象定义为"一种以书面语言为主体符号的、固化在物质载体内的作者的精神产品"，即通常意义上的"文本"，比较符合人们的认知习惯。

由于阅读对象有广义和狭义之分，便有了广义与狭义的"阅读"概念，有了不同的阅读方法和途径，有了不一样的阅读效果，最终使人们形成了或开阔

---

① 曾祥芹.阅读学新论 [M].北京：语文出版社.1999：23.
② 张炜，陈菁."为了一切的人"与"为了人的一切"：当代知名教育家朱永新人文教育及阅读观解析 [J].新世纪图书馆，2021（4）：23-27.

或狭隘的阅读视野。

三、阅读过程

如果把阅读看作是一个从信息符号中获取意义的过程，那么就可以用申农的"信息论"来分析作者、文本、读者、世界四要素及其相互关系。根据申农的通信模式可知：通信过程是一个信源发出信息，经过编码变成信号，通过信道进行传递，再经过译码到达信宿的过程。虽然这个通信模式及他的整个信息论都着眼于工程技术领域，但对传播学的孕育和创立产生了至关重要的影响。

作者的写作过程就是一个编码过程，作者通过认识世界，将储存在头脑中的信息编码成文字符号，形成文本。读者的阅读过程则是一个译码过程，读者以认识世界为前提，通过阅读文本，将文字符号还原成作者意图传播的信息。所不同的是，在编码过程中，作者是编码行为的发起者和承担者，文本是编码的产品；在译码过程中，读者是译码行为的发起者和承担者，文本是译码的对象。虽然文本是作者和读者交际过程的中介，但这个中介始终处于被动静止的状态，作者在读者的译码过程中不会直接发挥作用，他是静止的、远离的、非参与的。读者通过了解世界与文本，间接地和作者对话；作者通过世界与文本，间接地影响读者。世界作为一个显性的存在，它通过影响作者与读者，而间接地影响文本的创作与文本的解读。在传统的阅读理论中只考虑"作者—文本—读者"的三角关系，忽视了"世界"的重要一极，因而也就忽视了"作者—文本—世界""读者—文本—世界""作者—世界—读者"这三个同样不可忽视的三角关系。所以，在阅读中，读者的世界观以及对世界的认识是他读懂文本、理解作者的前提。

根据阅读的信息加工理论，上述译码过程即读者的阅读过程可以分为阅读前期、阅读中期、阅读后期三个阶段。阅读前期即阅读的准备阶段，读者需要选择读物，并对读物进行初步感知和识别，以确定将要阅读的是哪个文本，此行为可称作选码和识码。阅读中期即阅读进行阶段，此阶段分为两个步骤：一是读者需要理解和阐释文本语言代码的意义，并组织编制新的认知结构，此行为可称作解码和编码（读者对文本意义重新编码）；二是读者对文本表述的对象进行欣赏和评价，此行为可称作赏码和评码。阅读后期即阅读的结束阶段，读者需要把自己从文本中提取的信息进行储存并应用，以实现知识的增值和获得创新效应，此行为可称作储码和用码。由此可见，读者的阅读过程就是一个读者对信息进行选码、识码、解码、重新编码、赏码、评码、储码、用码的过程，分别对应认知心理学的感知、理解、评价、应用等不同阶段，最终达到知识迁移的目的。

四、阅读的意义

阅读的功能决定了阅读的意义。阅读的特点影响着阅读功能的发挥。不论是何种阅读，都具有共同的功能特征：主体建构性、文化增值性、再创造性以及解读差异性。

所谓"阅读意义"，是指阅读主体对阅读客体满足主体需求大小的一种评价。一般来说，满足需求愈大、愈充分，意义就愈大。但意义的评价还具有某种主观性特点，有时尽管被阅读的对象并不具有太大的客观价值，却会得到阅读者的高度评价。

朱永新对阅读的意义有以下几个基本观点：一个人的精神发育史就是他的阅读史；一个民族的精神境界取决于这个民族的阅读水平；一个没有阅读的学校永远不可能有真正的教育；一个书香充盈的城市必然是一个美丽的城市。概括起来，阅读对个人和社会都具有重要意义。①

（一）阅读对个人的意义

1. 阅读可以获取知识

知识的来源有两个方面：一是自己的经验（直接经验）；二是别人的经验（间接经验）。毛泽东在《实践论》中提出："一切真知都是从直接经验发源的。但人不能事事直接经验，事实上多数的知识都是间接经验的东西，这就是一切古代的和外域的知识。"随着社会的发展，书籍出现使人类的知识储存和传播有了载体。阅读，便成为人类获得知识的重要手段。正如高尔基所说："读书，这个我们习以为常的平凡过程，实际上是人的心灵和上下古今一切民族的伟大智慧相结合的过程……"

书籍是人类智慧的结晶，是人类知识的载体，更是传播知识的主要工具之一。今天，我们能够了解中国 3000 多年前的奴隶社会状况，知道 2000 多年前战国时期百家争鸣的情形，读到优美的汉赋、唐诗、宋词、元曲……都有赖于阅读书籍。人们通过阅读书籍可以迅速汲取几千年发展所积累的知识，阅读是系统地获得知识的方法，它也许慢，效果却最深远。我们的教育也是从阅读训练起步的，阅读是学习各门学科的基础学力，可谓是"学习之母""教育

---

① 赵国彬.阅读的力量[J].教育家，2021（30）：70.

之本"。一个人要积累知识，就必须阅读。

2. 阅读可以开发智力

汉代史学家刘向说："书犹药也，善读之可以医愚。"阅读在本质上是一种极为复杂的智力活动，经常阅读有利于智力开发。国际阅读协会（现更名为国际读写协会）维也纳研究中心主任理查德·巴姆贝尔在论述阅读的本质时曾说："人们通过视觉器官认识了语言符号，反映到大脑中转化为概念，许多概念又组成完整的思想，然后发展为复杂的思维、联想、评价、想象等。"[①]人的智力结构的核心要素是思维能力，而许多思维活动是通过阅读来实现的。阅读不仅是视觉和感知活动，还伴随着理解、想象、记忆等思维活动。

据阅读心理学家研究，主动的、积极的阅读活动会大大增强读者心智活动的能量。阅读心智活动含有三个机能群：一是激活机能群，专事启动、强化和激发阅读的心理动力，形成专注、期待和灵感；二是操作机能群，完成猜测、确证、提纯、重组、应用、创新、表征和表述等动作；三是定向和调控机能群，朝着阅读目标，有程序、有节奏地实现阅读主体的需要。当三个机能群同时发动起来的时候，就可以全面开发读者的智力。

3. 阅读可以完善人格

伊塔洛·卡尔维诺在《为什么读经典》中说："阅读的目的不是为了记住它的内容，而是为了塑造我们的性格，以及赋予我们某种处理事情的经验，提供一种模式和手段，让我们知晓价值的衡量标准、美的范式。……我们就会重新发现那些现已构成我们内部机制的一部分恒定事物，尽管我们已回忆不起它们从哪里来。"阅读可以塑造一个人的性格，培养一个人正确的人生观和世界观。

读史使人明智，读诗使人灵秀，数学使人周密，科学使人深刻，伦理学使人庄重，逻辑修辞之学使人善辩，凡有所学，皆成性格。英国哲学家弗朗西斯·培根将阅读对人格的塑造描述得淋漓尽致："在阅读书籍的过程中，我们可以认识大千世界，了解纷繁复杂的思想。历史事理的教育和影响，或角色艺术形象的感染，都有助于树立正确的人生观和世界观，从而塑造自己完美的性格。"[②]

---

① 姜小艳. 快速阅读与学生智力开发 [J]. 邵阳学院学报，2003（3）：150-151.
② 张文彦，程美丽. 阅读投入与人格发展间影响关系的研究述评 [J]. 图书馆界，2019（5）：24-29.

4.阅读可以修身养性

开卷有益，腹有诗书气自华。著名作家三毛曾说："读书多了，容颜自然改变，许多时候，自己可能以为许多看过的书籍都成了过眼云烟，不复记忆，其实它们仍是潜在的。在气质里，在谈吐上，在胸襟的无涯，当然也可能显露在生活和文字里。"[①]

人类追求的最高价值是真、善、美。巴金曾说："我们有一个丰富的文学宝库，那就是多少代作家留下的杰作。它们教育我们，鼓励我们，要我们变得更好、更纯洁、更善良，对别人更有用。"[②] 阅读是一种内在的精神需求，虽不能使人腰缠万贯，但能让人大气、富有。多读书、读好书、善读书，久而久之就能形成自己丰富的精神世界，心境也会随之平顺起来。在纷繁复杂的世俗中，以淡然的心境、平和的心态，来面对世间万物，在读书中陶冶情操、修身养性，这何尝不是阅读带给心灵的一份馈赠与释然？

（二）阅读对社会的意义

1.阅读可以传承民族文化

人类各个时代的自然科学、社会科学和科学技术的知识，都浓缩在书籍里。英国著名历史学家阿诺德·约瑟夫·汤因比曾说过，中国文化之所以能够在全球各文明当中历经风雨寒暑，仍能保持文化性格的一贯性，其重要原因是中国有丰富的文化典籍和藏书文化。从这个意义上来说，阅读正是传承文化的有效途径。

一个民族的文化经典包含着先贤对人生、社会、自然的深刻思考，蕴藏着本民族的文化形态、思维模式和情感表达方式，承载着本民族所特有的精神基因，以及融汇在文化经典中的民族智慧、操守、风骨，是该民族得以发展与进步最重要的精神支撑。中华文化及其中所蕴含的民族精神，正需要通过阅读为大众所认知、践行、传承。阅读承载民族文化的经典书籍是传承文化、建构当下核心价值体系和精神家园的重要途径。

2.阅读可以提升国民素质

国民素质是国家基础竞争力的重要组成部分，它反映了一个国家人力资本的发展状况和经济长期持续发展的能力。在国民素质的各项含义中，文化素质又被认为是各项素质的关键所在。国民阅读力作为文化软实力的基石，不仅

---

① 三毛.送你一匹马 [M].北京：北京十月文艺出版社，2017：45.

② 钱理群.我们怎样读名著 [J].视野，2006（10）：52-53.

反映出社会的精神面貌，还直接关系到国家软实力和综合国力的强弱。

阅读是实现人的全面发展、人的自由解放、建构完美人性的必经之路，其在塑造国民人格、实现自我价值等方面起到潜移默化的作用。阅读有助于增进社会的文明程度、增进民族的文化底蕴和创造力、提升中华民族的整体素养，让中华民族始终充满生机与活力。随着知识经济时代的到来，阅读素养已经成为一个国家软实力的关键指标，成为体现国家竞争力的重要因素。

3.阅读可以促进社会生产

阅读作为科学技术和文化教育的能源，已经渗透到精神生产中的各个方面，是一种直接的精神生产力。精神生产往往通过影响人的素质来促进物质生产的进步，而阅读就是一种间接的物质生产力。随着社会的进步，精神生产逐渐成为规定物质生产的方向的力量，整个社会生产形成了以精神生产为先导的趋势。这是知识经济时代的一大特征，阅读将在新时代的社会生产中发挥越来越大的作用。

多年以来，"唯 GDP 论"的政绩观让经济发展在粗放型的困境里回旋。政府工作报告提出"建设书香社会"，要求各级政府不但要关注经济"硬指标"，也要发展文化"软实力"，这是促进经济转型升级、创新驱动发展的重大思路，也是促进经济发展进入新常态的新举措。

4.阅读可以发展社会文明

文明以止，化成天下。《论语》云："君子三年不为礼，礼必坏；三年不为乐，乐必崩。"这里的礼乐，即指文化素养。通过阅读优秀书籍，可以让文化素养内化于心、外化于行，价值观念悄然而变，沉稳大气开始压制浮躁、优雅开始驱逐粗俗。可以这样说，民众热爱读书、崇尚读书，代表这个社会的文明程度就会越高。

若书香氤氲，则社会清明、国民儒雅。近年来，美国、英国、澳大利亚等国家都将阅读作为国家教育评估的主要科目，出台了评估标准和评价项目。时任总理李克强多次把"全民阅读"写入《政府工作报告》，认为"我们国家全民的阅读量能够逐年增加，这也是我们社会进步、文明程度提高的十分重要的标志"，阅读作为一种生活方式，与工作方式相结合，"不仅会增加发展的创新力量，还会增强社会的道德力量"。

培根说："知识就是力量。"苏霍姆林斯基说："无限相信书籍的力量。""书籍的力量首先就意味着阅读力量，知识的力量要通过阅读的力量才能实现。"可以说，阅读滋养心灵，阅读启迪人生，阅读改变社会，阅读创造世界，阅读能力也是一种"生产力"。

第二节　阅读推广

一、阅读推广的概念

"阅读推广"是在"阅读辅导""导读"等概念的基础上发展而来的，简单地讲就是推广阅读，也称"阅读促进"。自 1995 年联合国教科文组织确定每年的 4 月 23 日为"世界图书与版权日"（World Book and Copyright Day），1997 年又发起"全民阅读"（reading for all）活动以来，"reading promotion"一词常见于联合国教科文组织、美国国会图书馆、美国全国艺术基金会的"大阅读"项目，国际图书馆协会联合会等倡导全民阅读的组织、机构的网站和工作报告。但是在英语世界，无论是机构网站、工作报告、期刊论文，还是维基百科，都没有赋予"reading promotion"一个学术性的定义，人们普遍认为"reading promotion"是一个意思清楚的词汇，无须作专门的定义。

（一）阅读推广是一种教育辅导活动

魏硕分析民国时期图书馆的阅读推广工作，认为民国时期图书馆进行阅读推广的基本内容可分为"知识的普及、识字教育、读者指导与教育、读书指导、升学指导"，以达到开通民智、提高全民素质、教育救国、教育普及的目的。[①]

《中国读书大辞典》中对"阅读指导"作了如下阐述："指在阅读活动过程中对阅读者施予积极有益的指点和辅导，以加强阅读效益的教育活动。它是培养阅读技能、提高阅读效率的必要手段。从范围上分，有课内阅读指导和课外阅读指导；从对象上分，有集体阅读指导和个别阅读指导。"这是从中小学阅读教育的角度来说的。同时，它又提到"图书馆也是阅读指导的重要社会阵地"，作为一种对人们的阅读有着积极影响的教育活动过程，阅读指导可"充分发挥其提高阅读认识、扩大文献视野、普及检索方法和掌握阅读技巧以及倡导系统阅读的功能"。

联合国教科文组织自成立之始，就倡导和组织了关于和包含阅读推广的很多活动，诸如扫除文盲、全民教育、终身学习等，这些项目以促进教育为主

---

① 魏硕，民国时期图书馆阅读推广活动研究 [D].长春：东北师范大学，2014.

旨。刘亮认为，其中"所包含的识字教育、培训阅读技能、激发阅读兴趣、提供阅读材料等实质上就是阅读推广"[①]。

金立认为，阅读指导是指在阅读活动过程中对阅读者施予积极有益的指点和辅导，以加强阅读效益的教育活动；是针对读者的个人需求，协助读者鉴别和选择适合的阅读素材，指导读者如何阅读，包括阅读内容和阅读方法的指导，以引起读者的阅读兴趣，并提升读者的阅读能力。[②]

鲁黎明认为，阅读推广的实质是"部分承担文化传承和社会教育职能的机构，通过各种途径和手段唤起国民的阅读意识，培养国民的阅读习惯，为国民提供阅读便利，从而促进全民综合素质的提高"[③]。

（二）阅读推广是一种文化传播活动

张超认为，"阅读推广就是指把阅读这一富含动态特征的思维活动作为一个作用目标，然后通过某种特定渠道或者方法，改变阅读的作用区域及其影响范围，使它的受众更容易、更简单地接受它、参与它的一种文化传播活动"[④]。

谢蓉认为，阅读推广活动从本质上可以归结为一种传播活动，符合传播学的一般原理。根据传播学理论，任何阅读推广活动不外乎是对推广主体、阅读者、阅读对象以及推广媒介等要素在一定时空范围内进行一定的设计、组合、组织和配置的结果，通过它们之间的相互作用，达成诸如"促进知识分享、提升精神层次、获得有用信息及愉悦身心"等阅读目的。[⑤]

方俊琦认为，从文化传播学的角度来说，阅读推介是一种阅读文化传播，因此必须从影响文化传播的要素探析阅读推介，这些要素包含文化环境建设、文化的自主性、文化传播的共同语义空间的建构、文化的互动性以及利用多元文化相结合为阅读推介提供平台等。[⑥]

---

① 刘亮.联合国教科文组织的阅读推广活动与图书馆[J].图书与情报，2011（5）：36-39.

② 万琪.由五年制高职学生的阅读习惯浅谈促进读者走进图书馆策略的研究[J].科技信息，2011（35）：490.

③ 鲁黎明.论阅读推广内涵与阅读推广工作原则[J].宁波教育学院学报，2015，17（1）：78-81.

④ 张超.基于创新推广理论的青少年阅读网络资源建设[D].济南：山东师范大学，2012.

⑤ 谢蓉.数字时代图书馆阅读推广模式研究[J].图书馆论坛，2012（3）：23-27.

⑥ 方俊琦，王云娣.文化传播学视角下的图书馆阅读推介创意探究[C]// 中国图书馆学会.中国图书馆学会年会论文集：2011 年卷.北京：国家图书馆出版社，2011：45-52.

（三）阅读推广是以促进全民阅读为目标的活动总和

于群、李国新认为，阅读推广是指通过开展各种阅读活动，向广大市民传播阅读知识，培养市民的阅读兴趣，促进全民阅读。①

万行明认为，"阅读推广"即推广阅读，就是图书馆及社会相关文化机构或组织以培养读者阅读习惯、激发读者阅读兴趣并提高读者阅读水平为目标而开展的一切工作的总称。②

王辛培认为，阅读推广是图书馆、出版机构、媒体、网络、政府及社会相关部门为培养读者阅读习惯，激发读者阅读兴趣、提高读者阅读水平、促进全民阅读所开展的有关活动和工作的总称。③

冯留燕认为，所有带动民众与图书直接接触，激发人们对书和阅读的兴趣，提高全民阅读能力和信息素养，实现让人们多读书、读好书、好读书，建立书香社会目标的阅读活动都可成为阅读推广项目。

张怀涛认为，由于阅读推广活动涉及面广、灵活性强、可拓展空间大，因此有狭义和广义之分。狭义的阅读推广主要指围绕某一主题开展的具体阅读活动；广义的阅读推广包括以"阅读"为中心延伸的各类文化活动和事业。"阅读推广"简言之就是社会组织或个人为促进人们阅读而开展的相关活动，也就是将有益于个人和社会的阅读活动推而广之；详言之就是社会组织或个人为促进阅读这一人类独有的活动，采用相应途径和方式，扩大阅读的作用范围，增强阅读的影响力度，使人们更有意愿、更有条件参与阅读的文化活动和事业。④

王波在此基础上又将"阅读推广"的定义表述为："阅读推广，就是为了推动人人阅读，以提高人类文化素质、提升各民族软实力、加快各国富强和民族振兴的进程为战略目标，而由各国的机构和个人开展的旨在培养民众的阅读兴趣、阅读习惯，提高民众的阅读质量、阅读能力、阅读效果的活动。"⑤

综上所述，阅读推广主要包含两层含义：一是阅读指导，即阅读能力、阅读技法、阅读心理、阅读理解等中小学课堂阅读教学的相关内容；二是阅读

① 于群，李国新.公共图书馆业务培训指导纲要[M].北京：北京师范大学出版社，2012：121-122.

② 万行明.阅读推广：助推图书馆腾飞的另一支翅膀[J].当代图书馆，2011（1）：8-11.

③ 王辛培.阅读推广活动机制创新研究[J].图书馆界，2013（1）：80-82.

④ 张怀涛.阅读推广的概念与实施[J].河南图书馆学刊，2015，35（01）：2-5.

⑤ 吴霞.让阅读成为一种生活方式[J].甘肃教育，2019（13）：65.

促进，即一种经验式的阅读文化传播，通过多元化的形式和媒介引导社会阅读，培养阅读兴趣，提升阅读素养，建设书香社会。

二、阅读推广的特征

（一）阅读推广主体的多元性

阅读的重要性决定了阅读推广的重要性，阅读推广的重要性决定了阅读推广主体的多元性。阅读推广主体是特定阅读推广项目的策划者、组织者、实施者和管理者。凡是负有提高国民素质的机构、企业、团体都有开展阅读推广活动的责任。近年来，从国际组织到各国政府、图书馆界、出版界、非营利机构、教育机构、医疗机构、大众传媒机构等均推出了相应的阅读推广项目，因而都是阅读推广主体。其中，阅读推广的国际组织主要有联合国教科文组织、国际图书馆联合会、国际阅读协会、国际儿童读物联盟等；阅读推广的非营利机构包括基金会（如韬奋基金会）、志愿团体（如网络公益小书房）、民间组织（如万木草堂读书会）、行业协会（如中国图书馆学会）等。不同阅读推广主体对个体阅读引导的效果也会不同。当前，全民阅读推广工作的长期性、艰巨性决定了多元阅读推广主体之间长期共存、合作共赢的关系格局。

（二）阅读推广客体的丰富性

阅读推广客体指阅读推广的内容，主要包括阅读读物、阅读能力和阅读兴趣三个部分。图书、报纸、期刊等文献资源是阅读推广的基础。从全球范围看，阅读推广的读物不只限于纸质资源等传统出版物，电影、音乐、游戏网页等都属于推广的范畴。提升阅读能力是阅读推广的主要目标，可通过识字能力、内容理解能力、阐释能力、批判分析能力和创新能力等多个方面体现，较容易通过量化的指标和方式进行评估和测试。阅读兴趣则是一种持续的阅读意愿和欲望，增强阅读意愿是阅读推广较难达到的目标。阅读读物的海量性、阅读能力的参差性、阅读兴趣的内隐性成就了阅读推广客体的丰富性。

（三）阅读推广对象的明确性

阅读推广对象是指阅读推广项目的目标群体。在阅读中，人是主体；而在阅读推广中，全体国民是社会阅读推广的对象。从微观个体的阅读推广项目看，都有一个共同的特点，那就是目标群体明确。比如，英国的"阅读之星"项目面向的是不爱阅读却喜欢足球的 5 ～ 6 年级小学生和 7 ～ 8 年级初中生，

"夏季阅读挑战"项目鼓励 4 ～ 12 岁的儿童在暑假期间到图书馆阅读 6 本图书，而其"阅读六本图书"项目则主要针对不爱读书或者阅读方面不自信的成年人，"信箱俱乐部"面向 7 ～ 13 岁的家庭寄养儿童邮寄装有书籍、数学游戏以及其他一些学习材料的包裹，"Book Up"项目面向所有 7 年级学生免费发放图书；美国的"触手可读"项目面向 6 个月至 5 岁的儿童进行阅读推广，"力量午餐"项目通过志愿者利用午餐时间到附近的小学给来自低收入家庭的小学生进行一个小时的志愿阅读；挪威推出了面向 13 ～ 16 岁孩子的 AksjontXt 项目、面向 16 ～ 19 岁高中生的阅读推广项目以及面向运动员的"运动和阅读"项目；新加坡的"读吧，新加坡"每年都有明确的推广对象，如出租车、美容师等。总体来看，各国都十分注重以未成年人为对象的阅读推广。此外，低收入人群、进城务工人员、老年人、残疾人等弱势群体也是重点关注的阅读推广对象。

（四）阅读推广服务的活动性

阅读推广是一种关于阅读的文化活动。阅读推广服务通常以活动的形式开展。每一个阅读推广项目都离不开阅读活动的开展，且项目规模越大，活动就越丰富多彩。例如，美国的"一城一书"阅读推广项目以一本书作为活动的基点，发展相关活动如读书讨论会、学术研讨会、作者访谈、作者见面会、作品展览、电影放映、演讲、游览、作者演唱会等，以贴近生活的形式，促进人们之间的交流。我国的全民阅读活动，形式更多样，如"源远流长的中华典籍"大型广场活动、"书香中国"电视特别节目、图书馆阅读服务宣传周、高校图书馆的读书月，以及图书银行、送书活动、读书知识竞赛、微书评、读图、真人图书馆等常用阅读推广形式。因此，与图书外借阅览等传统服务相比，阅读推广是一种活动化的服务，而且是一种受益读者相对较少、服务成本相对较高的活动化服务。

三、阅读推广的目的与原则

（一）阅读推广的目的

阅读推广的目的是指开展阅读推广所期冀产生的作用和价值。阅读推广的目的具有引导性、预测性、贯通性、主观性等特点。研究阅读推广的目的，主要是要明确"为何推广"的问题。一种事物的作用和价值实际上是人们对这种事物的情感赋予，社会大众对阅读推广作用和价值的理解，关系到人们对阅读推广的认同度、重视度、参与度、支持度。

人类阅读带来的积极影响是多方面的，但最本质的作用和价值是从历代积累的和最新产生的阅读资源中获取信息，从而使每一位参与阅读的社会成员得以增进知识、提升智慧、愉悦身心、修养品行、成就事业；社会成员的进步最终必然促进社会整体的发展，具体表现出来的效应就是传承文化、教化民众、开发智源、促进创新、助力生产，进而提高全民族的阅读水平，提振全民族的精神力量。

然而，对社会个体和社会整体均具有深远意义的阅读，却在现代文明高度发达的今天陷入尴尬的境地。人们正在经受着来自技术和人文的双重冲击：一方面，瞬息万变的信息技术带来了海量的信息，为文献的检索提供了科学有效的途径，使人们可以跨时空、全方位、方便快捷地阅读到自己需要的资源；另一方面，多元价值的人文环境使得社会阅读风气低落，如图书馆借阅率下降、实体书店萎缩、读经典的人减少、过分实用和浅尝辄止的"浅阅读"增多，近年国民阅读情况不容乐观。

在"通过阅读增强个人力量，进而增强民族力量"的发展理念中，阅读是提高人口素质和国家实力的引擎。作为社会发展的重要条件之一，阅读缺位或阅读弱化就会出现社会问题。根据管理学中的"短板理论"和中医学中的"补缺理论"，阅读推广有着不言而喻的意义。

1. 促进社会成员阅读素养的提升

保障公民的阅读权利，让更多的社会成员（包括现实读者和潜在读者）更加爱读（认识书的价值和阅读价值，增强阅读兴趣与动机）、多读（博览群书，深刻理解）、会读（清晰并确立适宜自己的阅读策略与方法）。

2. 促进阅读资源利用程度的深化

让阅读资源（包括纸质资源和数字资源）这一人类创造的文化成果得以充分、有效地被开发，使之更加秩序化（有利于便捷、快速阅读）、活化（使古今中外的阅读资源流动起来，流动越快，其价值和效益越高）、优化（使读者在相对的时间内读到最适合他的阅读资源）。

3. 促进全民阅读风尚的良性转变

让全社会重视阅读、参与阅读、实实在在阅读，使阅读风气更好（要形成全社会崇尚知识、热爱读书的良好氛围）、阅读保障更强（社会各界对全民阅读的支持具有积极主动性）、阅读责任更明（政府对全民阅读的投入要有法律方面的强制性规定）。

（二）阅读推广应遵循的原则

为更有效地开展阅读推广，真正达到阅读推广的目的，应该而且必须坚持以下几项原则。

1. 履行社会责任原则

传承传统文化，推广先进文化，弘扬主流价值观是阅读推广的主要任务之一，也是阅读推广的社会和历史责任，因此需要开展对优秀出版物的鉴识、评定、宣传和推广。政府相关部门（如宣传部、文明办）、出版机构、图书馆要定期推荐优秀的图书、期刊，甚至数字和网络资源。

2. 符合阅读心理原则

阅读作为一种复杂的心理过程，受阅读需要、阅读动机、阅读兴趣等因素的影响，因而要根据不同时期、不同群体国民的需求和兴趣，组织策划不同的阅读推广活动。如果不根据推广对象的具体阅读需求来组织策划推广活动，就无法激发国民阅读的积极性，推广活动自然无效。阅读推广活动只能在符合国民阅读需要、适应国民阅读兴趣的前提下，才能引导他们转移兴趣。比如，在国民阅读率不高的时候，要引导国民养成阅读习惯；在阅读行为畸形，如长时间沉溺于网络阅读或手机阅读时，就要引导大家开展传统阅读和深度阅读。但无论何种推广活动，都必须以降低国民的阅读成本，提高国民的阅读兴趣为目的。

3. 分工合作原则

阅读推广各主体应根据自身优势来开展工作，如公共图书馆应利用自身的资源和特长，重点放在为普通人群和特殊人群就近提供读物、组织阅读活动等服务上，让国民的阅读兴趣转化为具体的阅读行为。新闻单位应利用自身受众面广、本身就是推广媒介的便利优势，大力宣传阅读的作用，提高国民的阅读意识和现代阅读理念。政府机关除了推动全民阅读外，还可以在机关内部开展阅读活动，特别是针对目前公务人员的心理问题，可以通过阅读进行调适。在分工的基础上，互补也十分重要。由于许多政府单位和机构还没有承担阅读推广的主体职责，一些承担阅读推广引领性作用的机构还要发挥对社会整体的促进作用，如高校图书馆对学生、公共图书馆对社会大众的阅读推广服务。

4. 科学实施原则

阅读推广作为一项文化传播和社会公益活动，每一项活动都必须具有明确的目的，持续的活动组织，符合一个地区、一个单位的经济文化特性，在活动形式上也要积极创新。同时，必须对阅读推广活动进行科学管理，如对推广活动做深入的背景和活动性质分析，落实推广活动的资源保障机制和活动组织架构，明确活动的主要抓手，认真起草活动策划书，对活动进行详细的工作任务分解；在活动开展时，做好时间、人员、费用和质量控制，活动结束后要进行项目评估以总结经验教训。

四、阅读推广的主体与客体

（一）阅读推广主体

阅读推广主体即阅读推广者，是指在阅读推广过程中发起并承担主要责任与义务的社会组织或个人，包括各种阅读推广活动的倡导者、组织者、实施者、支持者等。阅读推广主体具有社会性、能动性、多元性、合作性等特点。研究阅读推广主体，主要是要明确"谁来推广"的问题。阅读推广主体涉及不同的社会力量，每一种社会力量都是显在的或隐在的阅读推广力量。

在学界提出的主要推广力量中，政府、图书馆、出版发行机构、传媒机构出现频率最高；然后是学校、企业、民间阅读组织、专业学术团体；最后是社区和家庭。综上所述，我们将阅读推广的主体归纳为六类：一是国际组织；二是国家和政府机构；三是教育机构；四是图书馆、出版社、书店、媒体等文化机构；五是学术团体；六是民间组织。

1. 国际组织

联合国教科文组织倡导了多项包含阅读推广的活动，如1972年提出的"国际图书十年"（1970—1980年），1982年提出的"走向阅读社会——80年代的目标"，1992年提出的"全民阅读"。

国际图书馆联合会一直致力于提升民众的阅读素养，成立了阅读分委员会，专门致力于素养和阅读方面的研究和实践的推广，制定了《基于图书馆的素养项目指南》《易读材料指南》等，为实际开展阅读推广的机构提供大量实用性建议。

国际阅读协会（international reading association,IRA）有100多个国家参与，在世界各地有10万多名会员，IRA的宗旨是借由研究阅读过程及教学方法提升全民阅读质量，使每个人都拥有阅读的能力，并鼓励终身阅读。国际阅读协会主要通过阅读方面的研究、召开学术会议、出版学术刊物、组织评奖等多种方式推动阅读推广。

国际儿童读物联盟（international board on books for young people，IBBY）设立了"IBBY-朝日阅读促进奖"，该奖由日本《朝日新闻》报社赞助，每两年评选一次，每次评出一个至两个在阅读推广中作出突出贡献的阅读推广项目。"IBBY-朝日阅读促进奖"自设置以来，共有25个阅读推广项目获奖。

2. 国家和政府机构

阅读推广需要政府部门的大力倡导和有效组织，各国政府通过制定相关法律、开展全国范围内的阅读活动等推动阅读推广的发展。

2001年，日本出台了《关于推动儿童读书活动的法律》，该法在明确国家、地方公共团体责任的同时，确定推进儿童阅读相关的必要事项，全面而有计划地推进与儿童阅读有关的政策；2005年7月，日本国会通过了《文字·活字文化振兴法》，并于当月29日开始实施。该法的主要内容之一是推进国语教育和阅读推广，同时在该法中将读书周的第一天10月27日设立为"文字、活字文化日"。

1994年，韩国制定了《图书馆及读书振兴法》，2006年12月29日通过了《阅读文化振兴法》，其中规定：文化体育观光部为国民阅读推广的官方机构，每五年需制定一份读书文化振兴基本规划；成立读书振兴委员会，指导和推动国民阅读的开展；规定中央和地方政府必须为全体公民提供均等的阅读教育的机会；明确社区、学校、公司企业等各非营利和营利机构在推行全民阅读中的责任。

俄罗斯联邦出版、广播电视和公众媒体传播部在2006年11月联合俄罗斯图书联盟，共同制定推出了《国家支持与发展阅读纲要》，并在具体实施上由政府给予财力和政策上的大力支持。

除了制定相关法律和规划，很多政府部门开展了声势浩大的阅读运动。美国于1997年开展了"阅读挑战"运动，1998年通过了《阅读卓越法案》；英国于1998年提出了"打造举国都是读书人"口号，确定当年9月到次年8月为"读书年"；俄罗斯于2006年启动了"培养读者兴趣，鼓励年轻人读书"的项目，2008年制定了《民族阅读大纲》。

3. 图书馆

图书馆是履行公共服务职能的文化机构，是国民继续教育和阅读的重要基地。它的社会职能主要有保存人类文化遗产、开展社会教育、传递科学情报和开发智力资源。其中，倡导阅读是图书馆开展社会教育的一个重要方面。图书馆是倡导和推进全民阅读最主要、最有力的组织者和实施者，是推进全民阅读的重要力量。

不同类型的图书馆开展了丰富多样的阅读推广活动，公共图书馆尤其引人关注。公共图书馆因其服务人群的多样性决定了其阅读推广活动的多样性，以及面向婴儿、幼儿、青少年、成年人、老年人等群体的多样性。同时，图书馆界作为一个整体，致力于整个社会阅读意识和能力的培养，美国图书馆界在美国国会图书馆的领导下以著名的卡通形象为代表，拍摄了一系列宣传阅读的公益视频。这些活动极大地推动了全民阅读的开展。

4.社会组织

除了图书馆界，在阅读推广领域活跃着大量的社会组织和个人，这些机构规模不一，组织方式多样。在英国，英国全国读写素养信托基金会和英国图书基金会是非常重要的从事阅读推广的机构，它们开展了大量的影响深远的阅读推广项目。在美国，有"每方都是赢家"这种遍布美国十几个州的大型志愿阅读推广机构，也有社区的读书会。近年来，我国也出现了很多从事阅读推广的民间机构，如公益小书房，其采用加盟的方式推进儿童阅读活动的开展。

5.大众传媒和出版等机构

大众传媒泛指传递新闻信息的载体，是报纸、通讯社、广播、电视、新闻纪录影片和新闻性期刊的总称。大众传媒机构中阅读推广最突出的案例是电视节目"奥普拉图书俱乐部"。其自开播以来，已经连续促成了几十本畅销书，共销售小说几千万册。我国也有很多关于阅读的电视节目，如中央电视台科教频道的"子午书简"、河北卫视的"读书"、凤凰卫视的"开卷八分钟"等。除了电视栏目，还有很多阅读类报纸和刊物，如《中国图书评论》《文汇读书周报》《博览群书》《中国图书商报》《图书馆报》等，这些报纸和刊物或推荐读物，或展示阅读心得，从不同侧面推动阅读。

6.读者个体

网络环境下各种虚拟平台提供了读者推荐、交流和举办阅读活动的机会，读者可以通过推荐心仪图书、分享读书心得、组织小范围读者聚会或社团活动引导其他个体阅读，读者成为家庭和社区阅读推广的重要组织和参与力量。

读者个体开展阅读推广活动具有一定的优势。一是成员的多样化。读者既包括名人、作家、学者，也包括普通读者，阅读推广具有个性化的特点，能够引导不同读者形成群体阅读行为。学者基于学术上的建树分享读书心得、解读文献，为普通读者指引阅读方向。普通读者基于阅读经历和体会，分享同一年龄阶段、同一家庭背景或同一领域个体感兴趣的图书信息，引起其他读者的共鸣，使读的功效最大化。读者组织策划阅读推广活动多为开放式，个体自由参加、地位平等，不存在主从关系，是相对平等基础上的相互影响或引导，且多采用个体容易接受或认同的手段和途径，通过图书推荐、社团阅读活动吸引其他读者参与，推广反馈较为快速，能及时调整阅读推广的方向和内容，增强阅读推广效果，互动性强、参与度高。二是读者阅读推广途径的多样化。读者为主导方的阅读推广活动，创意多、推广成本低。学者可以通过课堂（讲堂）、学术讲座或网络主页等途径推荐图书、分享读书心得、解读经典、宣传阅读文化。个人可以通过网络论坛、社团活动等途径引导阅读，通过不同推广途径加深个体对阅读的认知。

（二）阅读推广客体

阅读推广的客体即阅读推广的目标群体，主要是要明确"向谁推广"的问题。不同的推广对象由于年龄、性别、教育背景、经济水平不同，其阅读习惯、阅读能力、阅读方式、阅读需求也不尽相同。因此，有必要清楚地了解不同读者群体的阅读特点，以便开展符合其特点的阅读推广活动。我国阅读推广对象按年龄和特点大体可分为未成年人群体、成年人群体和弱势群体。

1. 未成年人群体

在我国，未成年人是指未满 18 周岁的公民，可按年龄分为儿童（0～7周岁）和青少年（7～18 周岁）。徐雁提出："阅读推广的前途在少儿。"少儿阅读推广必须成为重中之重。

（1）儿童。儿童时期处于启蒙阶段，是一个人奠定阅读习惯的基础阶段。阅读是儿童进行一切学习的核心和基础，是培育心智的最佳途径。儿童阅读推广的重点在于培养阅读习惯、阅读兴趣和阅读能力，这一时期的阅读推广可着力于开展绘本阅读和亲子阅读，以书籍为媒介，以阅读为纽带，让孩子和家长共同分享多种形式的阅读过程，循序渐进地培养孩子的阅读兴趣与能力。

（2）青少年。青少年时期是养成阅读习惯的关键期，这一时期正是他们学习科学文化知识与文明道德的黄金时期。除学校课业学习之外，通过开展阅读推荐、阅读方法和技巧教育，可引导青少年发掘阅读乐趣，激发他们的阅读兴趣，促使他们成为有思考能力的读者，发展多元的文化能力。阅读推广的关键是培养青少年阅读的自主性与阅读过程中的主体性，使阅读成为青少年生活学习中的重要组成部分。

2. 成年人群体

成年人一般指 18 周岁以上的公民。成年人作为社会的主力军，是全民阅读活动最广泛的基础，他们的阅读程度直接影响着社会的进步和发展。因此，开展成年人阅读推广是促进全民阅读的必要手段和途径。阅读推广中需要着力引导他们多读与本行业密切相关的书籍，提高专业素养，开展经典阅读，培育个人高尚情趣，让"活到老，学到老"成为其自我要求，最终形成浓厚的社会阅读氛围。

（1）大学生。高校是人才培养基地，承担着为各行各业培育基础力量的重任，但是目前大学生的阅读存在阅读范围窄、阅读层次浅、功利性阅读倾向严重等问题，这些问题影响着其思维方式和行为习惯。高等教育的目标是把普通人培养成有文化修养的、符合时代要求的、德才兼备的社会人。大学生群体的阅读推广，应重视和尊重大学生的阅读目的，培养其阅读兴趣，引导他们的阅读内容，发挥好"第二课堂"的作用，塑造其完美的人格和美丽的心灵。

（2）中年人。中年人是指年龄在 45 ～ 55 岁之间的群体。一个国家综合国力的强弱越来越取决于国民素质的高低。国民阅读能力和阅读水平的高低在很大程度上反映了这个国家国民素质的高低。中年人作为社会建设的主力军，他们的阅读程度直接影响着社会的进步和发展，因此开展成人阅读推广是提高成年人素质的必要手段和途径。

（3）老年人。随着老年人口的快速增长，老年人将成为阅读推广中不可忽视的群体。《国务院关于加快发展养老服务业的若干意见》中提出，到 2020 年，全面建成养老服务体系，其中包括"精神慰藉"等养老服务覆盖所有居家老年人。老年人阅读不仅是为了满足文化娱乐需求，还希望与社会沟通、了解社会资讯、提升生活情趣和休闲品质，以保障他们充实、健康、有尊严的老年生活。丰富的生活阅历有助于提高老年人阅读的品质。进入老年阶段，阅读不再是达成某种目的的工具，而是丰富生活内容、享受生命的愉悦过程。针对老年人群体的阅读推广，要考虑老年人的生理状况和心理状态，引导他们进入人文阅读、创造性阅读甚至生命阅读的境界，真正做到老有所乐，老有所"读"。

3. 弱势群体

弱势群体，简单地说就是在政治、经济、文化方面处于弱势地位的人群。国际图书馆协会联合会早在 1931 年就成立了"图书馆为弱势群体服务部"，倡导图书馆应为一个地区的所有因为各种原因不能享受正常服务的用户提供信息和服务，并将弱势群体界定为医院病人、监狱犯人、养老院和其他福利设施内的老年人、不能离家外出的人、听障人士和其他身体残疾者等。

参考国际图书馆协会联合会对弱势群体的理解，并结合我国具体情况，可将我国阅读推广的弱势群体划分为如下三种类型：经济上处于弱势的群体，主要是城市的三无人员，农村的五保户，城镇的下岗、失业和停产、半停产企业的职工；地理环境处于弱势的群体，主要是指我国的广大农村人口，尤其是西部地区的农民，以及部分地处偏远的少数民族群体；身体残疾者，主要包括听力语言残疾者、智力残疾者、肢体残疾者、视力残疾者、精神残疾者、多重及其他残疾者等。

弱势群体在社会中处于不利地位，社会通常注重对他们在物质及经济上的援助，而忽略了他们在精神文化生活上的需求。因此，弱势群体是最需要通过阅读获得知识财富和情感慰藉的对象。针对弱势群体的阅读推广，要注意倾听他们的声音，满足他们的需求，采取区别对待的原则，策划不同的阅读推广活动。要平等对待弱势群体，不能怀着救世主的心态居高临下地怜悯弱势群体，更不能片面宣传、强化强势群体的价值观，并把这种价值观强加给弱势群体。

五、阅读推广的内容、实施与效果

（一）阅读推广的内容

阅读推广内容是指在阅读推广过程中推而广之的实质性事物。阅读推广内容具有针对性、丰富性、优选性、客体性等特点。研究阅读推广内容，主要是要明确"推广什么"的问题。阅读推广需要将各种阅读资源整合到阅读推广活动之中，也就是将合适的阅读资源推广给合适的人，这要求阅读推广人既了解读者阅读需求，也熟悉相应阅读资源的必要特征。

1.阅读资源推广

阅读推广就是要将各种合适的阅读资源推广给合适的读者群体。阅读资源是阅读推广活动的物质基础，缺少阅读资源的阅读推广是无源之水、无本之木。

无论是纸质资源，还是数字资源，都可以根据读者提出的问题、学科、主题、作者、题材、风格、类型、时代、地区等特征来组织阅读推广。阅读推广内容已从书籍等传统出版物扩展到更宽广的范围。例如，英国阅读社的"图书推荐数据库"中除了推荐纸质书外，还推荐音频、视频、电子书、游戏、大字体书、报刊、网站等。经典书籍是人类文明和民族文明的结晶，是重要的阅读资源，对经典书籍的阅读推广应该是阅读推广活动的主旋律。例如，山西省图书馆专门将一部分中外经典书籍提取出来，开设了"经典阅读专架"，并对照经典书目进行补充，还配备了工作人员进行辅导和咨询，特别是在中小学生寒暑假期间积极向他们推荐经典书籍。

2.阅读方法推广

阅读方法是读者阅读并以此获取知识的工具，合适的阅读方法是逾越阅读障碍鸿沟、取得良好阅读效果的有效措施。

阅读方法来自阅读实践，古今中外读有所成的人，如中国的孔子、墨子、孟子、朱熹、鲁迅、胡适、华罗庚、张广厚等，国外的苏格拉底、培根、叔本华、爱因斯坦、爱迪生、高尔基等，都有自己独特的阅读方法。阅读推广应注意将科学、有效、可行的阅读方法推广开来，使更多人从中受益。

3.阅读理念推广

理念是行动的灵魂，正确的阅读理念对人们的阅读起着引导的作用，正如法国文学家维克多·雨果说："没有什么能比一种即将遍地开花的理念更有力量。"

教育学家、阅读推广人朱永新积极倡导全民阅读，他在《我的阅读观》一书中提出的阅读理念已经成为社会共识。例如，"一个人的精神发育史就是他的阅读史；一个民族的精神境界取决于这个民族的阅读水平；一个没有阅读的学校永远不可能有真正的教育；一个书香充盈的城市才能成为美丽的家园；共读共写共同生活才能拥有共同语言、共同价值、共同愿景"。

4.阅读文化推广

阅读文化以其特有的感染力和感召力，塑造人们的阅读心理，增进人们的阅读情谊，使人们参悟阅读情理、改善阅读方式。中华传统文化的很多方面都蕴藏着阅读文化元素，如对联、家训、民谚、诗词、谜语、书信等都承载着传统文化元素。如果在阅读推广活动中，很好地利用这些元素，能达到很好的效果。

（二）阅读推广的实施

1.明确主旨

任何阅读推广主体开展阅读推广活动，都很难，也无须做到面面俱到、人人兼顾，重要的是应该有明确的主题、恰当的定位、既定的目标、鲜明的特色。阅读推广活动主旨既可以围绕优秀传统文化的传播，也可以体现时代精神，还可以结合所面向的客体、对象的特点。确定阅读推广主旨应做好前期调研，了解阅读推广对象的阅读状况、需求、期望与兴趣趋向。

英国的"阅读起跑线"计划是世界上第一个专为学龄前儿童提供阅读指导服务的全球性计划，其主旨非常明确，就是让每一个英国儿童都能够在早期阅读中受益，并以享受阅读的乐趣为基本原则，培养他们对阅读的兴趣。该计划免费为每个儿童提供资料，这些资料分装在不同款式的帆布包里，根据儿童成长的实际需要，分年龄段以不同的方式分发。英国的一项调查结果显示，参加"阅读起跑线"活动的儿童，68%爱上了阅读。英国的"阅读起跑线"组织于1992年成立，目前已在德国、意大利、美国、加拿大、澳大利亚、日本、韩国、印度、中国等地设立分支机构，其中中国的苏州图书馆是其分支机构。

四川大学图书馆通过"大学生读书节"和"读者服务宣传周"两个平台，策划开展了以引导读者"静心阅读，细味经典"为中心的"深·身阅读"系列活动。他们的指导思想以"深阅读"为目的，配合"身阅读"的多重阅读体验，从听、说、读、写、悟五个方面充分调动读者耳、口、眼、手等感官去感知多元文本，内化知识，从而达到心的感悟，努力实现"读书、悟理、立德、树人"，达到"知行合一"。

2. 创造条件

阅读有赖于高质量的阅读环境，各种相应的硬件和软件设施是开展阅读推广活动必不可少的基础，也是全民阅读事业可持续发展的重要保障，因而如何有效利用阅读资源是阅读推广者需要思考的问题。阅读推广活动与许多因素都有直接或间接的关系，这些因素包括书刊、经费、物资、场地、人员、网络、时间、活动方式、管理制度、管理机构、相应法律法规等，因此争取相应资源、创造性利用资源是十分重要的。

"兴阅坊"是中兴大学图书馆利用传统自习室改造而成的多功能"学习共享空间"，于2010年8月正式投入使用。"兴阅坊"包括思风区、知识吧、爱学区、创艺区、悦读区、学习咨询室、发表练习室、自习室、服务台、打印·摄影、辅助器材借用等11个区域，具有阅读休闲、讨论练习、学习和展示等功能；为充分满足学生的学习需求，除了普遍共有的研讨室、书吧、休闲室、多媒体室等区域外，还能参考学生需求和本校特色，设置相应的功能模块；配备插座、桌椅、电脑、多媒体设备等基础设施，实现了无线网络全覆盖，提供笔记本电脑、多媒体教学设备等先进媒体及相关设备；实体资源和虚拟资源交叉配置，在书籍陈列区域配置数量适当的电脑，在多媒体区排列适量的书刊。

无锡科技职业学院围绕建设"书香校园"的目标，推广吴地文化读书活动，建设了"六个一"平台：一是"辟一个吴文化专题文献室"；二是"圈一个吴文化书籍读书会"；三是"建一个吴文化书院学生社"；四是"围一个吴文化书院博客群"；五是"开一个吴文化书院大讲堂"；六是"创一份读书刊物《吴风书韵》"。阅读推广活动持续开展使学校的文化风气在潜移默化中得到了改变。

3.周密运筹

阅读推广活动的效果在很大程度上取决于优秀的方案和周密的运筹，创意魅力、资源调配、步骤实施、投入成本、读者响应是开展阅读推广活动有机相联的几个关键点。在处理阅读推广活动中的各种问题时，应坚持以"读书"为核心，在"拢人"上动脑筋，在"实效"上做文章，在"求新"上想办法，在"持久"上下功夫。

莫斯科每年通过地铁出行的乘客多达 24.9 亿人次，为了方便读书，在地铁站台内设立了"虚拟图书馆"。乘客可在站台上通过移动终端扫描代码，浏览虚拟图书馆的书架，免费下载俄罗斯经典文学著作。类似的设计也被应用在莫斯科 700 辆公交车、有轨电车、无轨电车上，广受好评。

大连创建文明城市时采用了"小手拉大手"的做法。这种做法是利用家长望子成龙的心理，动员中小学生和幼儿，让他们督促其家庭成员参与阅读活动；通过典型案例，发挥"亲子共读""家庭共读"在培养和教育子女过程中的优势，使家长远离麻将，亲近阅读；还定期举办"亲子读书报告会"，由学生与家长共同参加，渲染读书氛围。

4.协作推进

阅读推广主体的多元性，决定着社会各界的组织与个人均具有开展阅读推广活动的责任与可能，从国际组织、国家的各级政府、社区、家庭、个人等，到教育机构、出版社、书店、图书馆、民间团体、服务业、媒体等，均需要以更加开放的视野、更加宏观的高度、更加先进的理念，在阅读推广过程中加强交流，相互合作，形成联盟，优势互补，共享资源、方法与成果，努力开展机构协作与个人协作、内部协作与外部协作、区域协作与跨地域协作、行业协作与跨界协作、单项协作与全面协作、松散协作与紧密协作。

《共同推进智慧城市全民阅读全面战略合作协议》于 2014 年 9 月 10 日由东方网与上海图书馆共同签署。东方网智能终端机已在上海布设数千台，遍布上海各大商场、政府机构、交通枢纽、高校、便利店等，而"全民阅读"频道就开设在智能终端机和移动 App 上，可以向读者提供书目检索、图书推荐阅读等各项服务。上海图书馆还开放电子书，在终端机上的线上查阅接口功能可实现定期推荐优秀电子书籍，为读者提供在线点击阅读、下载等服务。

"彩云之旅阅读推广团"由湖南、山东、陕西、江苏、河南等图书馆的一线馆员跨省区自发组成。自 2014 年 6 月以来，在郑州、北京、无锡、长沙等地开展了讲座、调研、观摩、座谈、真人图书等活动，并在中国图书馆学会阅读推广委员会主办的"高校阅读推广活动优秀案例"征集活动中荣获"特别奖"。

5. 打造品牌

优秀的阅读推广活动既可以达到预期的阅读推广目的，又可以形成有分量的文化品牌，从而提高人们对阅读内涵的理解度、阅读价值的认知度、阅读效果的信任度、阅读活动的参与度。品牌最持久的要素是价值、文化和个性，阅读推广主体应积极寻求阅读推广品牌的支撑点，探索阅读推广品牌建设的规律，通过有意识的个性化品牌打造，使人们在参与阅读推广活动时获益。

"深圳读书月"是我国第一个经济特区——深圳的文化名片。自 2000 年创办以来，"深圳读书月"始终坚持积极提升阅读理念，持续创新活动项目，以人为本贴近市民，形成了政府倡导、专家指导、市民参与、企业运作、媒体支持"五位一体"的阅读推广模式。创新项目既有编辑出版读书月纪念图书《高贵的坚持》、深圳读书月多年回顾展等纪念性活动，也有广场换书大会、全国打工青年读书征文大赛、年度十大童书评选、编印发布《深圳阅读地图》(反映书城、书吧、图书馆、社区图书室等位置信息)、领导荐书(市四套班子领导向市民荐书)、讨论《深圳经济特区全民阅读促进条例》等。有人评价：在深圳，读书正从政府的"高贵坚持"变成市民的一种"幸福享受"，这既让这座年轻的城市成为"全球全民阅读典范城市"，也提升了市民的文化归属感和城市认同感。

"儿童知识银行"是温州市图书馆于 2012 年元旦重磅推出的一项未成年人阅读推广项目。该活动把知识信息看作是和金钱一样可以存储的财富，小读者变身"储户"，可以开户、销户、储蓄、取款、获得利息。图书馆会定期公布"知识大富翁"排行榜并给予奖励，以鼓励小读者通过参加图书馆的各类阅读活动来创造自己的知识财富。小读者们可参加的活动包括"文明礼仪讲堂""海龟哥哥讲故事""世界读书日说书 PK""文明小使者"等。

6. 提升自己

打铁还需自身硬，开展高质量的阅读推广活动，必须依赖高水平的阅读推广主体，阅读推广主体最终表现为一个个具体的阅读推广人。阅读推广人是阅读推广活动方案的策划者和执行者，其素养和能力直接影响着阅读推广对象的态度和阅读推广活动的实施。阅读推广实质上是一种服务，从理论上说，服务者的素养接近、等于或大于被服务者的素养，其服务活动成功的概率就会随之增加。因此，作为阅读推广人，必须在以下几个方面不断提高自己：一是爱读书、会读书，有深厚的阅读积累，能给读者以参考意见；二是懂读者、易沟通，能取得读者的信任；三是能策划、善组织，能充分获得和调配阅读推广资源。

宣传阅读推广人的工作与活动，既是向社会大众展示阅读推广活动的社会效应，也是为业界同行提供有益的参考与借鉴。2012 年 12 月 28 日，《中国新闻出版广电报》以专版的形式，在《让推动阅读集聚正能量》的通栏标题下，介绍了徐雁（中国阅读学研究会会长）、朱永新（十三届全国政协委员兼副秘书长、民进中央副主席、全民阅读形象代言人）、徐冬梅（"亲近母语"创始人、儿童阅读推广人）、李英强（立人乡村图书馆的发起人、总干事）等阅读推广人的事迹，以及新阅读研究所、"三叶草"故事家族、雨枫书馆、搜狐读书会等阅读推广组织的活动，致敬词中说：为着"通过全民阅读这种方式和手段，最终走向文化创意、科学创新和社会创造"的目标，他们始终奋力前行。

设立"职业阅读推广人制度"有助于强化阅读推广人的责任感，提高阅读推广活动的专业水准。2014 年 12 月 11 日，中国图书馆学会"2014 年全民阅读推广峰会暨阅读推广人培育行动"在常熟正式启动。会议以"全民阅读推广的转型与升级"为主题，通过举办专家报告、讲座授课、讨论互动、案例推送等活动，凝聚业界智慧，丰富和提升全民阅读活动的内涵和品位。"阅读推广人"培育行动致力于将图书馆打造成培育推广人的摇篮，推出儿童推广、经典推广、时尚推广、数字推广等分类培训项目，学员可参与从基础实践到理论研究的一系列课程，并在特定时间内完成课程报告、实践考核等内容。截至目前，已举办 16 期活动，培育了 3 000 余名"阅读推广人"，受到业界广泛关注。中国图书馆学会将"阅读推广人"培育行动作为重点工作之一，今后将会有更多的职业"阅读推广人"在图书馆、学校等广阔天地中发挥更大的作用。

（三）阅读推广的效果

阅读推广效果是指开展阅读推广产生的影响和结果。阅读推广效果具有检验性、复杂性、辐射性、客观性等特点。研究阅读推广活动，主要是要明确"推得如何"的问题。判断任何事情既要看目的，又要看效果，也就是说考察阅读推广，要看其在多大程度上实现了阅读推广目的。阅读推广者开展阅读推广，不能只满足于完成了计划，还要关注阅读推广的质量如何。阅读推广效果的评估和经验的总结，对于后续改进工作十分有意义。

1. 个人效果

可以用范并思提出的阅读推广目标来考察阅读推广的效果，即看其是否做到了引导缺乏阅读意愿的人阅读：训练有阅读意愿而不善于阅读的人阅读；帮助阅读困难人群阅读；为具有较好阅读能力的人提供阅读服务。

2.家庭效果

阅读推广应促进形成良好的家风，如家长以及家庭成员再忙也要阅读；加大阅读的投入，使家庭藏书不断丰富，使读书环境得到改善；父母与孩子一起享受阅读的快乐，经常谈论读书和收看读书的节目；充分利用居住地附近的图书馆、阅览室、书店。

3.组织机构效果

阅读推广应促进学习型组织建设，如强调组织机构的全员读书，决策层、管理层、操作层都要全身心投入读书；强调引导读书，读书有制度、有计划、有落实；强调读书保障，有经费、空间、时间的保障；强调读用结合，读书要与本职业务、工作创新、职业发展相结合。

4.社会阅读效果

阅读推广应加快构建全民阅读社会的进程，如全社会从国家领导人到每一位公民形成关于阅读价值的共识，使读书人口不断增加；国家与政府应加大为阅读投入的资源，提供坚实的物质保障；制定与阅读相关的法律、法规，提供有效的制度保障；社会的各个行业、单位加强联动，形成影响全社会的阅读环境。

六、阅读推广的意义

（一）培养个人阅读习惯

阅读是人所特有的一种精神活动，是汲取精神营养、丰富自我的一种途径和手段。通过阅读，个人可以汲取知识，利用知识丰富自我、提升自我并完善自我，把自己培养成真正有知识的人。通过阅读推广，能让不同层次的人都参与到阅读中来。要吸引缺乏阅读意愿、不喜欢读书的人参与阅读，指引他们走上读书之路：对于普通阅读者，阅读推广者可采取各种推广策略和活动，引导他们多读书、读好书，帮助他们不断提高自身阅读水平和文献利用能力；对于需要系统查阅文献或利用文献知识的深入阅读者，阅读推广者需为其提供丰富的文献资源和便利的文献检索平台及利用途径。

（二）强化图书文化

阅读推广是图书馆的根本任务，是图书馆历史发展的趋势，是图书馆生存发展的需要。《图书馆服务宣言》中明确规定，图书馆努力促进全民阅读，图书馆为公民终身学习提供保障，促进学习型社会的建设。诸如 IFLA 相关宣言、其他各国（地区）的相关法规也明确了图书馆在全民阅读推广中的角色和职责，这也充分说明世界各国对图书馆阅读推广工作的认可和重视。

从图书馆历史发展的趋势来看，我国图书馆发展经历了三个历史阶段：一是从封闭到开放；二是从对部分人开放到对全社会普遍开放；三是从被动地接受服务到主动地推广服务。现在我国图书馆发展正在向第三个阶段靠近，即进入大力开展阅读推广活动，向全社会主动推送图书馆服务的新时期。因此，图书馆大力践行阅读推广，在某种程度上也是历史发展之必然，是图书馆发展的历史趋势。

从图书馆生存和发展的角度来看，图书馆需大力开展阅读推广，向全社会展示图书馆的社会作用，强化图书馆文化传承功能，彰显图书馆的效益，塑造图书馆的公共形象，从而引起领导重视和社会关注。

（三）促进学习型社会发展

"一个人的精神发育史实质上就是一个人的阅读史；一个民族的精神境界，在很大程度上取决于全民族的阅读水平。"[①] 图书馆阅读推广活动是图书馆读者服务中最重要的工作之一。对街道图书馆而言，阅读推广活动，可以拓展图书馆业务范围，扩大图书馆的社会影响，提高图书馆的认知度，实现图书馆的社会价值。对读者而言，阅读有其休闲之功能，读者透过阅读可放松心情、舒缓压力，达到阅读治疗的效果；阅读也可启发读者新的思考与看法，对个人解决问题能产生实质的效益；阅读还可以提升个人的素质与修养，适应信息社会终身学习的要求。对城市和社会而言，阅读推广活动，可以促进阅读氛围的形成和良好阅读习惯的养成，营造全社会"勤读书、读好书、好读书"的浓厚氛围，有利于公民平等享受公共文化资源，打破"信息鸿沟"，从而推动学习型城市和社会的发展。

第三节　阅读推广的基本理念

图书馆阅读推广的目的在于畅通图书馆服务供给与读者需求之间的渠道，优化图书馆服务，满足读者需求，提高服务效能。图书馆阅读推广工作必须遵循以下基本理念。

---

① 贾启艾. 人际沟通 [M]. 南京：东南大学出版社, 2019：192.

一、以读者为中心

阅读推广工作需要充分发挥政府部门、图书馆、公益组织以及社会各界的作用，使之形成合力，建立健全图书馆阅读推广机制，以求获得广泛而持久的社会影响力，获得最佳的阅读推广效果。对于图书馆而言，阅读推广工作必须坚持以读者为中心的服务理念，一切阅读推广活动从内容到形式都需要围绕读者需求来设计，以向读者揭示宣传馆藏为出发点，以最大限度满足读者文献信息需求为目标。同时，通过阅读推广活动，让读者加深对图书馆服务的认识与了解，引导读者走出阅读的误区，养成良好的阅读习惯，掌握娴熟的利用图书馆学习的方法和途径。

二、以馆藏为基础

图书馆的馆藏资源是图书馆一切工作的基础和保障，蕴藏着巨大的开发潜力和能量。经过多年的积累和建设，大部分图书馆的馆藏都形成了一定的特色。图书馆阅读推广工作必须以馆藏为基础，紧密围绕各图书馆馆藏资源，立足于馆藏资源的开发利用来策划和组织活动，增强馆藏资源对读者的吸引力。各种讲座、展览要以宣传和揭示馆藏为主旨，其他各种系列文化活动都应以宣传馆藏、揭示馆藏的利用方法为出发点，这是图书馆阅读推广工作的基点，舍此便会偏离图书馆工作的方向，当然也就不会达成阅读推广的目的和效果。

三、以服务为依托

图书馆阅读推广应该是一项常态化的工作内容，需要嵌入日常工作的每一个环节中，即阅读推广工作需要以图书馆各项基础业务、基础服务为依托，形成在服务中推广，在推广中服务的格局。文化环境建设是对读者阅读欲望进行激发的一种有效方式。高雅的阅读氛围的营造，也是陶冶读者情操的一种有效方式。在阅读推广工作过程中，图书馆也需要对活动进行包装和渲染，努力营造良好的图书馆阅读文化氛围。随着互联网技术和新媒体技术的不断发展和应用，图书馆应充分考虑读者的阅读习惯，充分挖掘和利用互联网、微博、微信等新技术、新媒体资源，为读者搭建现代化的阅读文化平台，将传统的阅读文化与数字化阅读有机结合起来，不断创新图书馆阅读推广工作的形式与内容，以丰富多彩的活动宣传图书馆服务，在服务中让读者感受到阅读的重要，品味阅读给自身带来的愉悦。图书馆阅读推广工作必须以服务工作为依托，通过嵌入服务各个环节的阅读推广活动，努力营造良好的阅读氛围，形成无处不在、无时不在的阅读推广常态化机制，使阅读推广成为图书馆业务的重心之一，成为广大读者生活中须臾不可分离的有机组成部分。

第二章 智慧图书馆的基本认知

第一节　智慧图书馆的概念、特征和功能

一、智慧图书馆的概念

（一）图书馆的宗旨

人类的图书馆史几乎跟人类的文明史一样悠长。据考证，最早的图书馆至今已有 4 000 多年的历史。人们区分古代图书馆、近代图书馆与现代图书馆最主要的标准并非是文献的载体形式和信息内容，也不是信息技术和管理模式，而是图书馆的办馆理念与办馆宗旨。

《汉语大词典》中对"宗旨"一词的解释如下。①佛教的教义。佛教一般在解释经论时，多称旨趣为宗旨或宗趣，后多指主要的目的和意图。②主要的思想和意图。这是现在最常用的一个释义。很明显，图书馆的办馆宗旨就是图书馆工作的主要思想和意图。

关于现代图书馆的根本宗旨，简单地说，图书馆的宗旨离不开服务，无论是高校图书馆还是公共图书馆，其最基本的宗旨就是为读者服务。

图书馆对读者的服务是没有止境的，为读者提供服务是图书馆的一项长期任务。尤其在信息化飞速发展的今天，为使图书馆的服务跟上时代的步伐，需要图书馆人在实践中不断总结经验，发现问题，不断提高服务手段，完善服务内容。图书馆工作的核心规范应该是服务，也就是说图书馆制定各种工作规范都应该以服务为核心，即全员服务读者。围绕这一核心服务对象，图书馆建立的一整套服务制度，要始终贯彻"读者第一，服务至上"这一宗旨，并在读者服务的深度、广度上，不断开放创新、拓展服务新领域。图书馆馆员要尊重读者，对读者一视同仁，除此之外，还要做到以读者的需要为己任，尽最大努力满足读者的需求。

但在实际场景中，有些读者也会体验到图书馆的服务有好坏之分，"脸难看，事难办"是服务，"读者第一，服务至上"也是服务。图书馆的大多数馆员主观上都希望提供好的服务，都希望做到"读者第一，服务至上"，且在付出饱满的热情和辛勤的劳动以后，在一定程度上肯定会获得读者的认可。但有时也不尽如人意，比如有时馆员自己想提供的、可以提供的服务未必是读者需要的；读者自己需要的，未必能快速、有效地在图书馆找到。这就要求图书

馆的建设赶上信息化时代的潮流，广泛运用现代科学技术，通过电子化、网络化、数字化、智能化等成果，为广大读者提供高水平的服务，满足读者的迫切需求。

从某种意义上来说，图书馆已经经历了办公的网络化、资源的数字化、管理的信息化过程，目前进入了智慧化的阶段。这里所说的网络化主要是指图书馆有了局域网、互联网等网络条件；数字化主要是指资源实现数字化并建立了各种数据库系统；信息化是指图书馆建立了各种信息系统，包括办公、业务、电子资源库、知识库等系统。而目前进入的智慧化时代，是图书馆发展史的必然选择，是在过去基础上的再一次蜕变和升华。智慧图书馆的建成可为读者提供更加优质的服务。

（二）智慧图书馆的概念

在 2003 年，芬兰学者 Aittola 首次将"智慧图书馆"的概念提出时，人们对于它的理解与现在还不尽相同，当时在《智慧图书馆：基于位置感知的移动图书馆服务》一文中对于智慧图书馆的定义是："智慧图书馆是一个移动知识服务平台，它可以不受时间和空间的限制，随时随地给用户提供文献资料。"这种概念的界定更类似于现在所说的移动图书馆，也就是说当时对智慧图书馆的概念界定还不够全面。直到 2009 年彭明盛提出"智慧地球"的概念后，学术界对于"智慧图书馆"概念的界定才开始逐渐成熟，并发展到如今。

关于智慧图书馆的概念，国内学者目前还没有统一的定义，他们从各自的研究出发，分别给出了不同的定义。例如，从智能建筑的角度：智慧图书馆是把智能技术运用在图书馆建设之中形成的一种现代化建筑，是智能建筑与高度自动化管理的数字图书馆的有机结合和创新。从感知计算的角度：智慧图书馆＝图书馆＋物联网＋云计算＋智慧化设备，通过物联网来实现智慧化的服务和管理。从数字图书馆服务的角度：充分利用信息与通信技术（information and communication technology,ICT）技术，不仅可以实现各种信息的电算化，还可远程进行阅览图书、预约座位等操作的数字服务。

严栋是国内较早给智慧图书馆下定义的学者，他认为智慧图书馆就是以一种更智慧的方法，通过新一代信息技术来改变用户和图书馆系统信息资源相互交互的方式，以提高交互的明确性、灵活性和响应速度，从而实现智慧化服务和管理的图书馆模式。[①]

---

① 严栋.基于物联网的智慧图书馆 [J].图书馆学刊，2010（7）：8-10.

王世伟认为，智慧图书馆以数字化、网络化、智能化的信息技术为基础，以互联、高效、便利为主要特征，以绿色发展和数字惠民为本质追求，是现代图书馆科学发展的理念与实践。[①]

韩丽认为，智慧图书馆是指通过物联网等智能感知技术，为用户提供智慧化服务和管理的一种数字图书馆的高级发展形态。它是数字图书馆发展到一定阶段的产物，是物联网技术在数字图书馆广泛应用的集中体现，也是数字图书馆发展的最终目标。它具有传统数字图书馆的功能，又具有鲜明的智能化特征。在智慧图书馆的智能空间中，计算与信息将融入人们的生活空间，并从根本上改变人们对图书馆的认识。在任何时间、任何场所，人们都能像呼吸一样自如地访问信息，并获得智慧化服务。智慧图书馆将"主动"地服务于用户，以实现用户之间、用户与图书馆之间、用户与信息资源之间以及信息资源之间的通信，实现真正意义上的无人值守的智慧化服务和管理，实现 7×24 小时的泛在化服务。[②]

马然对智慧图书馆的定义为，智慧图书馆是利用物联网技术将图书馆建筑、设备、文献资源、用户等各个元素相连接构成图书馆物联网，借此实时主动地获取相关感知数据，并在对感知数据进行分析和处理的基础上，为图书馆工作人员提供一个智慧化的管理平台，为用户提供一个无处不在的智慧化服务环境。无论智慧图书馆的概念怎样演化，都离不开两个本质：一是以物联网为基础；二是管理与服务的智慧化。随着物联网技术在图书馆应用的深入、扩展以及技术本身的不断成长，智慧图书馆也必然是不断发展的。而以物联网为基础的智慧图书馆则是一个建筑智慧化、资源智慧化、管理智慧化、通信智慧化的结合体，其"智慧"总是以人为本、为服务而生。[③]

这些定义在一定程度上丰富和完善了智慧图书馆的理论基础，但它们大部分集中在智能技术、智慧服务以及智能建筑领域，具有一定的局限性。笔者认为，智慧图书馆是以高质量的信息资源为核心，通过高素质馆员的支撑与用户的协同感知，借助高科技手段和智慧化建筑，实现对数字图书馆和个性化的信息、知识服务的提升和推动。它是数字图书馆发展的更高级阶段，是集资源、技术、人才、服务、建筑为一体的智慧化集合体。

---

① 王世伟.论智慧图书馆的三大特点 [J].中国图书馆学报，2012（11）：22-28.

② 韩丽.物联网环境下智慧图书馆的特点、发展现状及前景展望 [J].现代情报，2012（5）：48-50，54.

③ 马然.馆员驾驭智慧图书馆的研究 [J].情报探索，2012（9）：109-111.

图书馆的转型自 1994 年互联网登录以来就已经开始。一方面，2004 年数字图书馆计划启动，多媒体开始进入图书馆与校园，作为一种资源得到广泛应用，国家数字图书馆与高校国家科技图书文献中心（national science and technology library, NSTL）项目全面启动；另一方面，大数据推动图书馆进入智慧时代，各地区图书馆出现了机器人代替人工上岗工作的情况。这些科学技术对图书馆的发展与转型影响巨大，在未来 10～15 年这种变化会更加明显。

智慧图书馆是一个涉及全民的行业，市场庞大得难以想象。在未来 5～10 年内，智慧图书馆的发展会越来越完善，以至达到高度的智能化。公共文化服务将在全国全面铺开，线上与线下的结合越发紧密。对于图书馆发展的重要战略制定，要根据区域内的图书馆实际情况，因地制宜地采取不同的发展战略，如技术与服务一体化战略、空间要素与资源要素结合战略、团队要素与文化要素一体化战略。

到目前为止，我国已经有 35 个省级智慧图书馆在进行建设，各级图书馆之间的业务也开始互联互通。针对智慧图书馆的发展，国家提出了一系列的发展策略。"互联网 +" 的使用使得图书馆逐渐朝着数字化、智能化方向发展，智慧图书馆已经成为图书馆发展的必然趋势。传统图书馆存在着一系列的问题，尤其是在服务的便捷程度、效率、灵敏程度上。而智慧图书馆充分利用大数据、云计算等先进技术解决了时间与空间界限问题。因此，智慧图书馆的发展空间还很大，市场非常广阔且需求量庞大。

二、智慧图书馆的特征

智慧图书馆具有全面感知、互联互通、绿色发展、智慧管理与服务四个显著特点。全面感知与互联互通是智慧图书馆服务与管理的技术基础；绿色发展是智慧图书馆的可持续发展战略；智慧管理与服务是智慧图书馆的最终落脚点，也是智慧图书馆最显著的特征。

（一）全面感知

图书馆借助物联网及相应的智能感知技术设备来完成全面感知，为用户提供智慧化服务和管理。全面感知分为资源感知、人员感知、环境感知和服务质量感知四种。

1. 资源感知

资源感知可分为对馆内设备及纸质文献资源的感知和对数字资源的感知两种。

（1）对馆内设备及纸质文献资源的感知。对馆内设备及纸质文献资源的感知主要是依靠物联网技术，通过射频识别、红外线感应、激光扫描、物体定位系统等软硬件技术，根据其特定的网络协议，将设备、纸质文献资源进行网络链接，与用户进行信息交换和通信，从而实现对设备和纸质文献资源的识别、定位、跟踪和管理。

（2）对数字资源的感知。随着搜索引擎技术的发展和进步，如何为读者在海量信息中准确高效地找到自己所需信息，从而提高读者查找资源的效率，是智慧图书馆建设必须考虑的一个问题。通过数据整合建立大数据分析平台，采用智能搜索算法也许是一个有效地让读者快速"感知"数字资源的捷径。

2. 人员感知

人员感知可分为对读者的感知和对馆员的感知。

（1）对读者的感知。对读者的感知也包括两个方面：一是对读者本体的感知；二是对读者兴趣与读者需求的感知。对读者本体的感知可以通过自动感知门禁、人物定位、馆内地图自动导引等来实现；而对读者的兴趣与需求进行感知则需要借助云计算平台和大数据分析等技术，根据读者的个人信息（如年龄、专业、爱好等）、借阅信息等大数据，建立读者的资源喜好画像，从而实现对读者的需求感知，并把资源自动推送给有需要的读者。

（2）对馆员的感知。智慧图书馆阶段的很多服务实现了智能化、自动化，但并不是不需要馆员提供服务了。不过，这时馆员需要从职能型馆员向服务型馆员和专业型馆员转变，从而更好地为读者提供服务。智慧图书馆对馆员工作的各个方面进行感知、定位，并与读者感知相结合，通过智能寻呼系统将两者相联系，实现交流与沟通的目的。

3. 环境感知

图书馆藏书众多，人员集聚，是一个需加强安全保护的重要场所，尤其是在消防方面的防护更是重中之重。从馆藏保护角度来说，能够感知环境温度、湿度及光线对图书馆来说特别重要。特别是对于拥有古籍或者珍贵文献的图书馆来说，拥有能够自动监测、自动调节馆藏环境的基于物联网的图书馆智慧环境设备管理系统尤为必要。

在智慧图书馆阶段，图书馆可以依靠多种传感器模块实现对图书馆环境的感知。感知系统可以自动检测空气质量，自动通风消毒，自动感知馆内温度湿度，做到防霉防虫；而智慧化消防安保系统则可以在地震、火灾等危急时刻帮助工作人员引导人员疏散。

4. 服务质量感知

图书馆用户服务质量感知是指用户对图书馆服务的心理预期与实际感知到的服务绩效之间的对比。智慧图书馆建设的根本目的就是更好地为用户提供服务，所以说用户服务质量感知的效果非常重要，甚至可以用来评价智慧图书馆建设的水平。服务是图书馆永恒的主题，优质的服务、良好的用户体验永远是图书馆追求的目标之一。在智慧图书馆服务模式下，图书馆可以利用人工智能、大数据等技术，对用户服务质量进行感知、分析、测评，通过多种方式获得用户服务质量感知数据，并根据这些数据，相应地调整图书馆的服务内容与策略。

（二）互通互联

智慧图书馆的互通互联是指通过数字化、网络化和智能化的技术将读者、知识及图书馆的管理智能连接，实现知识的共享。通过知识的共享，馆员对知识进行智能管理，从而实现图书馆对读者知识需求的快速、高效、灵敏响应，为读者提供优质服务的同时大大节约了时间。互联互通主要表现为泛在化、聚合化、协同化三个特征。

1. 泛在化

图书馆的"泛在化"是指无处不在的图书馆，包含即时获取图书馆服务、按需获取图书馆服务、任何人都能获取图书馆服务等。泛在图书馆理念的实践体现了图书馆的服务本质和社会使命，尤其在智慧图书馆阶段，图书馆服务更应泛在化。"泛在化"的理念是让全世界的任何读者，在任何时间、任何地点，都可以获得所需的任何类型、任何格式、任何语种的信息资源或信息服务。

（1）时间方面。一般情况下，图书馆有开放和闭馆的时间，但还可以通过网络实现全天候开放并为用户提供服务。在智慧图书馆阶段，可以让用户在时间上有更多的自由选择，让他们感到图书馆随时存在和可即时利用。

（2）地域方面。在互联网等各种通信网络支持下，用户在任何有网络连接的地点都可以通过终端设备访问图书馆的信息资源，使用图书馆提供的服务。智慧图书馆让用户感到图书馆的随地存在和便捷利用，真正成为用户身边的图书馆。

（3）终端方面。智慧图书馆利用互联网提供的服务可以支持多种终端设备。用户可以使用台式机、笔记本电脑，也可以使用智能手机、平板电脑、掌上电脑等装置或设备，最大限度地获取图书馆服务。

2. 聚合化

图书馆之间、图书馆内部信息系统之间建立起跨系统应用集成、跨部门信息共享、跨库网转换互通、跨媒体深度融合、跨馆际物流速递的广泛联系，实现了信息资源极大范围的聚合。

图书馆之间利用信息技术的支撑建立地区联盟、行业联盟或发展总分馆制，可以有效解决图书馆信息资源的同质化问题，从而实现资金、人力、信息资源聚合，规模效应凸显。

3. 协同化

智慧图书馆利用信息网络技术提供动态交互的合作与服务平台。用户之间通过该平台可协同阅读、学习、研究或工作，同时用户和馆员之间也可以使用该平台进行读者问答、参考咨询等，实现用户与馆员之间的协同探讨，实时交互。

信息资源也要实时协同更新。在共享数据中心平台的基础上，一旦一个系统的数据库进行更新，其他相关系统也随之更新、更改；一馆信息资源变化，所有互联互通的智慧图书馆检索到的相关信息结果也发生变化。

（三）绿色发展

绿色图书馆是指在建筑物的全生命周期内最大限度地节能、节水、节财，减少对环境的负荷，保护环境和减少污染，为读者提供健康、适用和高效的使用空间。在设计时，通过精心选址、使用天然建筑材料和可生物降解产品节约资源以及采用负责任的废物处理方式，最大限度地减少图书馆对自然环境的负面影响，并最大限度地提高图书馆室内环境质量。

图书馆是以服务为宗旨的公共文化设施，是硬件设施和软件设施相统一的有机体。为此，绿色图书馆的整体建构要素应当包括概念、建筑及相关配套设施、资源与信息系统、节能管理与低碳服务等常态化项目。环境审计、认证标准与政策是绿色图书馆运营与发展的促进要素。

在智慧图书馆阶段，绿色发展更应该是图书馆的可持续发展战略。智慧图书馆以可持续发展的思想为指导，提倡低消耗和无污染，倡导合理利用自然资源，保护生态环境，追求人文、自然、健康与和谐。

从硬软件设施建设的角度来说，智慧图书馆硬件设施建设主要指图书馆节能环保的建筑、和谐优美的内外环境建设以及技术先进、低能耗、无污染的硬件设施建设；软件设施建设主要指图书馆科学发展观、可持续发展观、和谐发展观、人文精神等绿色理念的倡导以及在工作中的贯彻落实。

（四）智慧服务与管理

智慧图书馆的智慧服务和管理坚持"以人为本"的核心理念，聚合各类图书馆的资源建立起了跨系统、跨空间的立体互联，打破物理上的时空限制，充分利用图书馆所具备的多种形态、方式的知识服务渠道来为读者提供高效快捷的智慧服务、为馆员提供智慧管理、为管理者提供智慧决策。智慧服务与管理是智慧图书馆最显著的特征。

1.智慧服务

智慧服务是智慧图书馆贯穿始终的主线，其基本理念是以用户的智慧生成过程为中心，致力于培养用户提高运用知识和创新知识的能力。智慧图书馆的服务理念就是坚持以人为本，为读者提供智慧服务，达到便民、利民、为民的根本目标。智慧服务是图书馆服务先后经历了文献服务、信息服务和知识服务的阶段后更进一步所提供的服务，是知识服务的升华和深化。图书馆只有具备智慧性、公共性、管理集群化和资源丰富性等基本特征，才能实现智慧化的服务。智慧服务包括无所不在、形式多样的主动服务、个性化服务、泛在化服务及人性化服务。智慧图书馆对读者的智慧服务体现在六个方面，分别是服务场所泛在化、服务空间虚拟化、服务手段智能化、服务方式集成化、服务内容知识化、服务体验满意化。

（1）服务场所泛在化。图书馆通过引入物联网、通信等新技术，打造虚实结合的智慧感知空间，实现馆与馆、人与人、人与书、书与书之间的关联，使得服务在空间上得到了极大的拓展。

（2）服务空间虚拟化。图书馆通过引入虚拟现实和增强现实技术，建立具有虚拟现实功能的图书馆，从而拓展了图书馆的虚拟空间。

（3）服务手段智能化。高度智能化是智慧图书馆的突出特征之一，图书馆应该为用户提供更多的智能化服务。比如，通过大数据和人工智能等技术对用户进行画像，从而得出每位用户的个性化需求，从而有针对性地提供服务。

（4）服务方式集成化。物联网技术可将图书馆纸质资源、人员和设备等要素整合、联系起来，形成一个网状互联的图书馆集成系统。另外，通过对图书馆各个信息系统进行集成和整合，建立统一的图书馆信息门户，对所有资源的访问和查询实现一键即达，从而使用户在最短的时间内能够通过最小的成本获得所需要的资源和服务。

（5）服务内容知识化。图书馆采用数据挖掘和大数据分析等技术，从海量的数据中发现知识并将其转换为智慧和知识产品提供给用户。比如，智慧图书馆可以把这本书"比较受欢迎""适合某专业的初学者"等知识，转换为智慧和知识产品提供给用户。

（6）服务体验满意化。随着人工智能、大数据等技术不断深入应用于图书馆，图书馆馆员的智慧服务能力会不断增强，智慧图书馆也会不断适应时代的变化，为用户提供更加人性化、精准化的服务，更能体现图书馆的人文情怀和人文智慧，以满足和超越用户的期望，从而获得用户对图书馆的高度认可。

2. 智慧管理

智慧图书馆在智慧管理方面，可以分为为馆员提供智慧管理、为管理者（或领导）提供智慧决策两个部分。

无论图书馆发展到哪个阶段，都少不了馆员对图书馆进行管理并提供服务，为馆员提供智慧管理是保证智慧图书馆智能运转的必要手段。智慧管理的对象包括全馆的纸质书刊、信息资源、建筑环境、硬件设施环境、阅览室、书库、节能、安全消防、日常运行和维护等。一个完善的智慧图书馆应该实现对全馆所有对象的管理，所有这些管理工作将被接入智慧图书馆的整个信息管理系统中，通过各种专用的传感节点采集各类有针对性的监测信息，经过智慧图书馆后端的信息综合处理系统后，实现对图书馆管理过程的智能化控制。

智慧图书馆为管理者提供智慧决策。一般说来，对图书馆的管理者来说，日常工作中面临很多的决策，涉及人事、馆舍、采购、阅览、经费、咨询、设备等。作为重要的生产力构成和发展要素，大数据中蕴藏着巨大的战略资产和价值，可为图书馆服务模式变革、服务内容创新、产业升级和市场竞争力提升，提供可靠的大数据决策支持和服务保障。

在大数据时代下，图书馆为了有效地利用大数据的价值，为管理者提供辅助决策的服务，可以将数据挖掘、人工智能等技术作为发现大数据价值的工具，从大量数据中发现有用的知识。大数据来源于图书馆业务系统和其他信息系统，这些系统积累了大量的有关人、资源、空间、设备、管理、服务等方面的数据，研究如何将数据挖掘有效地用于图书馆，变数据为知识，从而更好地为读者服务，为管理者提供辅助决策服务，是数据挖掘和图书馆工作者的共同责任。

3. 高效快捷

高效服务是图书馆智慧服务的基础，高效化的图书馆智慧服务能够提高图书馆服务的效率；快速便捷是为读者提供优质服务的保证。比如，借助射频识别技术（radio frequency identification,REID）、传感技术、定位系统、移动通信等高新技术的发展和应用，使自助借还书籍、智能预约座位、移动图书馆等功能得以实现，更加方便用户的使用。

三、智慧图书馆的功能

智慧图书馆的功能，是与智慧图书馆的定义和特点密不可分的。智慧图书馆的功能，主要分为以下几个方面：一是图书馆管理的功能，智慧图书馆能提供一种全新的智慧化的管理模式；二是图书馆的服务功能，智慧图书馆的服务模式是智能化、泛在化和个性化的；三是图书馆空间的智慧化，智慧化的馆舍空间提供智慧图书馆必要的物理承载。

（一）"智慧管理"功能

"物联网是指通过射频识别技术、传感器技术、智能嵌入技术、全球定位系统、激光扫描器等信息设备，按约定协议将任何物品与互联网连接以进行物品标识、感知信息处理、交换和通信，实现对物品及物物之间智能化识别、定位、跟踪、监控和管理的一种网络。"简单地说，物联网就是"物与物相联的网络"或"物体的互联网"。智慧图书馆的智慧管理功能主要是通过物联网实现的，智慧管理又分为对人的管理、对图书的管理、对图书馆资产的管理等方面。

1. 对人的智慧管理

对人的智慧管理包括对图书馆馆员的管理和对用户的管理，主要是通过身份识别技术来管理。例如，图书馆馆员和用户均需要办理一张存有个人信息的一卡通卡片（卡片也可以内置到手机中）。此卡集多种功能于一体，如图书馆借阅及占座、校园消费、教学楼和宿舍门禁系统等。图书馆在门禁处安装感应器或接收器，此装置与校园卡管理系统和图书馆管理系统相连接，馆员或用户需携带一卡通卡片（或有内置一卡通信息的手机）靠近门禁处，接收器就会自动识别并开启门禁，同时系统会记录人员信息情况，并将数据传送到图书馆管理系统中。图书馆管理系统可以自动生成进出馆人员信息报表，并统计出各类人员每天进出馆的次数和具体时间。由于在馆中装有足够数量的接收器，各类人员进出馆和在馆中的流动情况可以很方便地从系统中查出。此系统便于对图书馆人员进行管理，并积累详细数据以供图书馆管理层和馆员利用。

2. 对图书的智慧管理

对图书的智慧管理主要依靠植入芯片技术和 RFID 来实现。例如，以往图书都是依据图书馆分类法，依靠人工来进行分类排架、查找等管理工作，由于高校师生人数较多，用户借阅图书量大，因此图书馆馆员每天或很低的频次就需要对书架进行整理，这对图书借阅部门的馆员来说是一个比较重的负担，同时使得图书流通效率降低。而依靠芯片技术和 RFID 技术，图书馆馆员可以将来自不同出版社的图书的基本信息植入芯片中，并通过此芯片进行智能化管理。同时，此项技术可以带来很大便利：一是植入芯片可以省去繁杂的图书信息编辑工作；二是清点图书也变得非常简单，只需要用扫描设备在书架上依次扫过，书目信息就能一目了然，通过此项技术，以往需要相当长时间的清点工作而现在只需很短时间就能完成；三是方便用户查找所需书籍，以往用户借阅图书需要先查该书的索书号，再去对应的书架找书，利用 RFID 技术，用户可以手持扫描设备很快找到所需的图书；四是图书馆馆员和用户可以便捷地查询相关书籍的基础信息、馆藏书目数据、借阅数据及图书当前所在书架的具体位置；五是方便馆员顺架和将图书归位，开放式借阅使得图书的顺序比较混乱，馆员需定期对书架进行整理，"在智慧图书馆中只需在阅读器中输入要检查的号码段或要找的书名等，然后沿着书架依次扫描，一旦发现排架错误或找到所要的书刊时，立刻声光报警，这使得查找工作变得非常方便，而且能显著降低错架乱架率。在不影响正常工作下，完成顺架工作，减少失误，大大提高书刊整架归位的速度"。

3. 对图书馆资产的智能管理

图书馆资产多、门类杂，管理难度大，在以前，图书馆资产流失情况偶有发生。如果将图书馆资产都植入芯片，并在门禁处设置电子识别器，依靠管理系统，可以防止图书馆资产的流失，如果再加上网络视频监控系统，就可以有效管控国有资产，防止图书馆的固定资产和图书的流失。

（二）智慧服务功能

智慧图书馆的智慧服务又分为一般性服务和深度服务，一般性服务是指图书馆的基础服务，如借还书服务、空间服务（教师和学生利用图书馆空间来学习和研讨等）等；深度服务是指图书馆馆员利用所学的专业知识，结合用户的需求提供的更深层次服务，一般包括知识服务、高级参考咨询服务和情报服务等。智慧图书馆的深度服务功能将会在下面的章节详细描述，在此仅探讨智慧图书馆的一般性服务功能。

智慧服务的一般性服务通常包括借还书服务和空间服务。

1. 智慧性的借还书服务

传统的图书借还服务主要依靠人工来完成，即读者到借阅部门借书或还书。通过智慧图书馆，可以实现自助借还图书。例如，通过自助借还系统，读者将自己的借书证和需借阅的图书放在自助借还机相应的感应区上，系统就会进行自动识别和扫描处理，通过与图书馆自动化借阅系统连接，确认后即完成借书。与借书系统一样，读者也可自主还书，操作完成后打印还书凭条，系统自动获取馆藏信息，通知中心系统更新图书信息及读者信息。"通过自助借还机可以实现多本图书同时进行借还操作的功能，而且24小时不间断服务，从而加快流通速度，简化借阅流程，方便了读者，减少了工作人员的工作量，进而提高图书馆的工作效率和服务品质。"

2. 智慧性的空间服务

空间服务主要集中于图书馆的阅览室和部分图书馆设有的自习室，对于图书馆空间的管理主要依靠引入智能占座系统。例如，某智能占座系统的操作过程：读者只要将智能卡放在刷卡区，屏幕上便会跳出"常坐座位"和"本次选位"两个选项。选好座位后，如果需要打印，机器便打印出一张标明座位代码、所在位置、学生卡卡号等的座位票。学生离馆时，再重新刷卡，如果选择"暂离"，系统会保留座位45分钟（可设定）；如果选"本次离开"，系统将自动释放该座位。随着网络的发展，图书馆占座系统也可以覆盖手机终端，用户利用手机可以实现在终端机上的所有操作，足不出户便可以享受选座功能，同时此系统还可以自行设置规则，避免出现漏洞或其他不符合规范的行为，在方便了图书馆管理的同时，又最大限度地为用户使用图书馆空间提供了便利。

（三）空间智慧化

智慧化空间就是图书馆利用技术手段和设备来管理空间，以达到空间最优效果。智慧图书馆的空间智慧化核心是智能楼宇系统在智慧图书馆中的应用。何谓智能楼宇？日本电机工业协会楼宇智能化分会把智能化楼宇定义为，综合计算机、信息通信等方面的先进技术，使建筑物内的电力、空调、照明、防灾、防盗、运输设备等协调工作，实现建筑自动化（building automation system,BAS）、通信自动化（communication automation ,CA）、办公自动化（office automation,OA）、安全防范系统（security automation system,SAS）和消防自动化系统（fire automation system,FAS），将这五种功能结合起来的建筑也称为5A建筑；5A建筑外加结构化综合布线系统、结构化综合网络系统、智能楼宇综合管理系统，就是智能化楼宇。楼宇智能化系统一般包括以下系统：综合布线系统、计算机网络系统、电话系统、有线电视及卫星电视系统、安防监控系统、一卡通系统、广播告示系统、楼宇自控系统、酒店管理系统、物业管理系统、智能楼宇管理系统（集控平台）及数据中心机房建设等。由于一般图书馆没有酒店管理、物业管理等功能，智慧图书馆的楼宇控制系统也会有选择地建设一些子系统以支撑楼宇管理功能的实现。

　　智能图书馆的智慧化空间主要体现在以下几个方面：一是通过网络视频监控，实现对图书馆空间的智慧管理；二是通过声光电和温度湿度控制系统，设置相应的传感器、行程开关、光电控制等，对设备的工作状态进行检测，并通过线路返回控制机房的中心计算机，由计算机得出分析结果，实现对图书馆的声光电和温度湿度的监测和调控；三是图书馆大门也可以实现自动定时开关；四是利用综合布线系统可以实现整个馆舍内无死角的网络覆盖；五是智能广播系统可用于播放背景音乐、通知和应急广播，告示系统用于视频信息发布，可在门厅、大堂、电梯间等地配置告示屏，播放宣传材料、广告和公告信息等；六是智慧化消防，它具备火灾初期自动报警功能，并在消防中心的报警器上附设有直接通往消防部门的电话、自动灭火控制柜、热（烟）感应系统、火警广播系统等，可有效防止火灾发生；七是智能身份识别系统，该系统主要依靠一卡通系统来实现。

第二节　智慧图书馆建设的技术支撑

一、RFID 技术

（一）RFID 技术简介

　　RFID 技术最早由麻省理工学院研发成功，最早被称为 Auto-ID，即自动识别技术，二战之后被广泛应用在国防以及运输等领域中，比较常见的包含主动式 RFID 标签以及自行研发系统。这里所提到的主动式 RFID 标签，内部含有一块小电池，并以此为主电源，支持标签自动发射无线电波，能够在 30 米的距离内接收信息。然而因为使用电池的成本比较高，所以在推广上也比较受限。1990 年由麻省理工学院研发的全新 Auto-ID 技术，也就是被动式 RFID 标签被广泛应用，该标签突破了电池的限制，发射电波需要的功率主要来源于标签阅读器所生成的电磁场，阅读器将标签所发射数据进行收集，可以自动扫描 2 米以内的任何条形码。由于这种被动式 RFID 标签没有电池，因此其成本相比主动式 RFID 标签要低。在标签成本逐渐降低的情况下，生产供应商也开始运用被动式 RFID 标签替代条形码，进而对所需数据进行收集。

（二）RFID 核心技术

1. 射频识别技术

射频识别技术的一个非常重要的技术参数便是工作频率。根据工作频率对射频识别系统进行分类，可以分为低频、高频以及超高频三个类别。低频系统即工作频率不足 30 MHz 的系统，其特点是应答器成本低，但存在标签中能够储存的数据量少、阅读距离短及阅读器天线缺乏方向性等缺点。高频系统的工作频率大于 400 MHz，这种类型系统的应答器与阅读器成本都非常高，标签中能够储存的数据量也比较大，可以阅读比较远的数据。高频系统的外形以卡状为主，且阅读器天线和应答器天线的方向性都比较强。超高频系统主要有 214 GHz、518 GHz 等多个代表性频段，该系统通常以电池作为电力来源，读写距离也比较远，可以达到十几米，超高频系统的双向高速传输数据速率在 250 ～ 500 kbps，误码率非常低，通常被广泛应用于智能交通、停车收费系统中。

射频识别系统的一个非常突出的特点是靠应答器供电。有源应答器中安装了电池，可以为微型芯片的工作提供全部能量，当阅读较远距离的信息时，阅读器也能够通过应答器发送无线数据，但是电池的使用期限只有 3 ～ 10 年，需要及时被更换。而无源应答器本身没有电源，工作时所需的能量来源为阅读器电磁场。此外，按照读取应答器数据技术进行分类，也可以将射频识别系统分为倍频式、广播发射式以及反射调制式三种类型。其中，广播发射式射频识别系统在操作与实验方面最为方便，应答器需要运用有源方式实现运转，并且实时传播、储存、标识信息，阅读器的作用类似于接收机，且该接收机只是接收信号。但是，这一系统中的应答器需要不间断地进行信息发射，严重耗损电量，污染周围环境，在安全性和保密性方面也有所欠缺。而倍频式射频识别系统中的阅读器能够发射射频查询信号，应答器返回的信号载频是之前发射信号的数倍，这种运行模式高效地处理了回波信号。

2. 条形码和 RFID

现阶段一提到标签，人们便会想起条形码，在信息化社会，条形码发挥了非常重要的作用。然而 RFID 技术的推广，将大幅度提高条形码原来的功能。一方面，条形码采用传统手动读取的方式，需要操作者利用手持设备对其逐个扫描，但是 RFID 读取设备却可以直接通过无线电波，一次性读取多个标签信息；另一方面，条形码本身具有一定的易碎性，会在物理以及化学作用下出现褪色与被撕毁等，RFID 则属于电子产品，能够在极其苛刻的条件下被使用。此外，条形码不能储存大量信息，但是 RFID 标签因为其中安装了存储设备，能够支持大量信息的储存；条形码具有一次性的特点，但是 RFID 却能够被随意修改。

（三）RFID 技术在智慧图书馆管理系统中应用的优势

（1）RFID 技术主要通过射频信号对非金属材料进行全面阅读，避免人力资源的浪费，从而有效实现了智能化管理。

（2）RFID 技术采集的信息和数据储存量相对较大，并且能够对数据和信息进行全面加密，或者重新读写，这样在一定程度上为图书馆管理提供了便利。

（3）RFID 技术的灵活性相对较高，可以同时对多个书籍进行编辑，提高了图书馆管理的效率。

（4）RFID 技术的安全性能相对较高，除了可以设置密码外，还可以利用一些算法对数据和信息进行全面的保护，从而有效实现智慧图书馆安全管理，最大限度地保证了信息和数据的安全储存。

（四）RFID 技术在智慧图书馆管理系统中的应用形式

智慧图书馆是我国图书馆未来发展的重要形式。因此，在智慧图书馆管理系统不断发展的过程中，应当对 RFID 技术进行有效的应用，从而有效地提升智能服务的质量。另外，在 RFID 技术应用的过程中，还可有效实现自助管理、书籍定位等功能。

1. 自助管理功能

RFID 技术在智慧图书馆管理系统应用的过程中，可以有效地实现自助管理的功能。人们在借书机下扫描相应的借书证件，便可开始自助借书。人们在借阅图书的过程中，将所借阅的书籍放在借书机下扫描，即可完成自助借书。同时，人们在还书的过程中，只需要将图书放置在相应的还书口，相关的设备会对书籍的信息和数据进行扫描，将信息和数据准确无误、安全可靠地传入计算机设备，整个工作过程不需要任何劳动力，节省了大量人力资源，还可以实现多本书籍借还功能，实现了智慧图书馆 24 小时不间断的管理模式，提高了管理效率。

2. 书籍定位功能

RFID 技术可对书籍的顺序、类型等方面进行整理和编辑，并可通过智能书架技术，对书籍的种类进行细化分类，这样可以使人们快速找到书本。同时，很多人在还书时会随意乱放，造成书籍混淆，之后再查找时，相对来说较为麻烦。而 RFID 技术利用电子标签的形式，工作人员只需要利用相应设备，对标签逐一扫描，就可以找到放错位置的书籍，并放回到原来的位置，操作非常便利。

3. 信息储存功能

图书馆可以使用 RFID 技术实现信息存储功能，将书籍中的信息存入相应的设备中，这样能够提升图书馆的服务水平和工作效率。同时，利用 RFID 技术，可以对存储的书籍信息进行查找，对书籍的使用情况进行监控，为图书馆的管理和采购提供了重要的参考依据，为图书馆的智能化提供了良好的发展方向。

二、LoRa 技术

（一）LoRa 技术简介

远距离无线电（long range radio，LoRa）是一种线性调频扩频的调制技术，最早由法国人发明，后被 Semtech 公司所收购，并研发了 LoRa 芯片，创建了低功耗局域网无线标准，弥补了远距离一般功耗高、低功耗很难覆盖远距离的不足。Semtech 公司为了加速 LoRa 产业落地，积极研发无线数传模块，包括最早的 APC220、APC230 等高斯频移键控（gaussian frequency shift keying，GFSK）调制方式的数传模块，以及最新的适用于 LoRa 扩频的 APC340 数传模块，为 LoRa 技术开启物联网市场提供了支撑。LoRa 具有远距离、低功耗、低时延、多节点、速率快、安全性高等特点。LoRa 基于 CSS 调制技术，在保证低功耗的同时增加了传输距离，相较于 APC220、APL230 的 GFSK 技术，以及稳定性和安全性相对不足的短距离射频技术，其具有远距离、抗干扰性强等优点，传输距离可达 3 km。与大多数的网络拓扑结构相比，LoRa 网络构架主要由四部分组成：终端节点、网关、网络服务器和应用服务器，LoRa 采用星状拓扑（TMD 组网方式），网关星状连接终端节点，但终端节点并不绑定唯一网关，相反，终端节点的上行数据可发送给多个网关。另外，LoRa 技术无须建设基站，一个网关可以连接上万个 LoRa 节点，采用 AES128 加密算法，能够在有效保障数据安全的同时提高传输速率。

在 Semtech 公司的技术支持下，多家厂商联合组建 LoRa 联盟，推动 LoRa 技术标准化和产业生态的建设。LoRa 技术的成熟，加之国家政策的扶持，使得越来越多的互联网巨头加入其中，LoRa 也因此成为无线通信领域的必然选项。由 Semtech 公司公开的数据显示，已有超过 75 个国家，110 多家网络运营商着手部署 LoRa 网络，而实际部署的节点已超过 9 000 万个，国内有像阿里、腾讯这样的互联网公司的加入，也有像联通这样的运营商的加盟。这直接说明 LoRa 无论是从技术本质、产业结构还是市场需求上说，都将会是物联网技术发展的重要部分。

（二）LoRa 技术在智慧图书馆中的应用优势

在图书馆领域，智慧化的建设离不开物联网技术，而 LoRa 技术的独有优势应用到智慧图书馆建设中，将有效改善实体与虚拟图书馆建设的不对称问题。随着知识与技术的不断融合与发展，助推智慧图书馆技术革新与服务模式需要更多的节点，以及远距离的管理，LoRa 技术的特点能够很好地解决图书馆面临的问题。

1. "远距离、低功耗"助力馆内资源共享

图书馆空间转型升级是智慧图书馆建设下的研究热点，多元信息学术共享空间是其发展目标，空间的转型升级代表着图书馆整体结构的变化，馆与馆之间、馆与部门之间资源共享交互成为其不得不考虑的方面。高校智慧图书馆应利用"万物互联"理念实现图书馆与校园各部门互联互通，构建资源集成分布式系统。远距离、低功耗的技术特点在其中扮演着重要角色，LoRa 技术远距离、低功耗与物联网的碎片化、低成本相得益彰，保障了万物互联理念的实现。

2. "高速率、低时延"促进馆内数据流通

LoRa 采用半双工的通信模式，可实现数据的双向上下行传输。当终端进行上行数据的发送与数据重发时，可根据链路环境的好坏决定扩频因子，扩频越低传输速率越快。另外，LoRa 具有三种工作模式，不同的模式适用于不同的业务选择，即 A 类终端设备提供双向通信，B 类终端设备在兼容 A 类终端设备的基础上，支持下行时调度并执行信息监听，C 类终端设备适用于最大下行数据的应用。LoRa 的双向上下行数据传输模式决定了高速率、低时延的技术特点。在大规模、多结构数据的冲击下，图书馆为提升服务质量，拓展了服务模式，从数据服务到信息服务，再到智慧图书馆下的个性化、智慧化服务。数据流通过程决定变革的水平，LoRa 高速率、低时延的特点以及 APC340 内设大容量缓冲区（外部接口透明传输方式）的设计，能够提高馆内上下行数据传输效率，加快各终端数据交互，促进馆内数据流通。

3. "多节点、容量大"增强通信质量及网络容量

网状拓扑是网络结构中的重要分支，但其网络节点不相关性较多，加重了网络连接与传输的复杂性，而 LoRa 网络采用星状拓扑结构，即 LoRa 网关

连接多个终端节点，终端节点却不绑定唯一网关，相反，终端节点的上行数据可发送给多个网关。在实体图书馆中，图书馆智慧化在一定程度上体现在是否拥有多个智能设备上，而智能终端所采用的组网方式决定了图书馆智慧服务的质量，如何在提高数据传输效率的同时保障通信的质量是智慧图书馆的重要议题。LoRa 技术无须建立基站，可由一个网关控制多个终端节点，并可根据具体环境实行网状、点对点、星状等组网，实现馆内业务环境下的灵活组网方式，以增强通信质量与网络容量。

4. "AES128 加密算法"保障数据传输安全

加密算法的优化更新保障了数据传输的安全，数据源加密、数据传输过程加密、数据终端加密等是研究的热点。在数据收发过程中，应将数据传输环节的安全放在第一位，LoRa 加密为高级加密标准（advanced encryption standard，AES），以 128 比特为一组，加密后长度为 16 字节，为保障数据传输的安全，加密字只允许设置，不允许修改查询。智慧图书馆个性化服务中，采集用户个人行为数据、构建用户画像会涉及隐私数据的保护，而 LoRa 加密传输算法可有效保护隐私数据传输环节的安全，促进数据共享。

三、VR 技术

（一）VR 技术简介

虚拟现实技术（virtual reality，VR）由美国 VPL 公司创建人拉尼尔在 20 世纪 80 年代初提出，其能够使用户进入实时和三维的虚拟环境中，通过与环境进行交互，给用户带来"身临其境"的真实感。图书馆一直是新型技术的先行者和实践者，智慧图书馆是一个多维集成、融合的技术应用网络，它依赖于物联网、人工智能等技术的发展，是多模块协同发展的综合体。VR 具有的可视化、沉浸性、感知性、交互性、想象性等特点，能为图书馆开展智慧服务提供新的途径和方法，也能为智慧图书馆的建设与服务发挥作用。智慧图书馆通过应用 VR 技术可将实体馆藏信息资源虚拟化，构建虚拟化的资源模型或数据库。用户通过佩戴 VR 设备，可直接体验智慧图书馆虚幻的真实性。例如，VR 环境下用户可 360° 全景体验图书馆的资源布局与馆藏结构，可直接浏览或阅读 3D 立体展示和介绍的图书。VR 技术支持的智慧图书馆能让用户真真切切在使用图书馆资源与服务过程中感受到沉浸感和交互性。与此同时，VR 技术对虚拟资源的整合和传输，能让用户对书籍的检索更为方便、快捷，有效提高用户信息检索的查全率和查准率，便于用户更好地体验图书馆的服务、利用图书馆的资源。

（二）VR技术与智慧图书馆

1.VR技术支持的智慧图书馆建设思路

（1）VR技术支持的智慧图书馆服务目标。VR技术支持的智慧图书馆是借助VR技术支撑，以整合图书馆各类信息资源为基础，力图建立一种自助型、创新型的服务模式。VR技术支持的智慧图书馆建设旨在向用户提供基础性的文献信息服务、个性化信息服务以及完整的知识获取体系等深层次服务。

VR技术支持的3D阅读环境为用户真实展现了图书馆的建筑特色、环境布局和馆藏资源，让用户能够多样化地感受和体验图书馆的智慧服务。通过可视化的方式，VR技术能为用户提供沉浸性和交互性的阅读体验，能吸引更多的读者对图书馆的资源与服务产生兴趣，进而发挥图书馆的职能，不断实现图书馆的核心价值。

（2）VR技术支持的智慧图书馆实现方法。VR技术支持的智慧图书馆软件实现方法可以考虑采用虚拟现实建模语言（virtual reality modeling language，VRML）方法或360°全景图法。开发VRML可通过一般的文本编辑器，如记事本或写字板编辑VRML源程序代码。浏览VRML场景时可通过安装Cortona 3D Viewer等VRML浏览器插件，采用拨号、宽带或无线网络等多种方式接入。VRML对硬件和软件的环境要求都不高，建模开发难度不大，一般的计算机都可以运行，运行速度也快。另一种360°全景图法是由多幅图像按首尾相连的顺序组成的360°图片链，形成一组可循环播放的影像，为用户提供一个360°全方位的视野，产生一种身临其境的动感和透视效果。360°全景图的制作同样操作简单、便捷，技术要求低，性价比高。

比较VRML建模和360°全景的应用，可根据图书馆的实际特点进行选择，如复杂多样的资源馆藏空间、创客空间可通过编辑VRML语言实现，功能单一的学习空间、研讨空间则可通过360°全景实现。

2.VR技术支持的智慧图书馆服务模式

VR技术支持的智慧图书馆服务受两个方面因素的影响。一是随着用户信息需求的变化而变化。信息时代，用户的信息需求日益呈现出多样化的特征，VR技术支持的智慧图书馆需考虑这一影响因素，以用户的信息需求为风向标，及时提供满足用户需求的智慧服务。二是VR环境下，馆员的服务能力也在日益提升，智慧图书馆服务能力也逐渐增强，这是图书馆开展智慧服务的有利条件。

（1）传统自助服务模式。传统的自助服务是指利用 VR 技术为用户提供基础性的文献信息资源自助服务，如基础的馆藏资源借阅、信息检索、文献传递、读者教育等方面的服务。传统化信息资源自助服务主要根据用户的文献信息需求，将已有馆藏资源尽可能地开发与整合，力图最大限度地为用户提供基础性、常规性的服务。

（2）个性化服务模式。除了提供基础性的文献信息资源服务外，还应结合不同用户对信息的需求各有差异这一实际，面向用户开展个性化的信息服务。例如，有用户开展科学研究，需要最前沿的专题信息，VR 技术支持的智慧图书馆可针对用户的特定需求，追踪国内外最新的研究进展，通过 VR 技术为用户提供实时的参考咨询或定题追踪，让用户沉浸在智慧图书馆的服务中，感受智慧图书馆的先进性与便捷性。此外，VR 技术支持的智慧图书馆多以在实体图书馆服务的基础上，不断拓展趣味性的服务及具有用户特色的个性化信息服务为目标。这种方式弥补了传统自助服务的不足与短板，能够有效提高用户对图书馆信息资源的利用率，也能不断提高用户对图书馆的依赖度和满意度。

（3）结构化服务模式。用户利用图书馆的目的就是解决信息需求，而能否提供结构化、深层次的信息服务则是衡量图书馆是否满足了用户信息需求的重要指标，图书馆的核心价值也是通过为用户提供必要的信息服务所体现的。VR 技术支持下，智慧图书馆不仅能满足用户的基础性文献信息资源需求、个性化信息需求，还能构建结构化的知识体系，为用户进一步提供深层次的服务。例如，针对用户需要的某一特色专题，智慧图书馆可以提供包括馆际互借、文献传递、代查代检等基础性服务，也可提供二次文献、参考咨询、定题服务等个性化信息服务，还能够通过挖掘、过滤、分析或整合等方式让用户拥有并获取足够多的信息资源，形成一套符合用户自身需求的专业化知识体系。只有通过建立这种结构化的信息服务模式，图书馆才能更高效地实现对信息资源的利用，更好地满足用户需求。

3.VR 技术支持的智慧图书馆服务模式结构

VR 技术支持的智慧图书馆信息服务模式的探索，可以构建一种稳定的金字塔服务模式结构。这种金字塔服务模式结构通过利用 VR 技术，整合图书馆各类信息资源，在用户信息需求基础上，实现为用户提供有效的信息服务及完整的知识获取体系的目标。VR 技术支持的智慧图书馆服务模式结构要求对馆藏信息资源、集成数据库、个性化资源以及知识化的信息等各类资源进行组织与整合。通过 VR 平台为用户提供三种类型的信息资源服务：一是开展传统型的文献信息资源自助服务，如读者服务、参考咨询等；二是开展个性化的信息资源服务，如信息推送和知识服务等；三是为用户提供完整的知识获取体系的结构化信息资源服务。智慧图书馆的信息资源服务强调要根据用户需求将相应的服务内容呈现在用户面前，并注重与用户的互动和反馈，在服务结束后积极听取用户反馈意见，进而根据用户的个性化或深层次信息需求对服务策略进行调整。

4. 基于 VR 技术的智慧图书馆创新性服务

（1）智慧图书馆的虚拟漫游导航服务。借助 3D 模拟和场景仿真技术，通过图像处理、音视频链接等方式进行多维场景设计和空间呈现，智慧图书馆可充分利用 VR 技术的虚拟性构建虚拟漫游导航系统，以开展动态漫游服务。通过这个系统，用户只需佩戴 VR 设备，如 Google Cardboard 虚拟现实眼镜等，便可方便、快捷、直观地对图书馆进行 360° 的全景感受，其功能齐全、流程便捷。在虚拟漫游导航系统中，用户能身临其境般地参观图书馆，了解其场馆分布、熟悉馆藏特色、进行资源浏览，并开展特色功能体验。在开展智慧图书馆虚拟漫游导航体验时，用户还能享受到智慧图书馆提供的资源获取、整合、维护、发布、存储和代理等泛在的、及时的特色服务，极大地感受到高效、精准和优质的服务。

VR 技术支持下，智慧图书馆能让用户获得良好的空间沉浸感和人机交互体验。智慧图书馆用户可使用数据头盔在虚拟漫游导航系统中对图书馆的物理空间、结构以及资源产生空间沉浸感，生动、立体地体验和感受图书馆的场景及布局。数据手套可灵活地操作和改变智慧图书馆中虚拟物体的方位，通过嵌入计算机界面，充分展示和表达信息，规划漫游路线，实现人机互动，进行漫游体验。

（2）智慧图书馆的文献信息资源服务。为用户提供尽可能多的信息资源服务，是智慧图书馆的不懈追求。VR 技术可有效克服传统实体图书馆古籍资源易损易坏、不易辨识等缺点，能将传统二维平面图像扫描为三维立体化资源，不断提高图书馆的服务水平和质量。利用 VR 技术，智慧图书馆可让用户实时掌握图书馆的文献信息资源状况，为用户提供信息资源获取、信息资源整合、信息资源维护与发布等服务。借助 VR 设备，用户可对智慧图书馆的显示系统进行传感或操作，在虚拟阅读、资源评价与推介等方面获得自助服务或个性化服务，不断满足自身文献信息资源需求。除了为用户提供数字化、智能化的文献信息资源服务外，智慧图书馆还可实现用户与用户间的实时交流和互动，对文献信息资源进行实时标注、评议及交流等，开展结构化信息服务，这些服务都是 VR 技术支持下智慧图书馆的功能优势。

（3）智慧图书馆的信息检索可视化服务。借助三维可视化功能，VR 技术的可视化特性能有效提高智慧图书馆信息检索的查全率和查准率。在用户提交信息检索需求时，智慧图书馆可将用户需求、检索语义、文献资源同步整合，以可视化的形式灵活展现检索过程和结果，让用户享有精准、高效、优质的检索服务。可视化技术除了能让用户灵活地开展信息检索，还能帮助用户在海量信息中主动去发现知识，这是智慧图书馆为用户提供的又一项创新性服务。结合 VR 技术，智慧图书馆将人机交互信息进行可视化显示，帮助用户挖掘知识间的深层次关系，让用户能更加生动、准确地得到检索结果。

此外，在进行馆藏目录检索时，VR 技术能让用户充分发挥主动性和创造性，灵活选取检索手段和方式，将检索过程和结果进行自由组合或创新，帮助用户发现知识结点与结点间的关系，形成新的知识体系。

（4）智慧图书馆的虚拟参考咨询服务。相较于传统的参考咨询服务，借助 VR 技术的交互性和沉浸性，智慧图书馆提供的虚拟参考咨询服务的服务质量和效果也大为改善，用户获取的信息也更加准确和多样。智慧图书馆在开展虚拟参考咨询服务时，可充分发挥感知性和想象性，为用户提供实时的、在线的、可视化的互动咨询，有利于用户获得良好的参考咨询服务体验和效果。VR 技术拓宽了智慧图书馆参考咨询服务的内容，突破了传统参考咨询的时空限制等弊端，创新了虚拟参考咨询的服务方式和内容，让馆员与用户能更加深入、灵活地进行交流和探讨。通过充分发挥 VR 技术的主要优势，智慧图书馆能更好地为用户提供多样化和高质量的虚拟参考咨询服务，从而发挥智慧图书馆的核心优势。

四、人工智能技术

（一）人工智能技术简介

人工智能是计算机科学的一个分支，它能够高度模拟人类的意识以及思维过程。虽然人工智能并非人类智能，但是其思考能力可能更具优势。研究人工智能不仅需要具备计算机方面的核心知识，还要能熟练运用心理学以及哲学方面的知识。人工智能的研究核心在于如何使机器能像人一样处理高度复杂的工作任务。人工智能的不断迭代和创新，使其可以更加广泛地融入人类社会的诸多领域。人工智能可以被视为一种技术工具，这一工具可以让计算机具备智能化分析与模拟情感感知等功能，即通过采取类似人类思考的行为来做出相应的行动。在实际应用过程中，由人工智能技术支持的各类自动化设备都可以在提前设定的环境中对各类信息数据进行汇集、分析、加工和处理。由于人工智能技术引领了当前科技发展的浪潮，我国一些颇具实力的图书馆开始大力推进智慧服务，如智能服务机器人、图书自助借还、3D打印等，这些服务都在不同程度上获得了人工智能技术的支持。

人工智能技术在实际应用过程中显现出以下三个方面的发展趋势：一是实现了高度协同和智能的人机交互、脑机交互；二是在大数据技术以及云计算技术的驱动下，个体智能将被最大限度地激发和整合，逐渐发展为群体智能；三是机器人开始由拟人化智能向智能自主系统转变，其中以智能工厂和智能无人机系统最具代表性。这三大发展趋势都与图书馆智慧服务体系的形成息息相关。因此，将人工智能技术逐步应用于图书馆智慧服务体系建设的各个环节，将会极大地促进图书馆服务的跨越式发展。

（二）人工智能时代图书馆智慧服务形成的基本要素

图书馆智慧服务形成的基础在于各类先进技术的集成化应用，而技术的集成与应用必然需要相应的要素作为支撑。人工智能时代，图书馆智慧服务形成的基本要素主要包含资源、管理和服务三个方面。

1. 资源

在智慧图书馆建设的过程中，资源扮演着极其关键的角色。这里所说的资源既包括各类虚拟信息资源，又涵盖诸多实体资源。提供文献资源是图书馆服务的核心环节。为了提高文献资源利用率，图书馆应打破现有封闭的信息搜集和展现模式，精准调研读者的实际需求，实现各类数字化资源的共享共用。单个图书馆在资源收集方面存在明显不足，因此必须借助人工智能技术突破现有的资源获取以及分享瓶颈，构建深层次、多方参与的资源共享平台及渠道。由此可见，基于人工智能技术的资源共享共用机制是图书馆提供智慧服务的前提和基础。图书馆应以用户需求为出发点，通过构建图书馆联盟提高资源的分享率以及传播速度，帮助单个图书馆解决信息闭塞等问题。

2. 管理

图书馆需加强对各类资源的管理，图书馆管理者在日常管理工作中扮演着重要角色，专业馆员以及用户也是推动智慧图书馆建设的重要参与者。专业馆员需要具备相应的情报分析以及数据挖掘能力，这也是保证图书馆服务质量的基本条件。用户既是知识的接受者，又是知识的传播者以及分享者，因此图书馆应鼓励用户参与智慧图书馆建设的各个环节。

3. 服务

人工智能时代，智慧图书馆建设要以"满足用户需求"为核心。从技术支持的角度来看，这必然要求以智能化技术驱动服务模式的转型和升级，重塑当前图书馆信息采集以及分析方式。图书馆可以依托人工智能技术创新学科服务方式，在掌握用户研究方向、惯性思维导向等数据的前提下构建个性化学科服务方案，从而助力用户学科研究的高效开展。

（三）人工智能技术在智慧图书馆中的应用

1. 提供智能服务

引入人工智能技术有利于读者更便捷地获取所需资源：一方面，读者可以通过模糊查询的方式匹配到目标资源；另一方面，读者获取所需资源的方式更加便捷。人工智能技术应用下，图书馆智慧型服务空间最重要的特点就是智能化，即以读者体验为中心实现服务的智能化升级。例如，西南大学图书馆引入了三台智能机器人为读者服务，机器人不仅能实现前台接待、问路引领、场馆介绍等功能，还能依靠强大的数据库进行图书检索、智能导览、智能互动、知识库问答等。

2. 掌握读者需求

读者需求因其年龄、职业、受教育程度的不同而有所差别，因此图书馆需要根据读者的实际情况提供有针对性的服务。图书馆可以通过目标嵌入、流程嵌入、功能嵌入、情感嵌入、协同嵌入等方式，嵌入读者使用平台的各个阶段，这在深层次上反映了图书馆建设理念的转变，即由被动到主动、由封闭到开放。人工智能技术应用下，图书馆可以利用大数据技术收集、分析读者的相关数据，根据基本信息、检索记录、借阅记录等对其阅读需求进行细化，为图书馆的个性化服务提供数据支持。

3. 建设智慧服务平台

目前，数字阅读时代已然到来，智慧图书馆也要迎合这一趋势，重视数字阅读资源的购买和共享，使读者能够随时随地通过智能手机、平板电脑等移动终端设备接入图书馆智慧服务平台，实现不受限制的泛在化学习，同时在平台上完成检索、借阅、续借、收藏等操作，凸显图书馆服务平台的智能化。

4. 构建智慧化的"第三空间"

"第三空间"是美国社会学家雷·奥登伯格在《绝好的地方》一书中提出的一个概念。第一空间是指家庭居所，第二空间是指工作单位，两者之外的公共空间如图书馆、公园等是第三空间。在第三空间里，人们的关系更加自由、平等，能够抛开功利，出于共同的兴趣爱好畅快交流。人工智能技术的应用可以使智慧图书馆的服务空间更加多元化，图书馆的定位也从文献收藏中心拓展为信息交流中心。

五、大数据分析技术

（一）大数据分析技术简介

大数据是将数量庞大的数据用目前主流软件工具在合理时间内，挖掘、管理、处理并整合成能够利于企业决策发展的资讯。大数据技术有 5V1C 的特点，即多样化（varietv）、海量（volume）、快速（velocitv）、灵活（vitality）、价值（value）、复杂（complexity）。多样化指的是大数据有多种数据类型，如网络日志、社交媒体、互联网搜索等，不同的数据类型处理与分析方式大不相同；海量指的是大数据的产生数量是极为庞大的，基本是成"J"形；快速指的是数据具有时效性，如不能快速处理就会失去价值；灵活指的是大数据的处理分析必须能够适应业务频率的快速改变；价值指的是大数据整合处理后能够为未来趋势及模式提供分析价值；复杂指的是大数据分析处理的复杂性，不仅难度高，所采用的处理方式与工具也不同。

需要说明的是，大数据本身是一种现象而不是一种技术，由于系统中使用了海量数据，从而引起数据的收集、整理、处理、检索、存储以及分析等相关技术，这才能称为大数据技术。大数据技术的最大贡献就是整合系统和提高数据的利用率，其中基于大数据的整理、筛选、检索以及分析处理是整个技术的核心所在。

（二）大数据分析技术在智慧图书馆中的应用

1. 全息存储技术在数字图书馆中的应用

在信息化社会，人们对于图像、视频以及音频等信息的需求也在日益增多，而且计算机技术、信息处理技术的发展同样改变了图书馆的发展模式。图书信息资源的数字化、信息的共享化、信息的网络化已经成为图书馆数字化的主要表现。值得注意的是，图书馆信息资源的种类繁多，如何长期存储动态变化信息以及如何将有效信息以一种更加直观的方式表现出来，这将是数字图书馆未来发展亟须解决的问题。

全息存储技术（holographic memory）是一种基于大容量的创新型存储技术，其以感光材料作为主要存储介质，先借助激光干涉技术将所需信息以全息照相的方式进行存储，利用不同角度的光线可以在同样的区域内记录多个信息图像。例如，利用传统的存储技术可以利用 1 500 张光盘来存储 1TB 的信息数据，但是采用全息存储技术可将信息数据存储在一张极小的芯片中，并通过控制芯片的方法来达到数据处理的目的，其存储技术可以将存储容量扩展到 1 000 TB 左右。

现阶段，全息存储技术的成本也在逐年降低，而全息通用的光盘已经投放到市场。考虑到信息存储量大、读写速度快以及便于长期存储等特点，全息存储技术在数字图书馆的应用方面前景非常乐观。当然，在大数据环境下，全息存储技术将拥有更加宽广的应用空间。

2.大数据分析技术在数字图书馆中的应用流程

大数据不仅具有海量性，还具有动态性，因而基于大数据的处理技术要兼顾数据产生、收集、筛选、整理、存储以及分析等过程，在数据处理的各个环节都要使用大数据处理的独有方式。

大数据的整体应用框架共分为四个过程，分别为数据检索、数据分析、数据存储以及数据采集。数据检索为最上层，主要负责将用户检索的数据反馈给用户。数据分析层主要负责数据的挖掘和分析处理，也就是从海量数据中筛选出有价值的数据，这阶段的数据处理要受到集群的即时监控。数据存储层不仅要负责将数据转换为规范的数据库数据，还会利用虚拟存储技术以及云存储技术来实现数据的存储功能。数据采集层是计算机系统自动完成的，其主要功能就是收集各种数据，并将数据传送到数据存储层。整个数据处理过程的协调运作离不开集群的监控，其采用分布式监控模式，并根据每个阶段节点的处理情况适当分配工作任务，从而保证整个数据处理系统能够协调稳定运行。

（三）大数据分析技术在智慧图书馆服务中的应用

智慧图书馆的建立过程真正体现了传统图书馆文献资源的借阅功能向现代图书馆信息服务的演化过程，这表明现代图书馆不仅关注技术的发展，还注重人类智慧的发展。智慧服务不仅参考了图书馆关于人类智慧的服务模式，还是整个智慧图书馆的核心功能，可对信息资源的深度挖掘技术提供必要的知识服务。现阶段，智慧图书馆的核心服务主要体现在基于用户体验的感知智慧化服务以及服务模式智慧化。当然相对于数字图书馆，智慧图书馆具有更好的用户感知能力，能够为用户提供更加人性化、智能化的信息服务。智慧图书馆始终以为用户提供个性化信息需求为目的，利用智能化感知设备以及相应通信技术帮助图书馆管理人员分析数据和挖掘数据之间的相关性，从而实现了全方位的智能化服务。

1. 一站式资源服务

基于大数据的信息服务平台不仅收集企业、单位以及图书馆等结构性数据，还会收集互联网上有关各学科和行业等的非结构性数据，并进行实时的数据跟踪，将数据的整理和存储融为一体，最终为用户提供一站式的信息服务体验。具体来讲，一方面，智慧图书馆为用户提供信息资源的检索服务，如提供行业资料、学科资料、技能培训资料等查询和检索服务；另一方面，智慧图书馆还能够为用户提供信息导航服务，如相关学科专业知识和行业资料等方面的导航服务。

2. 知识发现服务

知识发现服务就是智慧图书馆利用数据挖掘技术以及数据关联技术来分析和发现有效信息，从海量信息中筛选出真正有价值的信息。以应用技术型大学为例，知识发现服务主要体现在以下几个方面。

（1）挖掘信息知识方面，可以将收集到的数据之间的隐性知识和关联性挖掘出来，为科学研究以及技术应用提供数据支持。

（2）提炼信息知识方面，将科学研究、企业经营以及教学等活动中隐藏的知识提炼出来，并将其转换为显性知识，为用户所用。不难看出，借助于信息知识的挖掘和提炼技术，知识发现服务可以为企业以及学校等单位提供相关的知识发现和共享服务。

3. 决策支持服务

决策支持服务是基于智慧图书馆的大数据信息服务平台不可或缺的重要组成部分。第一，大数据的信息服务平台拥有如基于知识图谱等决策所需的信息资源，并为决策提供安全保证。第二，专家学者为各个模型提供适合的数据挖掘和关联分析服务，从而产生更具价值的决策信息。总之，决策支持服务为用户提供建立决策模型、模拟决策过程以及数据分析服务，如产品生产或营销方案、制定学科或行业的人才培养方案等。

4. 智能分析服务

（1）分析用户需求服务，为用户提供个性化的信息服务。该服务会根据用户的个性化需求和行为等信息，采用基于系统分析技术，针对用户需求进行相关性信息预测，从而发现用户所需的真正信息以及潜在信息，以此实现为用户提供定制型、个性化、智能化以及专业化的信息服务。比如，为科研人员或者教师队伍提供学科和科研服务；为学员提供专业化和职业化的培养服务；为企业提供行业数据分析和市场预测服务；等等。

（2）基于用户信息的相关性管理服务，即利用系统操作，为用户信息开设专门档案，并针对用户需求和行为进行相关性分析，挖掘出人才培养、企业发展以及科学研究之间的相关性，并将相关信息反馈给用户。比如，对高校科学研究与企业运作进行相关性分析，并将科研成果转化为实际价值；对高校培养人才方案与企业用人计划进行相关性分析，以此为学生提供专业技能训练。

（3）为用户提供信息跟踪、智能预测以及智能评估服务。此外，智能分析服务还为用户提供信息推送、信息参考、前沿技术咨询以及技术专业分析等信息服务。

六、云计算技术

（一）云计算技术简介

所谓云计算技术，是指对并行处理、分布式处理、网格计算等方式的进一步拓展与延伸，在网络运行的环境中，与相关虚拟技术相结合后，通过网络支持，使计算能够高效地分布到计算机网络设备当中。从广义上来看，云计算主要是指服务的交付与应用，在现代网络环境中，采用易拓展等手段，获取实际服务需求。一般情况下，其特征主要体现在较强的网络广泛性、自助式个性化服务、资源信息调配的灵活性上。通过大量实验研究得出，云计算在使用过程中主要是将大批量的网络资源汇集到一起，然后进行统一的管理与调度，进而构建现代化的信息资源池，为广大用户提供各种需求服务。从实践应用能够看出，这种资源的提供方式可以被称为云，也就是现代化的网络系统。

云计算技术具有成本低、可扩展性、高可靠性、远程访问和资源共享等显著特征和优势。因此，云计算技术是图书馆数字化建设和网络化建设的重要技术支撑。云计算技术的特征有以下几个方面。降低成本：云计算技术基于公共设施和专门设置，整合社会资源，把计算、应用以及服务当作一种公共设施提供给用户，为用户提供高质量的服务技术，使资源可以得到充分利用，不会出现资源闲置和浪费现象。可扩展性：主要表现在计算与存储资源、服务和服务对象方面，用户可以随时随地添加、减少计算资源，最重要的是这种增减底层资源的做法对上层业务的影响被限制在最小范围内；为用户所提供的服务随时可以扩展，以便开展多样化服务和不同质量的服务，以满足不同类型用户的需要，提供可度量的服务。高可靠性：资源池拥有庞大的存储资源，必然会采用备份机制、故障预防和隔离机制等保证用户存储资源的可靠性和安全性。在服务质量方面会采用诸如双击备份技术等保证服务不受资源池中部分资源故障的影响，以提供连续不中断的高质量服务。远程访问：云计算是一种基于网络提供的计算服务供给方式，这是云计算的优势。用户可以随时随地使用自己的权限，采用浏览器 / 服务器（browser/server,B/S）和客户机 / 服务器（client/server,C/S）模式的客户端，以云计算权限和服务访问标准与机制，利用互联网来获取所需资源。资源共享：在云计算中，把相对分散或独立不相干的资源集合起来计算资源——中央处理器（Central Processing Unit,CPU）、存储、网络等所有设备的运算能力都被放到一个资源池内，统一分配，共享池化，采用虚拟共享技术或分配技术等，对现有资源进行优化配置，使用户充分利用资源池的资源，使得云计算技术具备灵活且有弹性的扩展能力。

（二）云计算技术与智慧图书馆建设

云计算推动着图书馆的建设和管理，如何从事实、数据和信息中提取对决策有直接作用的知识是智慧图书馆发展的方向。云计算的特征表现在以下几个方面。

1. 基于云计算的数据存储

相对于新一代信息技术所产生的海量数据，云计算将不同类型的存储设备通过软件集合起来协同工作。根据用户的需求，对海量数据进行处理分析，并将结果反馈给用户。最典型的特征和最基本的保证是安全性和稳定性。

2. 基于云计算的资源共享

解决信息资源共建共享，不仅为本校各类型用户，还为社会各类型和有相同需求的用户提供资源共享和数字资源服务。避免硬件上的重复建设和软件资源的重复投入。

3. 基于云计算的高可靠性

图书馆不同类型的用户可将各自的数据、资源和服务等放到云上，以便及时根据用户需求主动推送相关结果和信息。依靠云计算技术的分布式存储和冗余存储等技术，保证了系统运行的可靠性和服务的可持续性，保证了数据的完整性和准确性以及系统的可靠运行。

4. 基于云计算的个性化主动推送（实时）服务

云计算可以根据用户的特定要求，提供特定的个性化服务。结合新一代信息技术中的大数据和物联网（传感网）技术，以及逐渐普及的智能终端，向用户主动推送服务让用户能及时接收结果并随时提出要求，让传统的图书馆变成移动的、随时可用的数字化、网络化图书馆。根据用户的行为习惯和要求提供个性化服务。

第三节　智慧图书馆的资源建设

一、智慧图书馆资源聚合策略

对于传统图书馆来说，图书资源是图书馆的根本。而智慧图书馆的资源既包括传统的图书文献，也包括各类电子图书、电子数据库等数字资源，以及读者信息及使用习惯等数据资源。"在大数据环境下，一方面，图书馆继续丰富传统实体和数字馆藏，建设更为丰富的图书馆文献资源；另一方面，通过大数据仓储、数据挖掘、数据关联、语义网、知识图谱等技术，实现数据价值最大化，半结构化及非结构化的多源异构数据将在新技术下被转变为可供图书馆揭示规律、提供结论和对策的智慧数据。"

（一）建设更加开放、协同共享的海量资源体系

新型智慧图书馆对各类文献资源的需求十分庞大。新基建、新技术的发展为海量资源的存储和利用提供了强大的支撑。物联网、云存储、大数据、云计算等技术的应用，使得图书馆的文献资源、信息资源、读者资源在数量、质量、形态、作用等多个方面发生重要改变，因而图书馆要在两个方面进行资源建设。

一是建设更加开放的、形式更加多样化的资源，包括纸质图书期刊的资源，顺应读者需求的电子图书资源，为教学、科研、决策服务的各类数据库资源以及读者利用图书馆的各类大数据资源。

二是要聚合各类资源，建设实体、数字、数据的进一步融合的，资源内容海量化、精准化、关联化的资源体系。"重视智慧图书馆与馆藏资源的融合发展，让新技术、新理念与传统理念、传统资源相互碰撞出新的火花。做到对各地馆藏资源的充分发掘与利用，打造百花齐放的智慧图书馆新局面。"

（二）加强顶层设计，促进资源共建共享

在当前智慧图书馆资源建设和资源聚合过程中，最大的难题是资源共享和信息共享，"资源孤岛""信息孤岛"的问题始终没有得到很好的解决。从数字资源系统本身出发，认为信息孤岛是一个个不相连接、相对独立且类型不同的数字资源系统，因无法互联和共享资源，形成一个个封闭、分散的"岛

屿"。其中原因既有来自数据库供应商的限制，特别是国外数字资源供应商的重重限制，也有图书馆之间的联动与合作不足导致资源浪费、数据重复等。这些矛盾的存在对智慧图书馆的建设发展十分不利，资源的数量、质量以及多元化建设都受到限制。

因此，智慧图书馆的资源建设需要完善顶层设计。由于图书馆文献资源保障体系是一个庞大且多样化资源聚合的体系，因而加强图书馆系统的协调运行设计至关重要。由国家层面或者地方图书馆主管部门进行顶层设计，以大量的数据和信息为基础，通过大数据技术来实现共建共享。智慧图书馆资源建设顶层设计要有整体的发展目标和规划，通过专业的图书馆馆员和智慧技术人员合作，针对图书馆的特点，不断对各类资源进行收集和整理，对重组的数据进行分析，进一步促进信息共享，为大数据技术的应用提供便利。要完善数字资源的二次构建，以自建数据库、共享数据库等形式构建合理的、相对完善的数据接口和信息编码的资源聚合体系，畅通信息传递实现智慧图书馆的资源共享。例如，浙江省、江苏省和上海市的153所高校图书馆利用地域便利及智慧化资源的成熟条件，组成了"长三角地区高校图书馆联盟"，借鉴成熟的电商模式，打造了国内首个纸质文献资源线上聚合、线下共享及上门服务的智慧获取模式。

（三）建立深度融合的智慧界面，实现资源服务智慧化

在建设实体、数字、数据紧密融合，资源内容海量化、精准化、共享化的资源体系的基础上，要实现资源服务智慧化，就要对全部资源有机地整合，为读者提供跨层次、跨部门、跨系统的业务、数据和管理进行协同的使用平台，最终建立一个跨系统应用集成、跨地域信息共享、跨库网转换互通、跨馆际文献传递的服务与管理模式。

目前，我国大多数高校图书馆已经可以为读者提供一站式检索，读者可以通过检索系统查找图书馆的纸质资源与电子资源；也建成一定局域共享的智慧平台，如广州大学城十所高校文献资源互借平台，实现十所大学图书馆间的文献资源互借共享。

当然这只是智慧图书馆的第一步，也是最基础的资源智慧化服务。在下一步的用户界面建设中，要坚持"以人为本"的价值取向，突出交互性及集成性，有序推进资源服务的智慧界面建设。智慧界面建设主要包括两个方面，一是进一步完善"一界面通办"和"一界面统管"功能，结合智慧图书馆的特点，通过一个界面实现不同场景的智能柔性管理以及精细化服务，逐步将智慧

图书馆建设从重视技术转移至管理与服务，从运营角度出发，提高综合办馆水平。二是建设交互性的用户界面。建立线上线下相结合的用户调研和反馈机能；构建由传统的单向管理向交互管理转变的管理机制；构建用户决策的解决机能，尤其是在资源建设过程中，让更多的用户参与图书馆资源建设，将用户的需求和智慧融入智慧图书馆的建设中。

二、智慧图书馆的印本资源建设

（一）印本资源类型

智慧图书馆中的印本资源主要包括图书、期刊、报纸、工具书、学位论文、会议资料等。图书是印本资源的主要组成部分，在馆藏资源中占据了绝大部分体量，也是除数字资源外获得资源建设经费最多的资源类型。期刊的时效性较高，学术期刊的学术价值比较高，在学术研究中有极高的地位。报纸比期刊的出版频率高，大部分报纸为一天一期，其信息的新颖性程度极高，但大多以新闻动态类信息为主，也有部分报纸为休闲娱乐类，旨在丰富读者的业余文化生活。工具书是研究学科或领域必不可少的工具类书籍，一般为学校或科研机构的教学科研活动所使用，在图书馆馆藏中使用频率较低，但学术价值很高。大部分高校图书馆具有保存本校学位论文的功能，学位论文具有较高的学术价值，尤其是硕士、博士学位论文，体现了学生研究生阶段的学术研究水平，一般学位论文会花费 1～3 年的时间来完成。会议资料是指在学术交流会议上用于学术讨论、交流的资料和文献的总称，会议资料内容新颖，传递信息比较及时，学术价值比较高。除此以外，一些高校图书馆的印本资源还包括专利文献、标准文献等特种文献，它们也具有较高的收藏和学术价值。

1.图书

（1）图书的定义。图书有广义和狭义之分。在实际生活中，对于"图书馆"和"图书情报工作"等概念来说，"图书"是广义的，泛指各种类型的读物，既包括甲骨文、金石拓片、手抄卷轴，又包括当代出版的书刊、报纸，甚至包括声像资料、缩微胶片（卷）及机读目录等新技术产品；而在图书馆和情报所的实际工作中，人们既要把图书同期刊、报纸、科技报告、技术标准、视听资料、缩微制品等相提并论，又要有所区别。在前者与后者有所区别的时候，图书所包括的范围就大大缩小了，这是狭义的"图书"。

联合国教科文组织对图书的定义是凡由出版社（商）出版的不包括封面和封底在内49页以上的印刷品，具有特定的书名和著者名，编有国际标准书号，有定价并取得版权保护的出版物称为图书。

图书是以传播知识为目的，用文字或其他信息符号记录于一定形式的材料之上的著作物；图书是人类社会实践的产物，是一种特定的不断发展着的知识传播工具。

（2）构成图书的要素。从竹木简牍到今天的各类图书，不管其形式和内容如何变化，只要认真地加以考察和分析，就可以看出它们都包含这样几个要素：①要有被传播的知识信息；②要有记录知识的文字、图像信号；③要有记载文字、图像信号的物质载体；④图书的生产技术和工艺也是产生图书的基本条件。

（3）图书的类型。图书按学科可分为社会科学图书和自然科学图书；按文种可分为中文图书和外文图书；按用途可分为普通图书和工具书。

（4）图书的特点。与其他出版物相比，图书的特点是内容比较系统、全面、成熟、可靠；出版周期较长，传递信息速度较慢。

2. 期刊

期刊由依法设立的期刊出版单位出版。在我国，期刊出版单位出版期刊，必须经新闻出版总署批准，持有国内统一连续出版物号，领取《期刊出版许可证》。

从广义上来讲，期刊可以分为非正式期刊和正式期刊两种。非正式期刊是指通过行政部门审核领取"内部报刊准印证"作为行业内部交流的期刊（一般只限行业内交流不公开发行），但也是合法期刊的一种，一般正式期刊都经历过非正式期刊过程。正式期刊由国家新闻出版署与科学技术委员会在商定的数额内审批，并编入"国内统一刊号"，办刊申请比较严格，要有一定的办刊实力，有独立的办刊方针。

"国内统一刊号"是"国内统一连续出版物号"的简称，即"CN号"，它是新闻出版行政部门分配给连续出版物的代号。"国际刊号"是"国际标准连续出版物号"的简称，即"ISSN号"，我国大部分期刊都配有"ISSN号"。

此外，正像图书一样，期刊也可以从不同的角度分类。有多少个角度就有多少种分类的结果，角度太多则流于繁琐。一般从以下三个角度进行分类。

（1）按学科分类。以《中国图书馆图书分类法：期刊分类表》为代表，将期刊分为五个基本部类：①马列主义、毛泽东思想；②哲学；③社会科学；④自然科学；⑤综合性刊物。在基本部类中，又分为若干大类，如社会科学分为社会科学总论、政治、军事、经济、文化、科学、教育、体育、语言、文字、文学、艺术、历史、地理。

（2）按内容分类。以《中国大百科全书》为代表，将期刊分为四大类：①一般期刊，强调知识性与趣味性，读者面广，如我国的《人民画报》《大众电影》，美国的《时代》《读者文摘》等；②学术期刊，主要刊载学术论文、研究报告、评论等文章，以专业工作者为主要对象；③行业期刊，主要报道各行各业的产品、市场行情、经营管理进展与动态，如中国的《摩托车信息》《家具》、日本的《办公室设备与产品》等；④检索期刊，如我国的《全国报刊索引》《全国新书目》，美国的《化学文摘》等。

（3）按学术地位分类。可分为核心期刊和非核心期刊两大类。

3. 报纸

报纸是以刊载新闻和时事评论为主的定期向公众发行的印刷出版物。报纸是大众传播的重要载体，具有反映和引导社会舆论的功能。

（1）职能。关于报纸的职能，从不同角度会得出不同的看法，如从政党机关报的角度，报纸的职能如毛泽东所说："报纸的作用和力量，就在它能使党的纲领路线、方针政策、工作任务和工作方法，最迅速、最广泛地同群众见面。"法国新闻学者贝尔纳·瓦耶纳关于报纸职能的概括，可以被各方面接受：主要的报道职能，随之而来的辩论职能（即传播观点的职能），附带的娱乐职能。

（2）优点。①可随时阅读，不受时间限制，不会如电视或电台节目般错过指定时间报道的信息。②互相传阅，读者人数可以是印刷数的几倍。③即使阅读或理解能力较低的人，亦可相应多耗时间，吸收报章的信息。

（3）缺点。①受截稿及出版因素影响，不能提供最新资讯以及及时更正信息。②纸张过多带来携带及传阅的不便。③图片和文字在电视和电台的影音片段的比较下震撼力和感染力比较低。④容易沾染油墨污垢。

4. 学位论文

学位论文是指为了获得所修学位，按要求被授予学位的人所撰写的论文。学位论文根据所申请的学位不同，可分为学士论文、硕士论文、博士论文三种。

按照研究方法不同，学位论文可分为理论型、实验型、描述型三类，理论型论文运用的研究方法是理论证明、理论分析、数学推理，用这些研究方法获得科研成果；实验型论文运用实验方法进行实验研究获得科研成果；描述型论文运用描述、比较、说明方法，对新发现的事物或现象进行研究而获得科研成果。

按照研究领域不同，学位论文又可分为人文科学学术论文、自然科学学术与工程技术学术论文两大类，这两类论文的文本结构具有共性，而且均具有长期使用和参考的价值。

（1）博士学位。高等学校和科学研究机构的研究生，或具有研究生毕业同等学力的人员，通过博士学位的课程考试和论文答辩，成绩合格，达到下述学术水平者，授予博士学位：①在本门学科上掌握坚实宽广的基础理论和系统深入的专业知识；②有独立从事学科研究工作的能力；③在科学或专业技术上做出创造性的成果。

（2）硕士学位。高等学校和科学研究机构的研究生，或具有研究生毕业同等学力的人员，通过硕士学位的课程考试和论文答辩，成绩合格，达到下述学术水平者，授予硕士学位：①在本门学科上掌握坚实的基础理论和系统的专业知识；②具有从事科学研究工作或独立担负专业技术工作的能力。

（3）学士学位。高等学校本科毕业生，成绩优良，达到下述学术水平者，授予学士学位：①较好地掌握本门学科的基础理论、专业知识和基本技能；②具有从事科学研究工作或担负专业技术工作的初步能力。

5. 特种文献

特种文献是指出版发行和获取途径都比较特殊的科技文献，一般包括会议文献、科技报告、专利文献、学位论文、标准文献、科技档案、政府出版物七大类。特种文献特色鲜明、内容广泛、数量庞大、参考价值高，是非常重要的信息源。

高校图书馆收藏的特种文献一般有会议文献和专利文献。

（1）会议文献，指在学术会议上宣读或交流的论文及其他资料。会议结束后，通常会将这些会议文献结集出版，如会议录、会议论文集、会议论文汇编等。

（2）专利文献。狭义的专利文献是指由专利部门出版的各种专利出版物，如专利说明书、权利要求书；广义的专利文献还包括说明书摘要、专利公报以及各种检索工具书、与专利有关的法律文件等。

（二）智慧图书馆印本资源建设策略

1. 智慧图书馆采访工作的智慧化管理

采访工作由"与读者脱节"走向"广泛征询读者意见"。馆藏是图书馆赖以生存和开展工作的物质基础，文献采访作为馆藏建设的第一个步骤，其水准的高低将直接对图书馆的运作效率产生影响。传统的文献采购倾向于自上而下的采购，直接利用文献的读者常常处于资源建设的弱势地位。图书馆的服务对象是读者，这是图书馆永恒不变的准则，图书馆释放出其所存在的价值的唯一途径是读者的参与和使用。读者是图书馆馆藏服务的对象、中心、目的、动力、检验者，图书馆的各项服务都需要体现"以读者为中心"的核心理念，这才能符合智慧图书馆"以人为本，可持续发展"的内在特征及"以人为本、绿色发展、方便读者"的灵魂与精髓。可以看出，为了适应智慧理念的发展，图书馆馆藏资源的采购需更加倾向于开放化、个性化、大众化，而不仅仅局限于少数采访馆员的研究领域和个人观点。理想的情况是，所有读者均可自由地提出个性化的文献采购要求，图书馆也要据此满足读者相应的文献需求，从而在真正意义上实现信息获取的人人平等。实现馆藏资源的采购由"局限于少数有权采购文献的人员"走向"读者的每个文献需求的全面开放"，即文献资源的采购对准读者的文献需求，而实现的方式有读者决策采购、图书馆荐购系统等。

2012 年 5 月 20 日，南京大学图书馆主页的"智慧图书馆服务"系统正式上线，其中的"BOOK PLUS"中的荐购绿色通道，搭建了一个用户向图书馆传达自己的信息需求的平台。资源采集重点由"图书馆内部采购馆员的决策权"向"读者需求"的倾斜有效解决了相关性低、利用率低的问题，实现读者需求表达渠道的畅通及表达的有效传达，提高采购馆员的工作效率，同时减轻了采购馆员的工作量，有助于将有限的图书馆经费最大限度地满足用户的个性化需求，强化了借阅者与图书管理平台的对话，以及借阅者与馆藏资源的互联互通。

2. 智慧图书馆藏管理的智慧化

RFID 管理系统是实现纸质资源智慧化的有效途径，其通过对物联技术的运用，对图书馆采编、排架、流通等业务流程进行优化。目前，很多图书馆的在架书籍都配备了独一无二的电子标签。

3. 智慧图书馆藏存储的智慧化

纸本文献的远程合作存储。为解决物理空间紧张和图书馆致力于对实体馆藏的维护之间的矛盾，远程存储是个有效减少馆内开架书库实体馆藏的途径。远程合作存储使各分布式的图书馆共同构建异地的、高密度的、可长期保存纸质文献的存储设备，各分馆拥有本馆所存放文献的所有权，也可选择资源共享或转让文献所有权。各分馆的读者有权利访问本馆远程存储的资源。在智慧化环境中，图书馆要明确自身的使命和角色，并依此制定馆藏发展策略。比如，有些图书馆致力于提供近期学术资源的获取，一些馆更多的是承担长期保存低利用率文献资源的职能，但未来智慧图书馆的发展趋势是由传统的作为保

存纸本文献的图书馆正在向学习空间、交流中心、创新中心、创客中心转变。因此可以推断的是，减少馆内低利用率的纸本文献的空间改造是智慧图书馆的发展趋势之一。

三、智慧图书馆多媒体资源建设

（一）多媒体资源简介

在计算机领域中，媒体有两种含义：一是指传播信息的载体，如语言、文字、图像、视频、音频等；二是指存储信息的载体，如只读存储器（read-only memory,ROM）、随机存取存储器（random access memory,RAM）、磁带、磁盘、光盘等。目前，主要的载体有只读光盘存储器（compact disc read-only memory,CD-ROM）、影音光碟（video compact disc,VCD）、网页等。

严格来讲，多媒体资源不算是一种资源类型，它是多种媒体的资源的总称，一般包括文本、声音和图像等多种媒体形式。在计算机系统中，多媒体指组合两种或两种以上媒体的一种人机交互式信息交流和传播的媒体。使用的媒体形式包括文字、图片、声音、动画和影片，以及程式所提供的互动功能。

多媒体是超媒体系统中的一个子集，而超媒体系统是使用超链接构成的全球信息系统，全球信息系统是因特网上使用传输控制协议／网际协议（transmission control protocol/internet protocol,TCP/IP）和用户数据报协议／网际协议（user datagram protocol/internet protocol,UDP/IP）的应用系统。二维的多媒体网页使用超文本标记语言（hyper text markup language,HTML）、可扩展标记语言（extensible markup language,XML）等语言编写，三维的多媒体网页使用 VRML 等语言编写。在 20 世纪中后期，大部分的多媒体作品使用光盘发行，进入 21 世纪后，多媒体产品更多地通过网络发行。

多媒体技术涉及面相当广泛，主要包括以下几个方面。①音频技术：音频采样、压缩、合成及处理、语音识别等。②视频技术：视频数字化及处理。③图像技术：图像处理，图像及图形动态生成。④图像压缩技术：图像压缩、动态视频压缩。⑤通信技术：语音、视频、图像的传输。⑥标准化：多媒体标准化。

多媒体技术涉及的内容主要包括以下几个方面。①多媒体数据压缩：多模态转换、压缩编码。②多媒体处理：音频信息处理，如音乐合成、语音识别、文字与语音相互转换；图像处理、虚拟现实。③多媒体数据存储：多媒体数据库。④多媒体数据检索：基于内容的图像检索、视频检索等。⑤多媒体著作工具：多媒体同步、超媒体和超文本。⑥多媒体通信与分布式多媒体：计算机支持协同工作（computer supported cooperative work,CSCW）、会议系统、即视频点播技术（video on demand,VOD）和系统设计。⑦多媒体专用设备技术：多媒体专用芯片技术、多媒体专用输入输出技术。⑧多媒体应用技术：计算机辅助教学（computer-aided instruction,CAI）与远程教学、地理信息系统（geographic information system,GIS）与数字地球、多媒体远程监控等。

（二）多媒体资源的独特价值

多媒体资源是图书馆文献资源的重要组成部分，有着其他文献不可替代的独特功能与价值。概括说来，主要体现在以下几个方面。

第一，多媒体资源以直观的声音、影像，生动表达所记载的知识……在使用的过程中能够通过视觉和听觉刺激，渲染情感氛围，增强使用者的印象。因其具有直观性、生动性，所以多媒体资源能够逼真而清晰地展示科学实验的过程和细节，有力地传播科研成果；因其能够通过视觉和听觉刺激渲染情感气氛，所以多媒体资源能够使艺术教学具有震撼人心的效果。

第二，多媒体资源将文本、图像、动画、视频影像和声音等多种媒体组合在一起，所传递的信息量比单一媒体要丰富得多。图像传达信息感性、形象、直接、丰富；文字传达信息抽象、间接、清晰、条理，所以文本媒体长于传递理性层面的信息；而图片、动画、视频、声音等媒体，长于传递感性层面的信息。多媒体资源在同一传递过程中包含了理性和感性两个层面的信息，显然要比单媒体传递的信息丰富得多。

第三，人类知识从表达形式上可分为口传知识和文本知识。口传知识在知识交流系统中能提供许多背景、细节、事件原因、事实真相方面的东西，这往往是文本知识不能提供的。在记录口传知识方面，多媒体资源无疑独擅胜场。

第四，以往图书馆与其他信息知识机构的区别，主要是依据工作对象（如文献、文物、档案、艺术品）的不同来划分的，而在数字图书馆里，这些多样性的工作对象全部转换成了多媒体数字资源形式，由此导致传统图书馆与博物馆、档案馆、艺术馆在虚拟空间中的边界逐步消失。边界的消失，换个角度来看，也可以说是数字图书馆的信息空间和社会职能被延展拓宽了，多媒体资源在其中所起的作用是决定性的。

（三）多媒体资源的变化趋势

1.多媒体资源发展趋向

（1）网络化趋向。曾经风靡一时的光盘介质实体类多媒体资源已逐渐淡出历史舞台，网络版的多媒体资源成为主流产品。通过对业内人士的访谈，笔者了解到，现在很多出版社早就开始消减甚至停止光盘文献的出版，而将出版重点转移到网络版多媒体产品的开发和出版上来。

（2）集合化趋向。网络版多媒体产品主要有两种形态：一是零散化的流媒体文件；二是集合化的多媒体数据库。两者之中，后者构成目前出版的主流。

（3）移动化趋向。最初的网络版多媒体产品都是基于个人计算机（Personal Computer,PC）平台的。随着移动技术的发展以及读者阅读习惯的改变，适用于移动平台的多媒体资源应运而生，并与之前适用于 PC 平台的多媒体资源互为补充，交相辉映。

（4）碎片化趋向。以往的多媒体产品，视频文件多是以课时为单位，长度至少在 20 分钟以上。近年来，针对受众碎片化阅读的需求，以知识点为单位的多媒体产品开始涌现。以知识点为单位的视频文件一般都不长，不会超过10 分钟。

（5）交互化趋向。在图书馆新技术与概念影响下，多媒体数据库越来越重视读者主体性的发挥。比如，原来的授课类多媒体产品，都是灌输式模式，读者只能被动收看。现在有些多媒体库推出了直播课堂，不但提高了时效性，而且支持读者在直播课堂上与讲师直接互动、提问、分享，甚至与讲师切磋研讨，读者主体性得以彰显。

2.多媒体资源受众需求变化趋向

（1）受众对多媒体资源的需求依然强烈。由于多媒体资源具有如前所述独特的功能和价值，其在教学、科研和学习中都有着文本资源不可替代的作用，因此受众对其一直保持着强烈的需求。受众来图书馆接受多媒体服务的次数、人数越来越少了，但这并不表示受众对多媒体资源的需求强度下降了，而是另外两种因素使然。一是网络技术的发展，令受众有条件不必来图书馆即可获取所需信息；二是受众的需求所遵循的费力最小原则在起作用。

（2）受众需求遵循着费力最小原则。费力最小原则是支配人类行为的一个通则。人们在活动中为实现一定目的，总要采取费力最小的手段，人们总是希望以最小的投入，获取最大的利益，无论投入的是金钱、时间还是体力。在此原则支配下，受众总是寻求最经济省力的方式实现信息需求的满足。

（3）受众需求方式的碎片化与系统化的统一。移动技术的发展，现代社会生活节奏的加快，使受众对知识的需求方式呈现碎片化的趋向。碎片化阅读在受众的阅读结构中的比例日益增加。但需要注意的是，受众对知识系统化的需求，并未因此而弱化和消失，而是两种需求方式并存，互为补充。

3.多媒体服务方式的发展趋向

一是服务方式进一步网络化、虚拟化，如 VOD 点播的对象是流媒体而不再是实体光盘。二是移动服务平台异军突起，与 PC 服务平台并存，互为补充。三是能够整合各种多媒体资源及多种服务方式的一站式服务渐成主导模式。四是在网络环境下，资源建设与资源服务的联系越来越密切，呈现资源服务一体化的趋势。造就服务模式这一发展趋向的因素是多方面的，包括图书馆数字化水平的提高，多媒体产品的网络化，受众需求所遵循的费力最小原则，以及图书馆始终不渝地节省读者时间的工作原则。

（四）智慧图书馆多媒体资源建设策略

智慧图书馆多媒体资源建设工作应确立以下原则。①服务性原则：为用户服务、为教学与科研服务，优先保证重点学科建设的需要，同时兼顾不同层次的教学和研究的需要。②数字化、网络化原则：顺应本馆数字化发展的方向，以数字化、网络化资源为建设重点。③效益性原则：资源建设过程中要讲求效益，在保证数量、质量和满足用户需求的前提下，力求节省成本。④系统性原则：从总体上看，多媒体资源集合应是一个有重点、有特色同时各学科平衡兼顾的系统化整体。从局部看，每一个具体学科的多媒体资源亦应力求自成体系。⑤特色化原则：要在资源建设工作的开展过程中，逐步形成一些特色化收藏。⑥规范化原则：遵守知识产权有关规定，严格审查资源的版权，采购合同中要对资源版权问题进行详尽的规定。合同的签订要严格遵守多媒体资源采购合同管理规范。

1.冷静面对多媒体产品更新换代

面对不断更新换代的多媒体产品，既要跟上发展步伐，又要避免盲目跟风。不能因为一种新的多媒体产品的产生，而草率否定既往产品的价值和作用。比如，移动版数据库的出现并未消减 PC 版数据库用户的数量，两者各有相应的受众。因为碎片化阅读与系统化阅读，是两种并存的获取知识的认知模式。当受众开启碎片化阅读模式时，他们会首选移动平台的数据库，当受众开启系统化阅读模式时，他们会首选 PC 平台的数据库。所以，如果因为移动版数据库的出现就盲目停购 PC 版数据库，会无法有效满足读者的系统化阅读、深阅读需求。又如，光盘介质的实体类多媒体资源已经逐渐淡出历史舞台，但有时一些教师依然会选择光盘作为教学资料，所以不能一刀切地将光盘类多媒体资源彻底淘汰，针对特殊受众的特殊需求，亦应积极予以满足。

2. 将互联网上开放性多媒体资源纳入采访视野

对于数字化图书馆馆藏水平的评价，不再以文献的占有量作为单一指标，还要看其对互联网信息的整合能力。网络上有大量的开放性多媒体资源，但这些资源往往是无序的、散落的、隐蔽的，数字化图书馆应发挥自己优控信息的优势，利用超文本链接技术，将网络上现有信息进行虚拟链接，建立图书馆的虚拟性典藏——体外馆，以帮助受众能够更加方便快捷地利用互联网资源。北京大学图书馆目前拟采取的具体做法是，在多媒体管理与服务平台上开辟专区，按类别组织链接互联网上的公共多媒体资源。

3. 利用网络环境提供的便利条件加强馆际合作

馆际合作有多重利益，可经验互鉴，资源共享，还可以节省采购经费，比如借力图书馆联盟，争取最优惠的采购价格，与院系分馆分担采购费用等。在网络环境下，馆际合作变得更加方便、快捷和深入。然而在多媒体资源建设领域，长期以来馆际之间的合作并不是很多，今后应善加利用网络环境提供的便利条件，加强馆际合作。

4. 合理配置各种媒介的文献资源

多媒体资源要与纸质资源相配合，与电子资源中的非多媒体资源相配合，以学科为单位，构建立体的资源配置，满足受众多元的文献需求。虽然从发展趋势上看，纸质文献会越来越少，但绝不会在短期内消亡，受众也不会在短时间内摒弃使用纸质文献的习惯，所以纸质文献依然会长期在图书馆资源集合中占有一席之地。而电子资源中的非多媒体资源，如电子书、电子期刊等，在图书馆资源集合中所占比重越来越大。所以，针对每一个学科，要综合考量纸质资源、多媒体资源、非多媒体资源各自所占的比重，力求达到最佳的配置，从而既能发挥三种资源各自的优势，又能充分满足受众的实际需求。

5. 主动顺应资源服务一体化的发展趋势

图书馆资源服务一体化的发展趋势，亦应体现在多媒体资源建设工作中。具体说来，多媒体资源服务一体化工作可以从以下层面落实展开。

（1）要跟踪把握多媒体服务模式的演进趋势，以确保购买的多媒体资源能够与现有服务模式相匹配，发挥最大效应。同时，亦应跟踪了解新形态的多媒体产品，将之推荐给服务部门，以推动多媒体服务模式的发展。由此资源建设与服务之间密切相关、交互促进。

（2）充分发挥多媒体资源管理与服务平台的作用，实现资源服务一体化。例如，北京大学图书馆的多媒体资源管理与服务平台，将资源建设和服务功能融为一体，可谓多媒体资源服务一体化的具体而高级的形态。它是一个服务平台，为读者提供浏览、检索、点播等服务，同时它又是资源建设平台，不但可以完成收登、编目、分类等资源管理工作，而且依照分类法，以树形组织方式，将各种形态的多媒体资源整合成一个有序的知识集合。

（3）本着"为读者找书，为书找读者"的原则，加强与受众的沟通和互动，建立沟通机制，搭建互动平台，由此将资源建设中的读者需求调研与读者服务中的资源宣传推介有机结合起来。例如，北京大学图书馆建立院系联络人机制、建立读者互动交流微信群、举办多媒体资源宣传讲座等。

（4）关注能够体现资源服务一体化理念的多媒体产品。例如，阅读亭、一体机等多媒体产品，既内置了多媒体资源，又自带服务硬件，本身就是资源服务一体化理念的直接体现。

四、智慧图书馆数字资源建设

（一）数字资源简介

数字资源是文献信息的表现形式之一，是将计算机技术、通信技术及多媒体技术相互融合而形成的以数字形式发布、存取、利用的信息资源的总和。从数据的组织形式上看，数字资源包括数据库、电子期刊、电子图书、网页信息等多种类型。

按存储介质可分为磁介质和光介质两种。磁介质包括软盘、硬盘、磁盘阵列、活动硬盘、优盘、磁带等类型；光介质包括光碟、DVD、镭射影碟等类型。常用的数字资源存储介质为硬盘、磁盘阵列、磁带及光碟、DVD、镭射影碟等。

按数据传播的范围可分为单机、局域网和广域网等方式。单机利用可以是光盘或安装在一台计算机上的数据；局域网内部利用是用户能在机构内部浏览检索数字资源，但在机构的局域网以外的网络环境中不能访问；广域网利用是指用户可以在任何一个拥有 Internet 的地方通过一定的身份认证方式或者不需认证就可以访问数字资源。

从资源提供者来看，可分为商业化的数字资源和非商业化的数字资源。前者包括数据库商、出版商和其他机构以商业化方式提供的各种电子资源，如

Elsevier 公司的 SDOS、EBSCO 公司的 academic source premier、中国期刊网等数据库，图书馆需要支付一定的费用后再提供给一定的读者群，或者读者个人通过读书卡和其他方式购买数据库的使用权。这些数字资源库内容丰富、数据量大，是图书馆馆藏资源建设中的重要内容。非商业化的数字资源主要指机构自建的特色资源库、开放获取资源、机构典藏和其他免费的网络资源，这些资源或者由图书馆自行建设，或者可以从网络上免费获取。当然，图书馆特色资源库在建成之后也可以以商业化方式进行运作，此时相对其他图书馆而言，也可以称之为商业化数字资源。

1. 数据库

数据库是按照数据结构来组织、存储和管理数据的仓库，它产生于距今60 多年前。随着信息技术和市场的发展，特别是 20 世纪 90 年代以后，数据管理不再仅仅是存储和管理数据，而转变成用户所需要的各种数据管理的方式。数据库有多种类型，从最简单的存储各种数据的表格到能够进行海量数据存储的大型数据库系统都在各个方面得到了广泛应用。

在信息化社会，充分有效的管理和利用各类信息资源，是进行科学研究和决策管理的前提条件。数据库技术是管理信息系统、办公自动化系统、决策支持系统等各类信息系统的核心部分，是进行科学研究和决策管理的重要技术手段。

数据库的基本结构分三个层次，反映了观察数据库的三种不同角度：以内模式为框架所组成的数据库叫物理数据库；以概念模式为框架所组成的数据库叫概念数据库；以外模式为框架所组成的数据库叫用户数据库。①物理数据层：数据库的最内层，是物理存储设备上实际存储的数据的集合。这些数据是原始数据，是用户加工的对象，由内部模式描述的指令操作处理的位串、字符和字的组成。②概念数据层：数据库的中间一层，是数据库的整体逻辑表示，指出了每个数据的逻辑定义及数据间的逻辑联系，是存储记录的集合。它所涉及的是数据库所有对象的逻辑关系，而不是它们的物理情况，是数据库管理员概念下的数据库。③用户数据层：用户所看到和使用的数据库，表示一个或一些特定用户使用的数据集合，即逻辑记录的集合。数据库不同层次之间的联系是通过映射进行转换的。

数据库是按一定的结构和规则组织起来的相关数据的集合，通常分为层次式数据库、网络式数据库和关系式数据库三种。不同的数据库是按不同的数据结构来联系和组织的。计算机网络的特点是资源共享，数据＋资源共享这两种技术结合在一起即今天广泛应用的网络数据库，也称在线数据库或 Web 数据库。网络数据库的含义是以后台数据库为基础，加上一定的前台程序，通过浏览器完成数据存储、查询等操作的信息集合。网络数据库从使用角度来看，是一种基于浏览器或者说服务器方式的数据库，具有互动性。

网络信息资源是指以电子数据的形式将文字、图像、声音、动画等多种形式的信息存放在光磁等非印刷质的载体中，并通过网络通信、计算机或终端等方式再现出来的信息资源。

按照国际上通用的分类方法，数据库通常分为以下几种类型。

（1）参考型数据库。参考型数据库指引用户到另一信息源获得原文或其他细节的数据库，又称为指示型数据库，包括书目数据库和指南数据库。书目数据库是指存储某个领域的二次文献（如文摘、题录、目录等）的数据库，又称二次文献数据库或简称文献数据库，如美国化学文摘数据库等。指南数据库是指存储关于某些机构、人物、出版物、项目、程序、活动等对象的简要描述，指引用户从其他有关信息员处获取更详细信息的数据库，也称指示性数据库，如机构名录数据库、人物传记数据库、产品数据库等。

（2）源数据库。源数据库是能直接提供原始资料或数据的自足性数据库，用户可直接获取足够的信息资源，可以分为以下几种类型：①数值数据库，指专门提供以数值方式表示数据的源数据库，如统计数据库；②文本－数值数据库，能同时提供文本信息和数值信息的数据库，如产品市场报告数据库等；③全文数据库，指存储文献全文的数据库，如期刊全文数据库；④术语数据库，存储名词术语信息、词语信息等的数据库，也包括电子辞书；⑤多媒体数据库，一种存储文字、声音、图像、数值等信息，并对其进行一体化管理的数据库。

常用的中文数据库有中国知识基础设施工程、维普期刊资源整合服务平台、万方数据知识服务平台、北大法宝数据库、中国经济信息网等。常用的外文数据库有科学引文索引（science citation index, SCI）、工程索引（engineering index, EI）、Elsevier、Springer、开放存取期刊目录（directory of open access journals, DOAJ）、PubMed 等。

2.电子图书

电子图书又称 e-book，是指以数字代码方式将图、文、声、像等信息存储在磁、光、电介质上，通过计算机或类似设备使用，并可复制发行的大众传播体。

电子图书拥有许多与传统书籍相同的特点：包含一定的信息量，比如有一定的文字量、彩页；其编排按照传统书籍的格式以适应读者的阅读习惯；通过被阅读而传递信息等。

但是电子图书作为一种新形式的书籍，又拥有许多与传统书籍不同的或是传统书籍不具备的特点：必须通过电子计算机设备读取并通过屏幕显示出来；具备图文声像结合的优点；可检索；可复制；有更高的性价比；有更大的信息含量；有更多样的发行渠道等。具体如下：①方便信息检索，提高资料的利用率；②存储介质相较传统书籍而言容量更大，可以容纳更多的信息量；③成本更低，相同的容量下，存储体的价格是传统媒体价格的1/100～1/10，甚至更低；④内容更丰富，数字化资料包含图文声像等各种资料；⑤增强可读性，以更灵活的方式组织信息，方便读者阅读；⑥降低了工作量，在电脑上处理各种资料，更加方便；⑦更具系统性，将各种资料有机组合、互相参照，能更好地理解资料；⑧新的方式方法、工具手段、形式内容。

除此以外，电子书还具有以下特点。①无纸化电子书不再依赖于纸张，而是用磁性储存介质取而代之。得益于磁性介质储存的高性能，一张700 MB的光盘可以代替传统的3亿字的纸质图书，这大大减少了木材的消耗和空间的占用。②多媒体电子书一般都不仅仅是纯文字，而是添加了许多多媒体元素，诸如图像、声音、视频，在一定程度上丰富了知识的载体。③丰富性。由于互联网快速发展，致使传统知识电子化加快，基本上除了比较专业的古代典籍，大部分传统书籍内容都上传到了互联网，这使电子图书读者有近乎无限的知识来源。

3. 电子期刊

电子期刊也称电子出版物、网上出版物。广义而言，任何以电子形式存在的期刊均可称为电子期刊，涵盖通过联机网络可检索到的期刊和以只读光盘（compact disc read-only memory,CD-ROM）形式发行的期刊。

电子期刊的类型有两种：一种是纸质期刊的电子化；另一种是直接在网络上发表的刊物。

网络出版的电子期刊从投稿、编辑出版、发行订购、阅读乃至读者意见反馈的全过程都是在网络环境中进行的，任何阶段都不需要用纸，它与传统的印刷型期刊有着本质的区别。电子期刊是以高新技术，包括光盘、网络通信技术为载体，经过信息技术人员加工处理，运用现代技术检索手段，以满足信息需求的出版物。其融入了图像、文字、声音、视频、游戏等动态结合的方式来呈现给读者。此外，还有超链接、及时互动等网络元素，在增加了易读性和趣味性的同时节约了成本。

电子期刊有其优势。首先，电子期刊是机读杂志，它可以借助计算机惊人的运算速度和海量存储，极大地提高了信息量。其次，在计算机特有的查询功能的帮助下，它使人们在信息的海洋中快速找寻所需内容成为可能。再次，电子期刊在内容的表现形式上，是声、图、像并茂，人们不仅可以看到文字、图片，还可以听到各种音效，看到活动的影像。最后，可以使人们调动多种感官感受，加上电子期刊中极其方便的电子索引、随机注释，使电子期刊具有信息时代的特征。

4.网页信息

网页是构成网站的基本元素，是承载各种网站应用的平台。网页是一个包含 HTML 标签的纯文本文件，它可以存放在世界某个角落的某一台计算机中，是万维网中的一"页"，是超文本标记语言格式（标准通用标记语言的一个应用，文件扩展名为 .html 或 .htm）。网页通常通过图像档提供图画，并且要通过网页浏览器来阅读。

网页上一般包括以下内容。①文本：文本是网页上最重要的信息载体和交流工具，网页中的主要信息一般都以文本形式存在。②图像：图像元素在网页中具有提供信息并展示直观形象的作用，又包括静态图像和动态图像。静态图像在页面中可能是光栅图形或矢量图形，通常为图形交换格式（graphics interchange format,GIF）、图形档案格式（joint photographic experts group,JPEG）、流式网络图形格式（portable network graphic format,PNG）或矢量格式，如图形文件格式（scalable vector graphics，SVG）或 Flash；动态图像通常为 GIF 和 SVG 格式。③ Flash 动画：动画在网页中的作用是有效地吸引访问者更多的注意。④声音：声音是多媒体和视频网页重要的组成部分。⑤视频：视频文件的采用使网页效果更加精彩且富有动感。⑥表格：表格是在网页中用来控制面板信息的布局方式。⑦导航栏：导航栏在网页中是一组超链接，其链接的目的端是网页中重要的页面。⑧交互式表单：表单在网页中通常用来联系数据库并接受访问用户在浏览器端输入的数据，利用服务器的数据库为客户端与服务器端提供更多的互动。

网页上所发布的内容都可称之为网页信息，网页信息是一个巨大的信息源，它的信息质量参差不齐，真假难辨，需要信息使用者筛选所需信息。常用的网页信息有各类学习网站、政府部门统计数据、行业报告等。

（二）智慧图书馆数字资源建设策略

我国高校图书馆所引进的数字资源几乎涵盖了所有的数据库类型，有期刊、报纸、电子图书、学位论文、会议论文、科技报告、法律法规、专利标准、年鉴、参考工具、多媒体资源等。在多种文献类型中，数字期刊、电子图书、学位论文是引进最多的资源。

1. 明确数字资源建设的规划与原则

资源建设规划是进行资源建设的纲领性文件，是对资源建设的目标、任务、方法、步骤等内容的明确规定。数字资源建设工作的首要任务就是制定资源建设规划。数字资源建设规划是数字资源建设工作的宏观指导，为数字资源建设工作提供政策性的标准和规范，为数字资源建设、数字资源服务与共享提供依据。图书馆应该根据学校、图书馆的发展规划、学校学科建设情况、图书馆的购书经费等条件，制定数字资源的建设规划。建设规划应该包括数字资源建设的目标、方针、程序、模式、建设任务、建设重点、时间规划等内容。数字资源建设应该遵循以下几个原则。

（1）需求原则。数据库的建设选题要立足用户需求，不能盲目上马，要面向教学和科研的实际需要，考虑其实用价值和需求程度。具体说来，一方面要满足读者需求，即数据库建设的最终目的是为更多的读者提供更大的便利，如果没有读者的需求，便失去了建设数据库的意义；另一方面要适应学科的发展，突出重点学科和专业的特色，紧密联系教学和科研的需求，以考虑对教学科研起促进作用，为社会发展和经济建设创造效益为准则。

（2）特色原则。高校图书馆的数字资源是互联网的重要组成部分，特色是数字资源开发和利用的生命，没有特色就没有竞争优势和发展潜力。因此，特色数据库在内容选择和编排上应具有鲜明的资源特色，如民族特色、地方特色、学科特色等，形成特色优势，满足用户对特色文献信息的需求。同时，要考虑本数据库是否在本行业乃至全国高校范围内具有特色权威性，是否是其他综合型数据库无法替代的，避免重复性建设。

（3）标准化与规范化原则。在数字资源建设中，必须遵循一套标准和规范的解决方案，以便实现数字资源的长期存储、相互操作和数据交换，达到分布建设、网络存取、资源共建共享的目的。因此，在技术平台的设计建造以及网络信息服务系统构造等数字化建设中，应始终坚持选择统一、通用标准、协调与规范，以及可兼容的应用性软硬件。

（4）共建性与共享化原则。网络信息时代，任何单一的图书馆都不可能也没必要将所有的信息资源收集齐全，而单纯依靠自身的信息资源、人力资源所开展的信息服务也不能满足读者日益增长的信息需要。在这种环境下，中小型图书馆更应积极参与到全国性、地区性或本系统的共建共享活动中，如数据库的联合购买、特色数据库的合作建设、馆际互借以及开展联机合作编目等。

共建与同享可提高图书馆数字化建设的效率与效益。

（5）安全性与可靠性原则。图书馆在数字资源建设时要对大量的数字资源进行加工、存储、传递和管理，并利用网络为众多的终端用户提供各种信息服务，因此系统的安全性十分重要。在建设过程中要选择技术成熟、性能安全可靠的信息存储与网络设备，进行数据自动备份，采用先进的网络管理系统，并利用网络管理系统的监测、诊断、过滤、故障隔离、在线修复等功能确保网络系统的安全性和数据的可靠性。

（6）保护原则。许多历史悠久的图书馆保存了珍贵的孤本、善本、古代图片、照片等特藏史料。从保护资源的角度出发，各馆都采取了只藏不借的封闭式保护措施，只对个别专业研究人员提供阅览服务。这样一来，大大影响了珍贵特藏史料本身学术价值和研究价值的开发利用。这类特藏史料亟待采用数字化技术进行处理，并制作成数据库资源，为用户提供浏览和检索功能。这一举措既有利于保护我国优秀的文化遗产，又有利于对文化遗产的研究、开发与利用。

2. 加大力度引进中外文数据库

中文数据库商出于自身利益的考虑，建设的大部分数据库大而泛，数据量比较多，购买费用也比较高。一方面，图书馆在引进中文数据库的时候要综合考虑数据库的使用效果、学科专业建设、重复引进、经费投入等问题，合理引进中文数据库。在经费允许的条件下，根据学科专业建设情况，引进专业性数据库，满足多学科的教师和学生的科研学习需要。

另一方面，图书馆要在数据库的引进上变被动为主动。目前，许多图书馆在引进数据库时缺乏主动性，绝大多数仍处在代理商上门推销的被动试用、接受阶段。我们应当通过多种渠道了解全球专业数据库的出版信息，变被动为主动，努力做好图书馆信息资源建设。

3. 加强图书馆自建数据库的建设

我国图书馆引进的数据库比较多，而自建的数据库比较少，自建特色数据库的质量也比较低，本身数据库的资源也比较少，基于以上问题，对于如何加强自建特色数据库的建设，应该做好以下几方面的工作。

（1）集中精力收集具有某种优势的信息资源。收集本校师生论文（著作），建成相应的数据库，在图书馆主页上链接，提供给读者检索，是构建特色数据库的一个可行方法。同时，收集相关收录和被引用情况，既能反映出学校科研的水平，又能提升服务层次，更好地显示出本馆数字资源的特色。图书馆还可以结合地方特色资源，建设具有浓郁地方特色的数据库。例如，吉首大学图书馆利用其沈从文故乡高校的优势，建立的"沈从文文献资料中心"；湘潭大学图书馆位居伟人故里，利用这些明显的地域特色建立的"毛泽东思想文献信息中心"等都是很好的特色数据库，不仅可以为本校的教学、科研提供优质高效的个性化服务，还为地区乃至全国性的图书馆数字资源共享打下了良好的基础。

（2）对所收集的文献信息进行深加工，形成一批质量较高的信息化文献。文献信息资源的深层次开发是图书馆信息化建设的重要内容。在信息化建设中计算机和应用软件等环境只是信息资源建设的主要技术条件和手段，而信息的组织、储存、加工、整理、规范、开发则是信息资源建设的基础性和关键性的工作。它直接关系到信息化建设效益，影响着国民经济的发展和科技的创新，是一件比软件、硬件配置更为重要、更为复杂、更为艰苦和更为持久的系统工程。深层次的文献信息资源的开发不仅是为了充分揭示图书馆的馆藏文献信息资源，更主要的是为了更好地提供利用。要抓好图书馆的信息化建设，促进文献信息资源的深层次开发，必须根据信息量化程度的难易、数据量的大小，统一规范系统数据，制定各专业数据库的建设规划、发展、标准和实施步骤，分工合作、有条不紊、分期分批地进行文献信息资源的全面建设。

（3）建立重点学科、重点课题数据库。根据重点学科、重点课题，对国内外该研究领域的新观点、新思潮、新动向进行跟踪，提供定性、定量的专题报告和论点汇编。高校图书馆具有文献资源优势，丰富的馆藏特色文献为重点学科、重点课题数据库的建立奠定了良好的资源基础。图书馆担负着学科建设的资料存储和资源建设的重要任务。有些高校已经成立某些学科领域的学科文献中心，因此高校图书馆的重点学科文献相当丰富，文献内容的广泛性、系统性、连续性，有利于重点学科数据库的建设。例如，清华大学的建筑数字图书馆、北京林业大学的林木育种数据库等建设都与本校的重点优势学科紧密相连。

4. 加强高校联盟，实现资源共建共享

由于经费短缺，再加上数字化资源价格的逐年上涨，使得图书馆数字化建设长远规划难以制定和实施。建议通过立法来提高文献购置费在经费中所占的比例，教育部也应明确文献购置费的核定比例，并且加强监督和指导。另外，各图书馆之间以及相关的主管部门、厂商、系统商等要加强联盟，共同解决经费短缺问题。

实现各数字化图书馆之间的互联和资源共享，是数字化图书馆发展的必然趋势，也是解决资金短缺问题的一个重要举措。资源共享的基础是共建，因此要在管理体制和资源配置方式上进行改革，变单一建设为集中建设，变封闭式管理为开放式管理，改变大而全、小而专的思想，避免重复建设，浪费大量的资金和时间。各馆要转变观念，树立全局意识，把自身建设放在资源共建共享的大环境中来考虑，积极参与数字资源的整体化组织与建设，通过紧密协作，统一规划，统一标准，在互惠互利的基础上制定高校数字化资源建设的整体目标。另外，要根据各个馆的功能和定位，确定数字资源的订购范围，合理地分配各图书馆数字资源建设规模，尽可能地把各个图书馆的经费投入集中起来进行数字资源的整体规划，形成一个资源共建共享的运行机制，建设"大图书馆"的数字化资源，最终实现数字资源分布式存储和管理、集成化"一站式"检索和利用的格局。

5. 加强数字资源整合检索建设

数字资源整合不能简单地理解为"库集合"和"库链接"。数字资源整合是一种数字资源优化组合的存在状态，是依据一定需要，对各个相对独立的资源系统中的数据内容、功能结构及其互动关系进行类聚和重组，重新结合为一个新的有机整体，形成一个效能更好、效率更高的新的数字资源体系。数字资源的整合程度直接关系到其能否被高效吸收及利用。

（1）基于联机公共目录检索系统（on-line public access catalogue, OPAC）的信息资源整合。这是一种基于传统书目管理的整合模式，OPAC 系统是高校图书馆众多资源中利用频次较高的，如果能以 OPAC 系统为基础，整合更多的资源和服务将会极大地提高图书馆现在所有信息资源的利用率。现在高校图书馆都拥有自己的 OPAC 系统，有少则几十万、多则几百万的编目数据，以 OPAC 系统为基础平台整合其他文献资源是一种比较容易考虑到的思路，其优点是让读者在不知不觉中打破馆内资源和书目服务的局限，方便地使用到馆外的或数字化的文献资源，而无须花时间和精力熟悉新的系统和操作方式。常见的做法有两种：一是通过 Z39.50 协议聚合不同的 OPAC 系统，整合生成联合的馆藏书目查询系统，这样的实践比较多，主要用于传统书目查询系统之间的整合；二是通过在以 MARC856 字段中记录电子文献的 URL，实现在实体馆藏中揭示并链接全文电子文献的目的。

（2）基于跨库检索的信息资源整合。某个学科的文献资料可能包含在多个数据库中，尤其是交叉学科，读者要完成某个课题的检索，往往要通过多个数据库进行多次检索，才能将与该课题有关的文献找全。而每个检索系统都有各自的检索界面和检索方式，检索式构造规则、检索算符、检索字段等都不尽相同，这给读者的资源检索造成了相当的困难。如果能在同一个检索平台下，实现多数据库同时检索，将极大地便利读者。对异构数据库进行资源整合与统一检索，将大大提高读者对信息资源获取的效率。跨库整合检索可分为两个层次：第一个层次是检索界面整合；第二个层次是实现数字资源系统间的分布式异构整合检索。

（3）基于资源导航的信息资源整合。资源导航系统指将信息资源的检索入口整合在一起，建立资源导航库，提供按信息资源名、关键词、资源标识等获取资源的途径。资源导航系统功能主要是帮助读者更加全面地了解信息资源，供读者浏览或按一定的特征来检索，并提供该资源的检索入口。资源按其形式类型可以分成书目资源、期刊资源、数据库资源、电子图书资源、电子报纸、会议文集等，不同类型可以分别建成相应的导航系统。当前，许多高校图书馆采用的资源导航系统以期刊数字导航系统和数据库导航系统为主。

为了使资源导航系统达到预期的功能，要确定揭示的内容，信息资源内容揭示的详细程度决定了资源导航系统功能能否充分发挥。每种类型的信息资源要揭示的内容是不同的，如建立期刊数字导航系统要揭示的内容包括刊名、关键词、学科分类、语种分类、出版商、ISSN、该刊的统一资源定位系统（uniform resource locator,URL）、出版商的 URL、全文起始年限、期刊详细介绍等相关信息。资源导航系统一般都有以下几个基本功能：字顺浏览功能、分类浏览功能、关键词检索功能，这三个基本功能将帮助读者迅速找到信息资源，并利用超文本链接提供检索入口，对该资源进行全文或目录检索基于超级链接的信息资源整合。利用网络超文本链接特性，可以将文献的有关知识点链接起来，将有关的信息资源链接在一起，形成一个具有内在联系的有机整体，以方便读者利用各类信息资源。这就是链接整合。

在链接整合过程中我们应该注意以下几个问题。从读者的角度讲，链接点的设置越多越方便，但太多容易造成迷航。信息资源的分类一般都要按一定的原则来进行，其分类是否科学、符合读者使用习惯等问题关系到能不能快速找到所要的资源。科学文献之间不是孤立的，而是相互联系、不断延伸的系统。文献的相互引证反映了科学发展的客观规律，体现了科学知识的累积性、连续性和继承性，以及学科之间的交叉、渗透。众多的学术论文通过引用与被引用关系形成复杂的引文网络，如果能在信息资源中利用超链接的特性通过参考引文把所有资源都联系起来，形成一种反映各知识点之间直接和间接关系的知识结构性网络体系，对于学术研究将是非常有价值的。理想的引文链接以参考文献为线索，将所有的信息资源都整合成一个具有知识关系的网络，是一种非常理想的、独特的整合方法。

五、智慧图书馆的开放信息资源建设

开放存取一直是近年图书馆学界研究的热点问题之一。之所以成为热点，主要原因是开放存取的出现让印刷型学术文献从出版媒介、发行渠道以及传播和服务方式都发生了根本改变。近几年，国际上开放存取发展势头迅猛，越来越多的大学、研究院所、学术联盟或科研资助机构发布、强化已有 OA 政策，或创建知识库，甚至传统学术期刊出版商也已经陆续向开放存取出版领域转型，抢占 OA 出版市场，使 OA 资源数量快速增长。

（一）开放存取资源的内涵

1. 开放存取资源的定义

进入 5G 时代后，众多行业都与互联网融合，走向了"互联网＋"发展道路，在互联网的加持下，知识数据资源的传播效率不断提高，用户越来越重视知识资源共享。为了打破知识资源供应商垄断的局面，使更多有价值的学术资源在用户间得到共享，OA 运动发展起来，其通过对知识数据资源的高效获取，以免费共享的方式传输、利用知识资源。此后，世界各国开始重视 OA 运动的发展，OA 资源也成为各类知识服务机构进行资源共享的有效方式。2003 年开放存取柏林国际会议的召开对各类知识服务机构之间知识资源的开放存取提出了新的要求，倡议使用 OA 资源应保持较高的学术质量，并制定 OA 协议，使各类知识资源在传播利用过程中能与知识产权保护结合在一起。随着 OA 运动的发展，OA 资源在各类知识服务机构中得到了有效利用。OA 应用旨在利用互联网整合全人类的科学与文化财产，为各国研究者和网络使用者提供一个免费的、更开放的科研环境。以互联网为媒体，实现便于科学知识和人文知识的开放存取，为科研政策决策者以及科研机构、资助机构、图书馆等提供具体的方法。目前，智慧图书馆使用的 OA 资源整合模式包括搜索引擎、期刊库、资源仓储等。

2. 智慧图书馆开放存取资源的来源

智慧图书馆是融入互联网及多种智能技术、根据用户个性化需求进行智能识别、为其提供知识数据服务的机构，在智能技术的支持下，智慧图书馆可以使用大数据技术、人工智能技术智能识别与获取知识资源，有效提高知识资源的获取效率。目前，智慧图书馆可以借助大数据技术与人工智能技术，从互联网空间中智能搜集 OA 资源，也可以通过与其他知识服务机构合作，共享 OA 资源。OA 资源自身具有免费开放的特点，智慧图书馆还能通过互联网终端访问 OA 期刊库或数据仓储直接下载。

3. 开放存取资源在智慧图书馆中的应用

智慧图书馆开展的知识服务需要建立资源搜集机制，以 OA 资源为支撑，使用数字搜集技术或大数据技术从互联网空间中攫取，并进行深度加工，使 OA 资源能满足用户的使用需求。智慧图书馆使用信息技术建立 OA 资源发现系统，通过对资源的批量处理、深度挖掘，实现对 OA 资源的有效加工。智慧图书馆还需要对 OA 资源进行过滤与筛选，去除冗余的数据资源，提高 OA 资源的价值。智慧图书馆要结合 OA 资源的使用规则，对搜集加工的 OA 资源进行发布，使其借助互联网学术平台传播，并得到有效利用。

（二）开放存取资源的两种实现形式

实现学术信息开放存取的主要途径有两种：开放存取期刊和开放存取仓储。目前，美国和欧洲国家已经通过开放存取仓储和开放存取期刊两种途径来探索开放存取出版模式。

1. 开放存取期刊

开放存取期刊与传统期刊一样，对提交的论文实施严格的同行评审，从而保证期刊的质量，为读者提供免费访问服务。相对于传统印本期刊，开放存取期刊由于以网络电子期刊为主，因此其出版成本和传播成本已经大大降低，主要采用"作者（或机构）付费出版，读者免费使用"的运行模式。其存在和发展为重建以研究人员为中心的学术交流体系发挥了重要作用。另外，开放存取期刊也开始得到传统的文摘索引服务商的认可，并成为它们收录的对象。

2. 开放存取仓储

开放存取仓储不仅存放学术论文，还存放其他各种学术研究资料，包括实验数据和技术报告等。开放存取仓储一般不实施内容方面的实质评审工作，只是要求作者提交的论文基于某一特定标准格式，并符合一定的学术规范。开放存取仓储包括基于学科的开放存取仓储和基于机构的开放存取仓储。学科仓储是为某些学科所服务的，目的在于研究资料的共享和保存。这些仓储在各自的领域参与程度很高，目前所涉及的学科领域主要包括古典文学、哲学史、经济学、化学、认知科学、数学和物理学等。国际知名的 arXiv 电子印本文档库是学科仓储的代表。机构仓储是大学创建的知识产品的数字化档案库，为校内外的终端用户提供服务，没有或只有很少的限制。机构可以独立创建，也可以参加到州或地区性联合体之中。世界不少知名大学宣布，可应用开放使用出版模式来发表研究成果。例如，美国康耐尔大学的 Euclid、加州大学的

e-Scholarship 机构知识库。其中，佛罗里达州立大学的 D-Scholar ship 是机构仓储的典型。

（三）开放存取对图书馆信息资源建设的影响

1.对信息资源建设战略的影响

第一，信息资源建设环境日益开放和国际化。印本期刊时代，资源的甄选、采集、组织、揭示、服务都以人工方式完成，即使用计算机代替手工实现了流程自动化，上述工作也只能在离线状态下完成，因为印本期刊没有自己的独立网站，无法通过互联网提供开放式服务。普通数据库也是如此，数据库提供商需要通过控制购买者的用户数量，来增加销量，因此也不会提供开放式服务。OA 期刊和知识库有自己的网站或网址，通过互联网面向全球用户开放，对使用者数量、身份、国别不设限制，实现数据的实时更新。不同国家的科研机构、大学同时建设机构知识库、创办 OA 期刊，打破了以往资源分散、各自为政的封闭状态，突破了国别地域的界限，将资源建设工作置于一个更加开放和国际化的环境中。

第二，越来越多的学术期刊采用互联网在线方式出版发行。互联网不仅改变了人们的阅读习惯，还造就了不可估量的网络阅读市场。出版商也意识到，与印本期刊相比，在线期刊可以大幅降低出版成本，缩短出版周期，并赢得更广泛的读者。为此，国外出版巨头经过艰难的博弈后纷纷选择了在线出版。国内学术期刊出版没有像欧美那样形成垄断，OA 期刊对印本期刊出版利益的冲击小得多。近年已有越来越多学术期刊建立自己的编辑部网站，推出在线期刊，可免费全文检索下载过刊文章。例如，中国科学院的《应用数学学报》中文版、北京大学的《数学进展》等。国内学术期刊出版趋势正由印本向数字化出版转变。

第三，对图书馆基础设施建设的要求更高。目前，欧美很多大学、科研机构已将知识库作为图书馆的一项基础设施来投入和建设，机构知识库的创建、维护和服务已逐渐成为图书馆资源建设的重要内容之一。机构知识库不同于普通数据库，后者虽提供在线服务，但属于封闭式局域网有偿服务。用户数量受数据库销售商严格控制，不可以无限制发展。机构知识库也不同于特色数据库，特色数据库通常收集了某地区在人文地理、民俗风情、社会传统等领域与众不同的相关文献数据。机构知识库收录的是机构内部产生的科研成果，它不但可以长期保存、积累科研产出，利于统一集中管理，而且可以深度挖掘和揭示机构内部的成果资源，彰显机构整体研究实力和研究水平。

2. 对信息资源馆藏结构的影响

目前，国内图书馆的馆藏结构基本上以印本文献数字化与数据库或印本文献与数据库为主，这实际上是封闭式网络与收费的模式。OA 资源则完全不同，采用的是开放式网络与免费的模式。当某种期刊以印本期刊数字化（或数据库）和 OA 期刊两种不同版本同时作为馆藏出现在检索结果中时，毫无疑问用户更愿意选择后者。随着时间的积累，OA 资源的稳定性和连续性日臻成熟，被更多的人所了解和熟悉，利用率不断提高，而数字化版（或数据库）的利用率会逐渐降低。届时，馆藏结构势必做出相应调整，资源建设重心将从印本资源向 OA 资源转移。

3. 对信息资源共建共享的影响

国内图书馆及信息机构为实现信息资源共享做了大量共建工作，取得了显著成绩，实现了本系统、本地区、共建单位或某一范围 IP 地址的共享，如中国高等教育文献保障系统（China academic library & information system,CALIS）、国家科技图书文献中心（national science and technology library,NSTL）等。系统内部人员使用时，可免费浏览、下载、打印，实现了开放存取。外部用户使用时，则需申请、注册、开通账户、预付款等一系列手续，这些用户得到的是不平等的封闭式网络加收费的服务。OA 则不是面向某一特定群体开放，它倡导和践行的是不分国界让人类平等获取知识，打破了以往行业、系统等条块分割的壁垒，给图书馆现行服务方式带来了挑战。OA 的优势在于：利用互联网传播，速度快、受众面广，提高了馆藏可见度。从用户角度考虑，可在任何一个地方和不同形式的终端登录，不受时间和距离的限制，使用方便快捷；无须支付获取费用，节省了时间和经济成本；消除了用户在使用过程中可能发生的侵犯作者相关权利的法律风险。从作者角度考虑，作品一经上线，全球读者即可阅读，扩大了作者及作品的影响力和知名度；作者保留版权而不是移交给出版商。

（四）智慧图书馆的开放信息资源建设策略

（1）图书馆应根据本馆职责、任务及服务对象的需求，组织专门力量对 OA 资源进行专门调研。图书馆是外文期刊的主要购买和服务提供者，印本期刊 OA 化对订阅方式、采购预算、馆藏结构及服务都产生了影响。哪些刊属于金色 OA，哪些属于混合式 OA，各由哪些出版商出版？哪些 OA 刊可以长期保存，是否可以替代部分印本期刊？这些都是摆在图书馆面前的现实问题，亟须组织人力进行专门、深入的研究，为合理布局馆藏结构、优化资源配置、提高预算使用效率提供可靠、可行的参考依据。

（2）在图书馆网站首页开设开放存取专栏，以利于读者或用户清楚识别、使用 OA 资源。据调查，国内大学、科研单位及图情机构对国内外 OA 资源的组织有两种方法：一种是在图书馆网站首页上的"数据库导航""网络资源""电子资源"或类似栏目中对混合排列的 OA 与非 OA 资源逐一作简要介绍，并附地址链接；另一种是在网站首页开设"开放存取"专栏，对 OA 的概念、发展、知识库、自存档以及每一种 OA 资源等相关知识集中组织、逐一介绍。从资源利用的角度考虑，似乎后者的组织方式更值得推介，不但起到了宣传、普及 OA 知识的作用，而且能让使用者更清楚地辨识哪些属于 OA 资源、在使用方法和形态上与传统文献或数据库有何不同，更有益于 OA 资源的推广利用。资源建设工作的每一次革新，每一项新技术的应用，最终受益者都应该是用户。

（3）现行编目规则的修订或更换迫在眉睫。2010 年 6 月发布的《资源描述与检索》（resource description and access,RDA），以国际图联的《书目记录的功能需求》（functional requirements for bibliographic records,FRBR）和《规范记录的功能需求》（functional requirements for authority records,FRAR）为框架，专门针对数字资源编目同时兼容印本资源书目数据，适用于包括远程访问等各类数字资源的著录，是目前最新的国际化编目规则。与现行国内著录规则相比，"RDA 关于数字资源著录的条款更多，规定更具体，内容更丰富"。尽管对 RDA 是否适用于中文文献著录、使用效果尚不清楚，但以发展眼光看，编目工作的国际化、标准化、统一化是趋势。RDA 中文版问世后，图书馆应积极探索用其著录中文文献的可行性。鉴于 RDA 的灵活性，甚至可以考虑向其制定者英美编目条例修订联合指导委员会（JSC）提供针对中文文献著录的修改细则。RDA 的应用将有利于国内外馆际之间书目信息的交流与共享。

（4）OA 资源作为一种优质学术资源，应成为馆藏资源建设的重要组成部分，以推动馆藏资源的广泛共享，提高馆藏利用率和显示度。据调查显示，国内图书馆的馆藏利用率在 30%～40%，而这个数据的理想状态应该是 70%～80%。现实与理想差距过大，说明信息在传递过程中遇到了障碍，其中共享方式是重要因素。开放是共享的前提，没有资源的开放，就不可能实现广泛的共享。图书馆应从发展战略、采购预算、馆藏结构、组织揭示、服务提供等资源建设各个环节对 OA 资源予以计划安排。特别是科技管理部门的政策支持是 OA 资源建设快速、健康、可持续发展的重要保证。资源建设的出发点应从两方面入手：一是合理安排预算，用有限经费实现最佳资源配置；二是尽最大努力满足用户研究、教育和学习的需求。因此，图书馆应尽一切可能为用户提供使用上的便利，创造条件使知识交流渠道更加畅通。交流渠道的畅通有助于协同创新。

（5）重视智慧图书馆开放存取资源的安全管理。针对智慧图书馆 OA 资源面临的多种安全风险，通过建立安全管理机制，为 OA 资源的存储、共享、使用提供安全保障（图 2-1）。

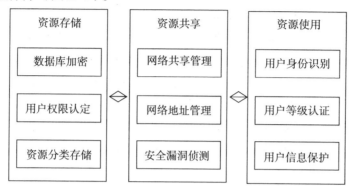

图 2-1 智慧图书馆 OA 资源安全管理机制

第一，重视资源存储的安全防护。在 5G 时代，智慧图书馆成为网络用户的重要知识服务机构，OA 资源也成为用户获取知识信息的重要方式。5G 网络在帮助用户快速获取资源的同时，增加了资源存储风险，智慧图书馆需要建立科学高效的资源存储安全管理系统，增强抵御风险的能力。智慧图书馆在存储 OA 资源之前，需要做好资源的搜集、过滤、筛选、清洗等工作，去除资源中异构化、半结构化的数据资源，防止资源泄露。同时，智慧图书馆在面向用户提供知识服务过程中要进行权限管理，在实现不同种类资源分类存储的基础上，对用户的个性化学习需求进行分析，确定用户的具体学习需求，设置用户的访问权限，实现用户获取 OA 资源的分类管理。此外，智慧图书馆要建立专业的 OA 资源数据库存储资源，使其得到有效利用。

第二，重视资源共享的安全管理。在开放的互联网环境中，要建立资源共享安全防护机制。这需要智慧图书馆针对 OA 资源树立安全管理观念，对发布使用的 OA 资源建立统一的管理规范，要明确资源使用的 IP 地址，并做好网络服务器的安全管理，避免因网络因素影响资源共享。同时，采用多种互联网协议模式对发布的 OA 资源实施有效的评价与监测，既要考虑网络系统的抗干扰能力，也要建立资源安全使用模式，通过防火墙避免网络攻击风险。此外，智慧图书馆要对自身应用的计算机软件、硬件设备进行安全管理，安装病毒查杀软件，并要时刻监测计算机设备的网络安全状况。制定安全管理条例，定期对计算机软硬件系统的安全性能进行等级评估，及时检查计算机系统的管理缺陷及安全缺陷，防止计算机系统出现安全漏洞，避免给智慧图书馆 OA 资源的应用与管理带来风险。

第三，重视资源使用的安全保障。在当前 5G 技术快速发展的时代背景下，用户的学习需求也逐渐倾向多元化层面，智慧图书馆在满足用户个性化学习需求的前提下，尽可能使用 OA 资源为用户提供知识服务，使用户可以借助互联网终端或智能设备便捷地获取资源。为了保障用户资源使用的安全，智慧图书馆基于对用户个性化偏好的分析，构建资源安全防护机制，保障安全防护系统能准确甄别用户身份。当用户通过移动终端访问智慧图书馆时，图书馆的安全防护系统能准确识别，并在分析用户个性化学习需求的前提下，为用户智能匹配 OA 资源。针对用户的学习习惯及访问次数，智慧图书馆还可以对用户身份进行安全评级，通过设置用户身份安全等级，将用户的身份信息和用户的画像信息记录在安全管理系统中，并备份到用户个人信息数据库中，实现对用户个人信息全方位的安全保护。为了保障用户能安全地获取 OA 资源，智慧图书馆还可以通过区块链技术、面部识别技术、虹膜识别技术等在用户访问智慧图书馆时对用户身份进行鉴别，通过智能监测系统对用户使用资源的行为进行监督和记录，帮助用户更高效地使用 OA 资源。

第四节　智慧图书馆的服务概况

服务是图书馆的根本价值所在，图书馆的一切工作都应该围绕服务展开。在智慧图书馆中，智慧化的服务处于中心环节，智慧图书馆的馆员、建筑、技术、资源等都是为用户服务的。与以文献载体为主的图书馆文献服务，以信息传播为主的图书馆信息服务，以知识传播为主的图书馆知识服务相比，图书馆智慧服务是以用户的智慧生成过程为中心，致力于培育用户驾驭知识、运用知识和创新知识的能力，进而实现智慧创造。

对智慧图书馆的服务进行研究，有助于我们从核心价值层面了解和认识智慧图书馆。图书馆的智慧服务是建立在知识服务基础上的，运用创造性智慧对知识进行搜集、组织、分析、整合，形成全新的知识增值产品，支持用户的知识应用和知识创新，并将知识转化为生产力的服务。图书馆智慧服务关注的是通过知识产品的服务给用户带来效益，包括经济效益和社会效益，实现知识产品的增值，进而推动社会进步和生产力的发展。根据国内外学者的研究，智慧图书馆的服务模式主要有智慧化的基础服务、嵌入式的学科服务、移动图书馆服务三种模式。

一、智慧化的基础服务

智慧图书馆的基础服务主要包括流通阅览服务、空间管理服务等。

（一）流通阅览服务

流通阅览工作是最基础的读者服务工作，主要包括图书和期刊等纸质图书的借阅工作等。流通阅览服务中主要涉及智能书架、自助借还服务等。

1. 智能书架

智能书架是一套高性能的在架图书实时管理系统，利用高频 ISO/IEC15693 RFID 实现在架图书单品级物品识别，具备馆藏图书监控、清点、查询定位、错架统计等功能。智能书架系统具有检测速度快、定位准确等特点。可应用于图书、档案、文件管理等领域。智能书架可拥有多个 RFID 读写天线，可以读取该书架上的书本 RFID 的信息，然后探测某一本书是否在读取范围内，如果读取不到这本书的 RFID 标签，则认为该书已经被拿走，再结合之前的读取信息，可以判断该书什么时候被取走，什么时候被归还。图书馆通过智能书架（IBS），可以统计出书架上每本书的状态，通过书本使用率分析，可以实现许多传统图书馆不能实现的功能。

（1）智能书架产生的背景。传统图书馆采用条形码技术进行图书管理，图书上架按照《中国图书馆分类法》由馆员完成，数据库中存储的图书位置为类号，图书放置区域最小单位为分类排架号，并没有精确到具体某一节书架，使读者在查找图书上仍花费了大量的时间，而且实际中又无法避免地存在图书放错书架的情况，致使读者从数据库查找到的图书架号并不是实际图书所在的位置，影响读者图书借阅效率。而图书馆馆员的顺架采用原始的人工清点，不但不准确，而且劳动强度也非常大。

智能书架系统实现了书架上文献的实时扫描、记录和更新文献的架位信息，具有文献自动识别、快速清点功能，强化文献的流通统计、归还文献的快速定位，有效降低文献的错架率，提高图书管理人员的工作效率，真正意义上利用 RFID 技术实现图书定位管理。智能书架能够实时将每本书定位到层，智能书架的应用使馆员的顺架工作变得轻松，只需要软件系统启动顺架功能即可，甚至可以自动启动顺架功能。对于读者来说，可以实时地定位某本书在哪一架哪一层，充分降低了馆员的工作量，提高管理效率，并能够有效节省读者的借阅时间，使 RFID 应用于数字图书馆的优势得以充分发挥。

（2）智能书架的原理。智能书架是指在书架上安装 RFID 设备，以读取书架上每一本图书的 RFID 标签，使其达到每层书架上的图书都可便捷读取的目的，不仅可以对馆内的图书进行实时清点，还能够对图书进行实时定位。由智能书架、图书馆管理系统组成的智能书架管理系统，能够控制智能书架的工作状态，同时识别书架上的图书信息，通过网络通信将识别数据信息上报图书馆管理系统，并保存到系统服务器数据库中。智能书架采用的技术主要有天线阵列技术、多路切换技术以及电磁场信号控制技术等，能够实现准确定位，并对每层 RFID 设备的读取范围进行有效控制，以此实现对每本书的精确定位。

通过后台软件的控制，可以实时跟踪每本图书的信息。通过 RFID 技术所做的智能书架，不仅方便图书上架操作，还能强化图书管理动态管控机制。读者可以在线查询图书与文献的位置及借阅的状态，图书馆馆员可通过系统来查询错置的文献与图书，只需依系统提示，放回正确架位即可。馆员也可随时进行全馆清点，清点不需花人力时间，系统会自动将所清点的资料，做统计分析以便馆员有效处理。该系统可支持有线或无线通信方式，所有图书馆信息不但可以通过授权的有线网络链接查询，将来也可以通过掌上电脑（PDA）等无线设备进行链接，也就是说，管理层可以通过 PDA 等无线设备实时查询图书馆图书状态，做到随时随地查阅。读者也可以用手机来预定图书，系统会告知读者预定书籍位于哪个书架哪一层。该定位信息是实时更新的，并不是传统意义上图书馆第一次上架时书籍的上架信息，因此可以更准确地指导读者去相应的位置寻找图书。

（3）智能书架的功能。

①智能书架系统实现图书实时监控：智能书架系统通过 TCP/IP 方式实现集群部署，需要与图书馆管理软件系统实时数据通信，并受图书馆管理系统的控制。RFID 模块采集到图书标签信息后，将大量的图书标签信息传送给图书馆管理系统，支持 24 小时在线监控。

②智能书架系统实现馆藏图书盘点、定位和快速查询：能够与图书馆自动化系统配合完成图书盘点工作，系统能够生成在架图书列表，并将数据自动提供给图书馆自动化系统，与在借图书列表比对后能生成遗失图书列表。系统可以根据遗失列表自动更改单册状态，根据遗失列表在架上盘点时自动报警提示，同时生成在架和错架图书所在的正确位置列表。

系统能够根据设定的条件，定时完成图书的定位工作，建立每本图书与层架的位置关系。读者在开放的公共查询目录操作界面输入检索内容，可快速准确找到图书实时位置信息。

OPAC 查询流程支持。支持两个及两个以上图书馆系统文献联合查询，可根据题名、作者、主题词、中图分类号、索书号、丛书名、国际标准书号等关键词进行多级文献检索，支持图书位置查询、图书定位和智能路径提示、三维立体图形效果。

③智能书架系统实现多媒体虚拟书架查询和电子资源展示功能：配液晶触摸显示屏，提供多媒体虚拟书架查询和电子资源展示功能。读者通过显示屏可以查询图书的实际位置，馆员可以通过显示屏查询和跟踪图书的在架、错架、上下架情况等。

④智能书架系统实现读者阅读习惯统计分析：智能书架天线采用具有专利技术的隐藏式固定方式，固定件和接线隐藏于书架背板中，外观上无任何固定件和连接线，简单的固定方式，方便安装与后期维护。数据统计分析能力按照一定的图书馆数学模型对读者阅读习惯进行统计分析。

⑤智能书架系统实现与图书馆 RFID 系统无缝集成：图书馆 RFID 系统采用了多个 RFID 系统设备，并集成了图书馆系统、智能书架系统、RFID 应用软件系统以及其他相关系统。搭建 RFID 应用和管理平台，通过平台对 RFID 系统的各个终端设备进行管理和监控，实现对各设备和应用系统及时状态的查看，并实现对历史纪录的报表和统计功能。

RFID 扩展应用项目满足图书馆馆藏管理及流通业务的需要，完成新增文献上架、文献架位信息采集、文献利用率统计、文献归架、文献清点、文献盘点、文献下架以及文献架位导航八大主要功能。

2. 自助借还服务

自助借还服务指读者不必亲临图书馆，不受图书馆开闭馆时间的限制，在一台自助图书馆服务机上就能借书、还书、办理借书证，享受图书馆的预借送书服务。自助图书馆装有书架、还书箱和电脑操作台等，能存放几百本书，采取自助服务方式。

（1）自助借还机可以实现以下服务。

①自助借书：持证读者可以借自助图书馆书架上的图书，就像在真实图书馆借书一样。

②自助还书：读者在图书馆借的书或在自助图书馆借的书均可以归还到任何一个自助图书馆。

③申办新证：未办证读者可凭二代身份证在自助机上申办新证。

④预借服务：读者通过自助图书馆查询机或图书馆网站查到所需图书，

可提出预借请求，图书馆的工作人员将帮读者找到图书，送达读者指定的自助图书馆，通过短信通知读者，此后读者凭证直接到自助图书馆取书即可。

⑤查询服务：读者可通过自助图书馆查询机访问图书馆网站，查询图书馆信息和馆藏状况，提出预借请求。

（2）自助借还机的技术。自助借还机采用光、机、电一体化基本模块完成取书、送书操作，内含 RFID 识别技术、身份证识别技术、卡识别技术、互联网传输技术、无线传输技术、数据库检索技术等。

（二）空间管理服务

空间管理服务主要包括门禁管理和自习室（阅览室）占座服务。

1.门禁管理

图书馆门禁管理主要依靠校园一卡通来实现。随着校园的数字化、信息化建设逐步深入，校园内的各种信息资源整合已经进入全面规划和实施阶段，校园一卡通已结合学校正在进行的统一身份认证、人事、学工等管理信息系统和应用系统等建设，通过共同的身份认证机制，实现数据管理的集成与共享，使校园一卡通系统成为校园信息化建设的有机组成部分。通过这样的有机结合，可以避免重复投入，加快建设进度，为系统间的资源共享打下基础。

一卡通有校内消费结算和身份识别两方面的用途，将逐步取代餐饮卡、借书证（卡）、上机证、考试证等校内证件。身份识别功能又称身份管理功能，是指校园卡内储存了持卡人的基本信息，学校各部门的信息系统可以通过校园卡进行身份识别和相关管理。校园卡内记录了持卡人个人身份资料、图书借阅资料、门禁控制信息、计算机机房管理信息等内容，可实现如考勤、个人身份认证、图书借阅、语音教室使用、计算机上机操作等各项校内管理功能。

图书馆一般在一楼大厅入口处设置门禁卡，读者刷校园一卡通才能进入，后台依靠门禁管理系统，通过物联网技术，实现读者身份数据的调用。

2.自习室（阅览室）占座服务

一般高校教室资源都非常有限，可供学生读书自习的空间很少，而图书馆有很多阅览室，甚至一些图书馆会专门设置自习室供读者使用。因此，常常会发生图书馆占座现象。图书馆选座系统就是为了解决学习空间不足和占座秩序混乱的问题而存在的。

自习室座位管理系统主要为学生提供自习室座位情况信息，学生可以通过网络查询开放的自习室和各个自习室的人数。管理员可定时更新各个自习室的剩余座位数信息。

（1）为了方便学生查找自习室座位等信息，学生查询功能将所有信息按照需要进行分类。这样学生就能很方便地找到自己需要的信息。

（2）学生登记功能实现了学生通过简单的操作，如刷信息卡等就可以进行自习登记。

（3）添加功能，即管理员可以通过填写表格的形式输入开放的自习室等相关信息，自动避免重复信息。

（4）更新功能，即管理员可以对数据库中的信息进行更新。系统能够通过当前开放的自习室提供需要更新的信息，对更新后的信息进行保存，并自动查找是否是重复信息。

（5）删除功能，即管理员可以对数据进行删除操作。系统能够通过管理员给出的条件查找出要删除的信息，并提示是否确定删除，如果确定删除，则把相关信息从数据库中删掉。

（6）管理员查询功能，即管理员可以通过条件选择查询所有信息，并进行排序。

（7）统计功能，即管理员可以通过此功能对信息进行统计。例如，统计当天各个自习室自习人数等。

二、嵌入式的学科服务

图书馆面向学科的学科馆员服务，在国外已经存在了至少50年的时间，在我国也已经有10余年。学科服务的概念则是近些年才提出的。2003年，张晓林提出应探索数字化、知识化服务的新模式——按照科学研究（如学科、专业或项目）而不再是按照文献工作流程来组织科技信息工作，使信息服务"学科化"（而不是阵地化），并将这种服务称为"学科化知识服务"，认为它将成为具体科研活动的有机组成部分，使科技信息人员和组织成为科研群体的知识创造伙伴，逐步将科技信息工作转移到基于需求、基于用户、基于科研过程、基于知识发现与集成的形态上，塑造一个开放整合、动态定制、协同交互、有机融合各种服务和手段、有机嵌入科学研究环境中的知识服务和知识管理机制。在张晓林所提出的学科化知识服务基础上，学科服务（或称学科化服务、学科信息服务）的概念出现，并成为图书馆界的研究热点。

应该说学科服务是一种全新的服务机制，其服务理念与传统的学科馆员服务已大不相同，但两者不能截然分开。学科服务仍然面向学科组织服务，主要以学科馆员为主体开展。从广义上来说，作为新型学科服务的基础，传统的学科馆员服务可以看作早期的学科服务。新型的学科馆员及其学科服务则是传统学科馆员服务的延伸和深化。为了区分研究，有学者将两者分别称为第一代学科馆员和第二代学科馆员。

（一）学科馆员的内涵

张晓林把学科服务称为学科化服务，最早提出学科化服务的概念。他认为，学科化服务通常采用知识化组织模式，它以用户为中心，面向服务领域及服务机构，组建一个个灵活的学科单元，将资源采集、加工、重组、开发、利用等工作融于每个学科单元之中，整合传统图书馆职能部门，使信息服务由粗放型管理转向学科化、集约化管理，以方便学科馆员提供更深入、更精细的服务。以上关于学科化服务概念的论述得到了广泛的认可。

（二）学科馆员与学科建设

1.学科馆员与学科建设之间的关联性

（1）提高读者信息素养能力。学科馆员是图书馆管理工作当中的一种，其在学科资源建设中的基本职责，是要根据学科范围和专业设置，拟定出每个学科各自的馆藏发展政策，明确该学科文献的发展原则和方向，制定出该学科的馆藏发展规划。从工作职能来看，学科馆员需要对图书馆信息进行科学的整理和分类。基于我国科技信息技术的发展进步，学科馆员新时期的工作形式也在不断变化，而从时代发展背景来看，相关的学科数据信息也在不断增多，学科馆员可以为读者从庞大的资源体系当中筛选出最符合读者现阶段学习需求的资料信息，并且当读者在日常学习过程中遇到专业问题时，也可以寻求学科馆员的帮助，从而稳步提高自身在本学科当中的信息素养能力。

（2）推动学科建设的发展。在高校中，不同学科的发展目标都不相同，对资源数据的需求也有一定的差异。而不论哪个学科，都需要保证有一个完整的知识结构体系。同时，新时期的教学工作还需要立足于社会发展对人才的实际需求，不断对教学内容和形式进行调整。这就与图书馆学科馆员的基本工作相吻合。新时期的教学改革变化情况要求学科馆员关注学科建设工作的发展方向，提供相应的基础数据信息。

由于细分了学科，限定了单个学科馆员所负责的学科范围，因此学科馆员仅负责对所熟悉的较窄领域的学科的文献采选，因此学科馆员有能力跟踪某学科的纵向发展，对该学科文献加以全面系统地搜集和选择。比如，学科馆员可以对馆藏中本学科主要文献和最新文献资源进行分析、对比、归纳，形成学科文献评价。同时，可以收集国内外该学科的发展情况，分析出学科未来的发展趋势及相关要求，协助教职人员制订科学的教学工作计划，以此来推动学科建设工作的顺利开展。

2.学科馆员有效推动学科建设的具体方法

在实际进行学科建设工作时，应当充分发挥图书馆学科馆员的工作优势，为学科建设工作提供数据信息作为参考和支持。

（1）资料收集及整理。资料收集和整理是图书馆学科馆员的基本工作内容。学科馆员传统的管理方式就是在图书馆中对现有的纸质资料进行整理和分类，为学生借阅相关书籍资料提供便利。但是，时代的发展进步使得各个学科都得到了深入发展，而学科的研究越深入，越会产生更多的数据信息，这就使得图书馆现有资料无法满足学生的学习需求，因此就涉及对先进资料收集及整理技术的应用问题。比如，信息技术的应用。图书馆学科馆员应当充分利用信息技术建立图书馆的网络系统，从而实现基础数据的自动整理和分类，减轻学科馆员的工作压力，让其能够将更多的工作精力放在对资料内容的拓展方面，为读者收集最新的资料信息，以此来有效推动学科建设工作的稳步发展。

在这个过程中，还涉及对一些陈旧资料的处理问题。各个学科在发展过程中，都可能会推翻一些传统的理论知识。因此，为了防止读者借鉴传统的数据信息而给自身学习能力的提高造成一定的阻碍，学科馆员必须要做好资料的整理工作：可以将资料按照年限分类，并对现有馆藏文献进行再开发，建立本学科馆藏文献书目、文摘、综述、评述等二次文献库或全文数据库，为读者提供最新的、科学有效的基础资源信息。

（2）资料查询及推送。图书馆学科馆员还需要意识到自身的服务属性，在工作过程中为读者解答疑惑，根据读者的需求为读者找到相应的资料信息。在信息技术的发展背景下，图书查找工作也可以实现线上电子图书的查阅，只需要设置相应的检索系统，并将书籍详细内容以电子版的形式上传到网络系统当中，读者就可以通过自主查询搜索到相关信息。同时，这项查询工作也可以用来查询馆内资料是否被其他人借阅，并显示出预计归还的时间，为读者查找资料提供便利。

学科馆员在实际参与学科建设工作时，需要对网站进行管理，并结合读者对社交软件的使用情况设置相应的图书馆公众号，让读者填写自身的基础信息，从而有针对性地推送与学科相关或与读者兴趣相关的知识内容，提高读者的学习动力。此外，在公众号的管理工作中，学科馆员可以设置在线互动交流的渠道，与读者实时沟通交流，真正达到帮助读者解答学习困惑的目的，推动学科建设的发展与进步。

（3）参与学科发展的研究工作。学科建设工作需要有一个完整的知识结构体系，并应当不断分析学科的发展方向，研究出学科建设工作的重点和难点所在，结合本单位的资源实力和社会发展情况，明确学科优化建设工作的可行性。任何学科的实际建设工作都不可能完全与其他学科的知识内容分离开来，如会计专业还涉及计算机应用知识以及英语学习等。只有保证人才的全面性和专业性才能满足新时期社会的用人需求。而在具体的学科结构体系建设过程当中，图书馆学科馆员也应当参与到互动讨论中来，这是由于学科馆员每日接触最多的就是行业发展动态和学科基础知识资源，因此其能够提供科学的数据作为支持，保证学科建设工作的科学性和合理性。

此外，在高校中，学科馆员还可以利用所掌握的学科知识和信息检索技能，参与学校新设专业的论证与审查，以增加专业设置论证的科学性，为领导决策提供依据。而且，学科馆员不仅能够在学科建设前期起到积极的促进作用，在后期实际的教学过程中，还可以参与考查学生的学习情况。各个高校必须要意识到设置学科馆员的重要性，并积极研究充分发挥学科馆员应用价值的可行方法。

（三）学科馆员的服务模式与宣传推广

费业昆提出基于专业网站和个性化信息服务的学科馆员服务模式，建议由学科馆员负责建设专业信息服务中心，将专业信息资源导航、专业化网络检索工具、图书馆资源、专业论坛、专业研究动态、专题文献、专业咨询等集成起来服务用户，同时为用户提供新书通报、定题服务、新闻服务，以及个性化界面与其他服务，形成用户个人图书馆，提供个性化信息服务。李夕琳论述了面向专家、课题组的个性化信息服务模式，认为根据用户学科背景、需求及信息素质等特点，学科馆员应提供专门的、针对性的个性化服务，并将个性化服务与其他服务集成起来，形成图书馆个性化信息资源系统。张永彬提出建立学科馆员专业化与馆藏专业化相结合的服务模式，认为应设置专业学科阅览室，由学科馆员负责提供服务，实行学科文献"采编流阅一体化"的管理模式。

中国科学院学科馆员的服务方式多种多样，有面谈、走访、电话咨询、网上咨询、虚拟信息平台等不同方式，还通过业务名片、宣传品、馆长推荐信、学科馆员网页、学科服务站、小礼品等多种工具与手段，进行学科馆员服务的宣传推广。清华大学图书馆学科馆员通过走访、午餐会、邮件联系、学科服务网页等方式，以及讲座、宣传月活动资料、图书馆主页、图书馆宣传品、海报、馆刊、聚合内容、学校电视台、校刊、学校网站、学生网站等校内各种媒体宣传推广学科资源与服务。中国人民大学图书馆学科馆员主要通过走访联系对口院系、电话与 E-mail 联系、图书馆网站、图书馆宣传资料，参加对口院系的学术会议，向对口院系提供专题用户培训和收录引用检索，以及利用与科研处等职能部门联络的机会，对学科服务和学科信息资源进行宣传推广。可见，各馆学科馆员努力通过多种渠道和方式进行学科资源和学科服务的推广，常见的宣传渠道主要有图书馆的网站、各种宣传品和小纪念品，学校的各种媒体，并抓住面谈、走访、电话以及参加院系及职能部门的会议等各种机会进行宣传推广。

（四）嵌入用户的学科服务

1993 年，达文波特（Tom Daveaport）和拉里·普鲁萨克（Larry Prusak）在《公司资料库的产生》一文中对图书馆馆员提出了"走出图书馆，走向各行业，主动获知信息需求者和信息拥有者，并帮助他们相互联系"等八条建议。同年，Michel Bauwens 发表文章介绍了自己作为图书馆馆员在图书馆之外通过网络服务用户的经历。此后，不少图书馆馆员采纳了 Tom Daveaport 和 Larry Prusak 的建议，嵌入式渐渐被用来描述这种新的服务模式和新型岗位。大卫·舒马克尔（David Shumake）对嵌入式馆员的工作内容、组织环境、宣传推广与用户关系以及成功因素进行了问卷调查和研究。他认为，嵌入式学科馆员主要从事以下几个方面的工作：为解决研究问题提供深度研究与分析；为用户群搜集最新信息，主动提供信息通报；搜集和管理团队知识；获取和组织团队内外的信息，建立团队的虚拟工作空间以及相关工具。他把图书馆嵌入式服务方式分为三种：物理嵌入、组织嵌入和虚拟嵌入。物理嵌入是指从图书馆建筑转移至用户的物理空间中提供服务；组织嵌入是指服务经费由用户方提供，甚至由用户方直接进行管理的嵌入式服务方式；虚拟嵌入则指在用户的虚拟空间中提供的针对性服务。

实质上，图书馆嵌入式学科服务是发现资源与知识的过程，是在用户需求与技术的驱动下开展的。它利用大数据、物联网等新技术，实现对用户信息的高效利用，嵌入用户环境实现数据关联，为分布式访问与跨机构关联提供支持。目前，大数据、云计算技术的应用改变了图书馆资源建设和技术应用的环境，为新型服务能力建设提供了良好条件。例如，很多图书馆设置了馆员综合业务培训课程，旨在提升馆员的综合素质；部分图书馆从专业教学、管理决策等角度探索新型服务能力建设的方法，形成了特定服务领域的团队服务模式。这些实践活动不仅是图书馆提高综合竞争力的需要，还是学科建设的需要，为学科发展提供了机遇。

此外，图书馆的学科建设与服务情况在一定程度上反映了其服务特色，也反映了其学术地位和综合竞争力。汇聚学科服务人才、整理优质学科资源及提高学科服务质量，是图书馆的长期任务。图书馆拥有丰富的馆藏资源、专业的学科馆员及独特的学科资源获取渠道，对于学习知识有独到的判断与引导能力。新技术在学科服务中的应用为科研人员获取新知识提供了途径，为吸引高层次人才创造了良好的条件，为学科建设提供了决策依据。而学科服务的有序开展也反过来要求图书馆不断加强新型服务能力建设，提高学科馆员的综合素养，优化用户的服务体验。

1. 图书馆嵌入式学科服务的要求

移动互联网环境下，图书馆用户对学科知识的需求更加高层次和个性化。面对新环境下的新变化，图书馆在新型服务能力建设的过程中有必要重新审视嵌入式学科服务的驱动要素，制定符合实际情况的服务策略，保障服务要素与用户需求的有效衔接，提高服务的针对性。

（1）有效对接用户需求。数字化信息资源的易获取性使图书馆不仅是文献借阅场所，还成为多元化的公共信息传播空间。用户可以在图书馆检索、查询信息，或登录数字图书馆参与话题讨论，提出自己的观点与见解。相关研究显示，很多读者阅读纸质文献的时间越来越少，而更喜欢利用手机、平板电脑等进行无纸化阅读。图书馆利用大数据技术对用户的在线阅览行为进行统计分析，掌握不同用户群体的需求，从社交媒体、搜索引擎中挖掘有用信息，可以为学科服务提供依据。同时，图书馆开展阅读推广活动，构建集休闲、学习、交流、体验于一体的服务空间，也是全面掌握用户的阅读偏好，为用户提供精准服务的有效方法。

（2）嵌入学习科研过程。图书馆用户拥有不同的学科背景，对学科知识的需求也千差万别。很多用户对学科领域的最新成果十分关注，希望尽快获取最新的科研成果信息，进而对学科发展趋势进行预判。图书馆嵌入用户的学习科研环境中，以解决问题为导向，针对特定的学科发展动向，与用户合作开展调研活动，对学科知识进行采集、整理与汇总，形成具有学科特色的服务产品，是保障嵌入式学科服务效果的必要措施。随着学习、科研与数字化的深度融合，图书馆用户能便捷地获取学科知识，在信息管理与服务方面也提出了新要求。学科馆员不仅要嵌入用户环境，还有必要建立完善的交流沟通机制，通过与用户进行无障碍沟通，为用户的学习、科研提供支持。

（3）倡导融合与创新。图书馆开展学科服务的目标就是针对某个学科提供精准服务。移动互联网环境下，基于信息技术的跨界融合、创新驱动成为主流。信息依托先进科技进行高效传递，也让科研和学习方式发生了变化，学科知识的来源复杂多样，多种学科知识进行融合成为趋势。为了更好地处理多学科的融合信息，图书馆有必要将学科服务与新技术、新方法相结合，制定有效的服务方案。为了应对新时代学科服务的新变化，图书馆在学科服务方面必须创新理念，转变思维方式，让创新融合成为常态。图书馆开展嵌入式学科服务，需要加强与学科用户的联系，注重不同学科的融合与创新，从而更好地满足学科用户的个性化需求。

2.图书馆嵌入式学科服务模式的内容与形式创新

图书馆充分利用先进的信息技术，在新型服务能力建设的基础上准确分析用户的兴趣偏好，不仅可以对服务内容进行准确定位，还可以对用户群体进行细分，融合虚拟空间与物理空间，进一步提高用户的关注度及学科服务中的知识转化率。

（1）服务内容精准定位。图书馆应引入大数据技术，针对不同的搜索引擎和网络平台采用不同的算法进行分析，改变传统的服务理念，依据信息的层层处理，保障用户需求与服务内容相匹配，充分展现以用户为中心的服务宗旨。大数据与即时通信工具的结合能使信息资源实现高效整合，让嵌入式学科服务与用户关注点进行衔接。移动互联网环境下，图书馆应利用大数据迅速生成个性化的服务内容，创新服务模式，实现学科服务的精准定位，满足用户的个性化信息需求。

（2）基于新媒体的交互方式。移动互联网环境下，微信、微博等新媒体工具成为图书馆吸引用户的有效途径。用户利用新媒体工具转载、分享"碎片化信息"，客观上营造了"碎片化阅读"的环境。图书馆借助新媒体工具即时通信、快速分享的特点，将学科服务嵌入移动终端，吸引更多用户参与，可以更深入地掌握用户的需求。嵌入式学科服务本身是点对点的服务，图书馆可以利用智能手机等移动终端，在对用户偏好进行分析的基础上向他们主动推送个性化信息。此外，图书馆还可以根据新媒体工具的特点，及时发布最新资讯，打造与学科服务相关的精准内容，形成依托新媒体的社群模式，加强与用户的沟通交流，充分展现嵌入式学科服务的精准化和互动性。

（3）虚拟空间与物理空间的融合。移动互联网打破了物理空间的限制，在线交流成为获取学科知识的重要途径，也为图书馆线上到线下（online to offline,O2O）服务模式的构建提供了条件。图书馆可以与科研机构合作，投入人力、物力和财力，共同打造科研合作空间，让学科馆员嵌入科研过程，随时为用户提供线下服务。在虚拟空间建设方面，图书馆需要深入了解不同层次用户的需求，设计符合不同群体的虚拟群组，方便用户在线交流讨论，通过在线嵌入用户环境，为用户提供专业的学科服务。在O2O学科服务模式下，学科馆员要提高自身的综合能力，不仅要做好物理空间的管理工作，还要做好虚拟空间的规划工作，保障虚拟空间与物理空间的有机融合，让用户在两个空间自由切换的过程中获得更多有价值的学科信息。

3.图书馆嵌入式学科服务模式协同创新平台的建立

现代社会的信息环境瞬息万变，用户对学科服务的需求也在不断变化。图书馆只有与科研院所、高校等机构通力合作，注重多种要素的组合重构，提高服务效能，才能更好地实现可持续发展。笔者结合图书馆的内外部环境建立协同创新平台，在掌握嵌入式学科服务要求及创新学科服务内容与形式的基础上，整合与嵌入式学科服务相关的要素，从资源、人力、知识等层面进行优化，形成不同服务主体之间行动协调、资源共享的互动机制，旨在进一步提高图书馆学科服务的成效（图2-2）。

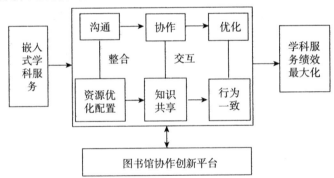

图2-2　图书馆嵌入式学科服务协同创新平台

（1）沟通。学科馆员应主动与不同层次的用户进行沟通，了解他们的实际需求，保障沟通渠道的畅通。为了避免由于学科背景、沟通理解能力的差异导致的沟通不畅，图书馆可以利用大数据技术对用户进行分类，准确掌握不同群体的个性化需求。同时，图书馆也要利用大数据技术主动采集用户的信息，如学科背景、科研成果、查询次数及在线信息行为等，并对这些数据资源进行汇总整理，形成可用的分析报告，为嵌入式学科服务提供依据。嵌入式学科服务要求全面了解用户的需求，学科馆员要想提供深层次的学科服务，就必须做好沟通工作。因此，学科馆员不仅要拓宽沟通渠道，还要开展深入的宣传推广活动，主动嵌入用户的科研过程，及时接收用户的反馈信息，并根据数据分析结果更好地为用户提供专业化的学科服务。

（2）协作。图书馆在嵌入式学科服务实践中，要做到分工明确、各司其职，制定符合岗位实际的权责清单，这不仅是新型服务能力建设的要求，还是保障学科服务水平的要求。一方面，图书馆要尊重服务人员，充分肯定不同主体的价值，给他们充分发挥才能的空间；另一方面，图书馆应营造用户利益至上、协同合作、信息共享的氛围，加强与用户的沟通交流，确立团队共同的服务目标。此外，学科馆员还要秉承开放、包容的服务理念，主动嵌入用户的教学、科研过程，成为教学、科研等团体的一部分，切实提高嵌入式学科服务的质量。

（3）优化。图书馆在进行新型服务能力建设的基础上，积极促进资源的优化配置，推动知识的融合与共享，保障不同主体之间行为的协同一致，是实现学科服务创新优化的有效措施。不同服务主体之间的协作程度越高，对资源的整合效率就越高，也就越能为知识的有效对接提供保障。学科馆员和用户应以协同创新平台为载体，创造更多的知识成果，进而满足更多用户的信息需求。图书馆将学科服务嵌入教学、科研及学习过程，为用户需求与学科服务的一致性提供了保障。

三、移动图书馆服务

（一）移动图书馆发展脉络

回顾历史，早前的移动图书馆应该属于卡车图书馆、汽车图书馆，或者更原始的毛驴图书馆，这是人们在知识的需求下寻求知识的一种最朴实的方式。移动图书馆的英文名为 Mobile Library。1914 年出现的公仆号巨型客轮堪称世界最大的"流动图书馆"。在这一时期，手机与移动图书馆毫无关系。今天，Mobile Library 还是被翻译为移动图书馆，指以包括手机在内的移动数字设备为信息访问和获取工具，提供书目检索、电子图书和期刊的全文阅读和其他相关图书馆信息服务的数字图书馆应用软件系统。2000 年开始，PDA 等手持式智能终端设备在国外一部分大学进行推广，积极推动了"信息服务"在无线通信领域的应用和研究，而其中最突出的领域就是短信服务搭建起了图书馆信息系统与读者之间的桥梁，开启了查询和信息检索的功能性服务，这是图书管理系统最早提供的与手机有关的服务功能。对读者而言，短信、彩信这种交互方式具有成本低廉、实现方便、结构简单的特点。随着互联网的发展，无线应用协议（wireless application protocol,WAP）作为行业的标准，把互联网资源和前沿性业务纳入无线终端。后来，智能手机的一些附加功能，如二维码、定位和地图等，也不同程度地被应用到移动图书馆的某些功能中，成为最新的移动图书馆版本中的亮点。

根据读者使用方式、资源提供形式和信息环境类型等因素，移动图书馆的发展还可以进行一个代际的划分。第一代移动图书馆指在原有各类图书馆应用系统上嵌入可以支持面向移动终端的服务功能（如短信功能）的软件模块，常常被视为那些基于 Web 的图书馆应用系统的移动版。第二代移动图书馆是目前实践中主流的移动图书馆，其建设策略是把 Web 现有的数字图书馆资源和服务迁移到移动互联网平台上，一般也开发手机 App，但仍以互联网数字图书馆上已有的资源提供服务为主。第三代移动图书馆在实践中已展现出以下特点：利用手机的定位、地图、二维码识别等各种附加功能，为移动图书馆提供移动网站服务、短信息服务、移动 App 应用服务的特有功能。

移动图书馆所能够给予的服务主要是图书馆为使用移动终端设备的读者提供不受时间和空间限制的图书馆信息服务。移动图书馆最开始出现是在2005 年 5 月一家上海的图书馆，读者通过登录手机就能够得到与图书馆相关的服务项目内容，其中不仅仅包含了开馆信息，同时也包含了书目检索和读者活动信息等多种内容。通过手机所进行的图书馆服务在我国甚至是全球都是处于领先地位的。2006 年 12 月，湖南理工学院图书馆也开通了"手机图书馆"，其中涉及的服务项目主要包含图书馆概况、书目检索、南湖论坛和我的图书馆等。2008 年 12 月，我国的国家图书馆正式将手机作为国家图书馆移动服务的发展媒介，这一服务被称作"掌上国图"，通过这一移动服务，读者能够不受时间和空间限制进入数字图书馆，阅读相关内容。

目前，移动图书馆所提供的服务开始演变为图书馆借用先进技术提升图书馆读者服务的一种发展方向。通过读者在数字图书馆系统中的 Web 网站中登记使用的手机号，系统就可以自动发送验证码至读者手机。通过这样的方式对读者身份进行确认，真正达到了图书馆和手机之间的联通。图书馆开展的业务主要包含了短信服务项目等。

（二）移动图书馆服务模式的重要意义

移动图书馆服务模式是指伴随着无线网络通信技术的进步，图书馆所采取的不同类型的移动服务实现方式。移动图书馆构建的核心理念是资源整合和用户体验。移动图书馆服务模式是无线网络通信技术与现代图书馆服务理念相结合的产物，其吸引用户的本质在于它能提供有益的信息资源，这也是所有信息系统共有的特征。但是在移动图书馆服务模式的推广下，所涉及的异构信息资源的整合是一个复杂和繁重的工作，不同知识内容、文献格式、检索方式和用户界面的信息资源提供使得系统必须融为一个标准的统一信息源，才能够为其他在一个有效的信息交换网关的作用下的信息环境所使用。人们尝试使用开放协议、元数据互操作和元整合相结合的方法解决这个难题。人们对多元化、个性化图书阅读服务的需求，促使移动网络技术具备了效率高、准确性好、系统比较稳定的优点。用户体验涉及人机工程学、设计艺术学、心理学、美学等诸多领域，据此笔者提出改变移动图书馆用户界面设计原则和标准。移动图书馆的展示对象包含不同层次信息（如标题、摘要、全文、章、节、段等），因此利用不同的信息展示策略，对信息进行组织和加工，并以符合人性化、情感化设计原则的方式将"压缩"后的信息予以展现，以实现用户的使用目的，从而提高用户在使用过程中的愉悦感和成就感，提高用户满意度。作为保障信息公平与知识权利的公益性社会机构，图书馆能否抓住移动技术发展所带来的机遇，创新服务模式，拓展服务功能，向全社会提供普遍均等、超越时空限制的知识服务，就成为其当前所面临的一个紧迫的理论与实践课题。

移动图书馆服务模式既顺应了信息化社会的发展趋势，也满足了用户对馆藏资源的多元化、个性化需求，对构建学习型社会和提升公民素养具有重要意义。一方面，提高了图书馆信息资源利用率：随着移动网络技术的普及，图书馆开展移动服务能够及时为用户提供他们所需的图书和信息资源，而不受时间和距离的限制，有效提高了馆藏资源的利用率。另一方面，创新了图书馆的服务方式：图书馆开展移动服务能够整合图书馆的信息资源。图书馆通过多种信息化手段，为用户提供多元化的信息和图书资源服务，创新了读者服务的内容和方式。此外，满足了用户的个性化需求：图书馆能够为用户提供个性化的移动服务，根据用户的基本资料向他们推荐适合阅读的信息资源，满足了他们的个性化需求。

（三）移动图书馆服务平台建设方向

1.短信平台

图书馆可利用电信运营商提供的短信息服务建设其移动服务平台。这种移动服务平台能够在很短的时间内向所有用户发送图书馆的资源和服务信息，且结构简单、操作方便、信息传递速度快、运营成本低，但其能够发送的内容有限，仅支持文本，不支持视频、图像等多媒体信息，也不具备信息检索和交互功能。图书馆可利用该平台为用户提供定制类的服务，如向用户发送图书介绍、新书清单、活动通知、借阅逾期提醒等信息。

2.WAP 网站平台

WAP 是多家世界著名的通信与软件公司共同提出的一种无线应用协议，是移动通信设备接入互联网的通用数据传输标准，其应用范围广泛且容易实现。基于 WAP 协议开发的网页相较于传统的 Web 页面更加简洁、方便、实用，可广泛应用于移动通信终端设备。图书馆可基于 WAP 协议开发具有移动服务功能的网站，为用户提供移动服务。WAP 网站平台可为图书馆用户提供馆内区域导航、新书推介、馆藏资源查询、实时资讯、在线阅读、线上阅读活动等服务，用户可使用该平台进行书目检索、图书预约、图书续借等操作。

3. 移动设备应用程序平台

随着智能手机和移动阅读设备的普及，各式各样的移动设备应用程序相继出现，图书馆可利用这些程序开展移动服务，实现短信、WAP 平台所无法实现的服务功能。该平台具有以下四个特点：一是用户基数大，且用户数量增速快、使用频率高；二是能够整合某些新技术，如搭配增强现实（augmented reality,AR）技术、快速反应（quick response,QR）技术、移动定位服务（location based services,LBS）技术共同使用，为用户带来全新的使用体验；三是使用方便，用户可通过手机等移动设备访问该平台，随时随地享受数字图书馆的移动服务，且具有较强的互动性，有利于图书馆相关信息的传播与分享，加强图书馆与用户之间的联系；四是能够实现精准服务。该平台可根据用户的行为习惯向用户精准推送相关服务内容，提高图书馆服务的针对性。

4. 二维码

近年来，二维码在全球普及开来。随着移动互联网逐渐普及，二维码拥有了广阔的应用空间。二维码由需要访问和使用的信息编码构成，通过手机的摄像头识读解码，信息容量更大，可将文字、图片、网址等多种形式的信息进行编码。

如今，二维码已拓展到移动图书馆服务领域。用户可依据个人需求启用二维码识别软件，识读已发布的二维码，获得其中存储的文字，或者网站的入口统一资源定位符（uniform resource locator,URL）地址，以及音视频的下载地址等内容。这类二维码应用多出现在媒体宣传、服务推广等场景中，方便用户一键上网，在有限的条件下可以为用户提供更高层次、更优质的信息和资料。二维码成为连接虚拟世界和物理世界的桥梁，为移动图书馆开辟出更多、更实用的应用场景，形成一个完整的闭环应用，将为读者的信息获取和互动带来更多体验。图书馆及时引入二维码，将书目信息制作成 QR 码，同短信推送功能一并提供给读者，供读者自由选择使用，往往能带来事半功倍的效果。二维码与短信服务有机结合，配合使用，不断发掘出智能手机的功能特点，也使得图书馆为读者提供的移动智能服务更加丰富、可用，有助于图书馆文献信息的传播利用。如今，习惯手机上网和熟悉移动应用软件安装的读者非常普遍，智能移动应用环境已经在社会中形成，也促进了读者与图书馆的互动，增加了活动的趣味性。图书馆希望读者能随时随地移动阅读，推广"一扫即得"的电子书下载方式所带来的便捷阅读体验，二维码突破了平面媒体在内容上的局限，让读者更直观地熟悉图书馆的服务。此外，还有图书馆在书库使用电动智能密集架，读者借阅密集书库资源可以利用二维码图书信息，自动定位图书所在的密集书架并开启。二维码识读过程实际上模拟了人工输入索书号的过程，这极大地降低了操作密集书架的难度，并且也节省了所需资源在偌大书库的定位时间，方便读者入库取书。因此，在新技术、新应用不断普及的今天，图书馆要积极探索数字时代提升服务质量和水平的方法，并积极适应这一现实，更要把合适的新型数字技术及时融入图书馆的应用之中，为广大读者提供更加便利化、智能化、人性化的服务模式。

5. 微信及微信公众平台

手机等移动终端日益智能化，其应用地位也显著提高。微信的国内受众数量巨大。用户可以通过手机或平板电脑快速发送语音、视频、图片和文字。如今，微信是读者日常习惯使用的移动社交平台之一，读者也活跃其中。图书馆利用微信开展服务，可以轻松融入读者群，更有利于图书馆信息资源的便捷传播。当然，通过微信，图书馆的服务也突破了物理空间的局限，使读者走出图书馆，甚至校园，在公众社交网络环境里也能充分利用图书馆，这无疑为读者提供了全方位的服务。凸显图书馆的无处不在，就要不断地顺应科技发展的趋势。图书馆将更为丰富的资源和服务引入微信应用环境，通过微信推送，读者就可以快速了解到图书馆，乃至学校方方面面的最新信息。而这一体验的实现，只需要读者成为微信公众号的关注者。充分利用微信公众平台的消息接口功能，在读者常来常往的应用环境中，与读者全方位互动，这样才能使读者体会到图书馆的无处不在，这也是移动图书馆深入发展的目标。

（四）移动图书馆服务模式的构建

借助多种移动服务平台，图书馆能够以多种服务模式为用户提供多样化的服务，满足用户的多元化需求，使移动服务发挥更大的作用。

1. 信息管理服务模式

随着数字技术的发展和信息知识的爆炸式增长，图书馆的信息储量越来越大，用户在面对海量、杂乱的信息和资源时，往往无从下手。针对这种情况，图书馆可利用移动服务平台为用户提供图书信息管理和导航服务。在信息管理服务模式下，图书馆可通过图书信息管理系统为用户提供信息管理服务，根据用户提供的需求信息对馆藏资料进行管理、整理和挖掘，便于用户快速找到所需的图书资料。图书馆应建设智慧化的导航库，充分利用大数据、人工智能等技术开发用户导航系统，开展针对不同用户的跟踪服务，使用户能够高效、便捷、灵活地使用馆藏资源。

2. 定制与推送服务模式

随着用户对图书馆信息资源需求的日益多元化，图书馆亟须为用户提供更多的个性化定制与推送服务。

（1）为用户提供个性化定制服务。随着信息系统功能的不断完善，图书馆能够通过移动服务平台为用户提供个性化定制服务，以更好地满足不同人群对图书信息资源的需求，具体有以下三项个性化定制服务：一是为用户提供专业、个性的图书信息检索与导航服务；二是为用户提供个性化、集成化的图书信息资源；三是根据用户的兴趣、习惯等个人信息，定期为用户提供个性化的信息定制服务。图书馆的个性化定制服务能够提高馆藏资源的利用率。

（2）为用户提供个性化推送服务。图书馆的个性化推送服务能够使用户及时获取自身关心和需要的图书馆资源、活动等信息。目前，数字图书馆信息推送服务的种类较多，如新书推介、活动通知、馆藏资源分布等。个性化推送服务可通过短信、电子邮件、微信、QQ等途径实现，既可以由馆员为用户提供人工服务，也可以利用软件自动向用户推送信息。

3. 个人自助服务模式

个人自助服务是用户通过移动服务平台，自主对图书馆的信息进行查询、阅览等的操作服务模式，要求用户具有一定的电子设备操作和信息检索能力。该服务模式能够减轻馆员的工作压力，但需要图书馆开发或引进智能化的图书馆信息管理系统，还需要根据用户的反馈对系统进行升级优化，以更好地满足用户需求。

4. 参考咨询服务模式

随着智慧图书馆移动服务功能智能化程度的不断提高，智能化的参考咨询服务模式逐渐兴起，数字图书馆运用该服务模式能够为用户提供全新的、更高层次的移动服务。

（1）提供实时信息服务。图书馆可向用户推送他们关注的实时新闻、资讯等参考信息，以减少用户自主找寻信息所需的时间，提高移动服务的智能化程度。

（2）提供异步参考咨询服务。当用户与专家之间无法进行实时交流互动，用户不能及时得到专家的反馈意见，以及用户掌握的信息滞后于专家提供的信息时，图书馆可根据用户的需求，对专家提供的信息、观点或解决方案进行搜集整理，以供用户参考，即提供数字图书馆异步参考咨询服务。通过提供异步参考咨询服务，图书馆能够帮助用户得到专业的参考咨询信息，及时解决他们工作、学习中遇到的困难。

（3）提供综合参考咨询服务。图书馆可根据用户的需求信息，为他们提供专家辅导、资源导览等综合性的参考咨询服务，使移动服务更加全面。

（五）5G 模式下新时代移动图书馆服务模式发展

1.5G 模式下移动图书馆服务

（1）信息共享服务。当前，运用 5G 通信技术和图书馆信息资源以及服务实现网络之间的联盟，缔造一个更加广泛的信息环境，使用户可以更加全面，并且精准快速地接收或搜索到所需要的信息资源，真正完成联采和联编。除此之外，我们还需要注重为更多用户群提供服务。

（2）信息推送服务。系统可以及时获取与用户有关的信息，并且还能通过对用户信息文件采取描述的方式进行构建，然后按照这一方式为读者推送与信息服务相关的内容，从而完成文献信息源的引导服务。

（3）读者咨询服务。5G 概念提供的咨询服务不仅能够进行无线远程操作，还能够在可视咨询的基础上完成有效优化，并且可以针对其中包含的咨询内容实现多人即时互动以及有效沟通。除此之外，还能够通过网络视频开展学术研究会议，通过这样的方式不但服务的范围更加宽广，而且服务质量也有很大程度的提升。

（4）读者远程教育服务。读者可以有效运用移动终端设备，在没有空间以及时间限制的情况下得到类型更为多元化的读者以及教育资料，满足读者个性化的学习与阅读空间。

（5）便捷多样的电子阅读。5G 多媒体在互动过程中具备优势，通过这样的方式让电子阅读变得更加新颖和多样化，移动电子阅读已经成为日后图书馆发展过程中不能够忽视的一种趋势。

2. 实现 5G 通信移动图书馆的前期准备

理想和追求是目前人类科技保持持续发展不可缺少的原动力，对于当前互联网快速发展的形势，图书馆中的高层领导要求对 5G 通信给予高度关注，汇集多方力量对其强化研究，不断把握时代发展的动态，制定和时代发展相一致的规划方案。

（1）资源建设。当前，资源汇集和搜索引擎不断加速，多媒体持续发展，我们要与当前现有的资源保持一致，还要不断强化多媒体资源在建设与采购比例上的有效协调，参照当前多媒体资源发展的持续优势，使其能够为图书馆提供资源上的数据服务。

（2）资源及服务标准化。建立一种有效的资源服务理念，争取实现资源与技术的有效融合，通过这样的方式实现人员和服务间的互联互通。随着 5G 通信时代的发展，需要强化信息技术设备和供应商之间的技术合作，同时制定完善的标准和协议，通过这样的方式使得数字图书馆与移动服务之间能够有效衔接。

（3）优化数据库结构、保证数据库安全。在目前网络环境持续发展的历程中，安全性是不能忽视的问题。在对数据库自身稳定性给予充分保证的基础上，科学合理地选择相关技术应用完成数据库加密。数据库在使用上会拥有十分快捷的扩展功能，在数字图书馆中注册的用户自然也就成为图书馆信息数据库中不能缺少的组成部分。

（4）馆员队伍建设。图书馆馆员需要不断更新自身专业技术，不断积累新进技术，尽可能多地依赖当前新技术以及新平台发展对 5G 图书馆的支持，从根本上认识到图书馆目前所处的科技环境，将先进的技术理念应用于图书馆的建设和发展中。

3. 移动图书馆融入 5G 移动互联网时代的思考

（1）巩固图书馆对思想意识、社会管理的文化功能。图书馆本身是进行文化传播的中心，同时是联系党和国家以及群众的有效桥梁和纽带，肩负着促进、引导、服务全民阅读这一重要任务，在思想意识、社会管理过程中发挥了不可或缺的作用。我们要将提供与基础知识内容相关的服务作为未来图书馆服务的发展方向。

时刻保持与时俱进，强化移动图书馆的自动化和网络化硬件的建设，加强互联网信息管理并且起到净化网络环境的作用，在 5G 移动互联技术对其给予的支持下，对于当前移动图书馆这一主流的信息传播平台十分有利。移动图书馆需要积极组织人力资源并融合馆员智慧，对知识进行有效的收集和整合，对文献信息进行深层次的开发，以满足读者的不同需求。

（2）引入 AR 技术为读者"量身定制"多元化、个性化的知识服务。5G 移动互联网加强网络开放的能力，使其能够为 AR 技术在图书馆的运用提供有效的技术支持。运用 AR 技术，把文献和数据库里涉及的图像和音频以及视频等进行合理叠加，为虚拟交流以及讨论加入现场感、真实感，便于用户完成移动学习与交流，同时能够为一些盲障和特殊读者群体提供更加快速和便捷的阅读体验。

（3）借助人工智能技术为读者提供精准的知识服务。从图书馆学发展的角度分析，为用户提供准确的知识服务，实际上就是需要图书馆拥有更多用户行为分析的能力，对于"知识元"进行构建，同时需要在这一基础上设置知识图谱，这样图书馆就能够为读者提供"知识导航"。

（4）与物联网融合成为"智慧图书馆"。伴随着当前 5G 移动互联网技术的有效运用，把物联网技术应用在智慧图书馆设置里，注重用户自身的体验，把读者和图书馆馆员、信息资源和环境等与设备有效地联系在一起，可让读者交流和信息流以及设备流之间实现有效的融合，挖掘主体内部的联系，使其能够满足读者提出的需求。

四、区域图书馆联盟服务

（一）智慧图书馆联盟可以极大提升信息服务能力

智慧图书馆实现了图书馆的数据互联、科学管理，图书馆间通过建立服务管理平台，实现资源共建与服务共享。智慧图书馆时代将不断完善数字图书馆和移动终端数据利用与交互功能，在原有图书馆联盟的基础上，调整信息获取及管理模式，深化图书馆间的协作，区域内协调建设资源布局与特色，将信息获取、资源共享范围扩大到智慧城市、智慧省域，实现区域内政治、经济、教育、科研智慧图书馆服务体系，推进知识协同服务。

1.建立联盟共享平台，实现区域图书馆均衡服务

早期图书馆联盟成立的目的主要是馆际互借，实现文献资源的互补共存，解决图书馆经费短缺、文献信息资源不足、布局不合理等问题。智慧图书馆时代，多层次、多类型的图书馆联盟与科研机构、数据服务商的多元合作、开发协同工作更加通畅。区域图书馆联盟将协调有限经费的科学合理使用，调整资源建设结构和布局，加强联盟内特色馆藏资源建设，完善区域文献资源保障体系。建立联盟资源共享平台，可通过通借通还、文献传递、个性化服务等，使

区域内用户享有联盟文献资源的同等使用权限，为区域内用户提供平等、满意的读者服务。

2.建立区域联盟服务平台，提供知识融合的信息服务

图书馆联盟拓展了各成员馆的信息资源储备，突破了地域、行业图书馆的服务壁垒，增进馆际不同业务间的联结、交互与合作，促进协作化知识服务体系的建立。互联网时代，图书馆的信息不再是孤立地存在于一个实体建筑、一个局域网中，而是通过图书馆联盟的建设实现图书馆信息资源价值的泛在和倍化。文献由纸质文献、电子文献、数字文献，发展到移动终端设备信息、云端存储设备信息，关联数据、语义化等技术的应用为图书馆的信息服务提供了便捷化的通道，依托智慧图书馆服务平台，借助语义网技术，对数据对象进行标注与链接，把图书、期刊论文、论文附属数据、专利、机构、作者，甚至下载阅读数量等数据有机关联起来，通过识别、描述和标注这些对象之间的关系，形成关联数据形式的知识图谱，构建基于知识图谱的数据系统管理与服务平台，为区域读者提供知识融合、数据融合的信息服务。

3.建立联盟大数据分析平台，实现智慧服务

从传统图书馆到数字图书馆，再到如今的智能图书馆、智慧图书馆，图书馆的服务模式随着信息技术的发展不断变化，但图书馆的核心工作——用户服务始终贯穿图书馆发展的整个历程，且现在和将来仍是图书馆的核心工作。传统服务模式中，绝大部分知识在图书馆，用户在有限的物理空间中接受用户服务；智慧图书馆绝大部分知识在云端，借助云端大数据将实时数据传送至区域图书馆联盟大数据分析平台，通过对用户以往行为的精准感知与评估分析，为用户提供所需服务；通过数据互联服务，分析读者利用图书馆规律，定制个性化服务，也可以根据服务数据变化调整用户服务工作。智慧图书馆联盟可以实现区域信息资源的个性化、精准化、智慧化服务。

（二）区域图书馆协作与智慧图书馆联盟构建

图书馆的区域协作主要表现形式是区域图书馆服务联盟，也称图书馆服务联合体，是一定区域范围内不同级别、不同类型的图书馆构建的资源共享、联合服务的网络组织，为读者提供方便快捷的服务。中国的区域图书馆联盟建设始于20世纪90年代中后期，自1995年上海文献资源共建共享协作网成立以来，区域图书馆联盟发展迅速，至今已成立多家省市级区域图书馆联盟。在已有研究文献和区域图书馆联盟状况梳理分析基础上，归纳当前图书馆区域协作类型，研究全国区域图书馆联盟服务模式，有助于了解图书馆区域协作创新

方法，能够为智慧图书馆区域协作的发展提供创新思路。

（1）系统内区域图书馆联盟。系统内区域图书馆联盟主要有公共图书馆联盟、高校图书馆联盟两类，是区域系统内图书馆的横向联合，实现图书馆间的文献资源互补、馆际互借、文献传递，削弱了"信息孤岛"的单一化服务状态，促进了图书馆之间的联合协作。

当前，许多省、市图书馆开展联合服务，构建了区域公共图书馆联盟，规范区域公共图书馆服务、扩大社会影响、提升综合服务能力。安徽公共图书馆联盟、重庆区域性公共图书馆联盟等，就采用的是资源共建共享的区域图书馆服务联盟模式。厦门市公共图书馆服务联合体由厦门地区市、区公共图书馆和社区图书馆组建而成，建立了统一的业务标准、工作程序、信息传递架构，推进了厦门地区公共图书馆间资源的共享，发挥了图书馆的群体优势，实现了良好的社会效益。还有一种联盟方式为系统内业务工作联盟，即同一系统内的图书馆为业务工作的深入开展和交流成立的联盟，如安徽省公共图书馆阅读推广联盟、浙江省公共图书馆网络技术联盟等。

高等学校图书馆联盟多为省级图书馆联盟，由教育厅领导、省图书情报工作委员会组织成立，旨在建立本省高校文献资源保障体系，实现高校之间文献资源互补，开展学科服务，提升区域高校图书馆的服务水平，如江西高校图书馆联盟。有些城市也成立了本地区的高校图书馆联盟，如广州地区高校图书馆联盟。各联盟都制定了工作章程，进行整体规划、联合建设、资源共享，实现区域高校图书馆的全面合作，向联盟成员馆的资源共享、服务、管理一体化迈进。

（2）跨系统区域图书馆联盟。科学技术、经济、文化的不断发展，用户全方位和综合化的信息需求不断增长，推动了区域性跨系统图书馆联盟的成立。服务对象不同、文献资源建设特色不同的公共图书馆、高校图书馆、科研系统图书馆的跨系统联盟，是构建一定地域范围内的公共文化服务体系、保证公民实现基本文化权益的重要途径。例如，吉林省图书馆联盟由公共图书馆、高校图书馆、科研系统图书馆共同发起成立，在资源建设、馆际互借、联合参考咨询、成员馆之间通阅、联合采购等方面进行合作。辽宁省图书馆联合全省公共、高校图书馆构建了全省公共图书馆、高校图书馆的服务共同体，建设目标是为全社会提供一个海量存储、方便快捷、公益服务、惠及全民的公共图书馆、高校图书馆服务平台，解决图书馆文献信息资源总量不足、布局不合理、重复建设、效益不显著的问题，提升辽宁省公共图书馆、高校图书馆的整体服务水平。

倡导全民阅读，推进学习型社会建设，促进了区域图书馆的多元合作。2019 年"全民阅读"第六次写入政府工作报告。全民阅读活动中，公共图书馆、高校图书馆、中小学、档案馆等进行了多元合作。高校图书馆组织大学生走入社区图书馆、走入中小学，为阅读推广活动注入生机与活力；公共图书馆与区域内政府、幼儿园及中小学协作，开展阅读推广工作；图书馆联合档案馆、文献信息机构等开展主题阅读推广活动。

（3）跨区域图书馆联盟。图书馆区域协作提升了图书事业整体水平，也推进了跨区域图书馆联盟的建设；国家级图书馆联盟也在稳步推进，中国高等教育文献保障系统构成了全国高校数字图书馆三级共建和共享服务，为全国 1 800 所高校成员馆提供标准化、低成本、可扩展的数字图书馆统一服务和集成平台。全国师范院校图书馆联盟、全国财经类高校图书馆联盟等行业院校图书馆联盟建设也在兴起。

图书馆协作缘起于少数图书馆的单项业务活动的协调，随着图书馆联盟的发展，业务协作的国家级图书馆联盟引领了图书馆单项业务工作的开展。全国图书馆参考咨询联盟文献服务平台为社会提供免费的网上参考咨询和文献远程传递服务，每天提供咨询和传递文献超过 10 000 例；全国公共图书馆讲座联盟实现全国公共图书馆讲座业务的共同发展，扩大讲座的社会影响；全国图书馆文化创意产品开发联盟指导各成员通过文创研发、营销渠道、人才培养等资源的共建共享，提高图书馆文创研发整体水平，以弘扬中华优秀传统文化。

（三）网格式区域智慧图书馆联盟构建

基于系统内、跨系统、跨区域、国家级图书馆联盟和业务工作图书馆联盟的建设、运行及用户服务，结合智慧图书馆时代的数据互联、人人互联、馆馆互联，笔者认为智慧图书馆时代应该建设网格式区域智慧图书馆联盟，横向协同建设文献资源，纵向深化用户服务工作，提高成员馆馆员参与度，实现联盟的共建共享与服务，提高区域图书馆的整体服务能力。

1. 建设层级制的区域智慧图书馆联盟，横向布局推进文献资源协同建设

省级区域图书馆联盟建设应以省内各市图书馆联盟为基础。市级图书馆联盟由下属区县级图书馆协作组成，不仅包含区县公共图书馆，还包含城市所在地的高校图书馆、科研系统图书馆、医院图书馆等。省级图书馆联盟为市级图书馆协作体联盟，以层级协作方式构建省级区域智慧图书馆联盟，为区县、城市、行政省区域政治、经济、教育、科学研究提供服务。联盟需以省图书馆

为中心馆，协调联盟的文献建设工作，整合区域信息资源，馆馆相联，分层次明确成员馆文献建设重点及特色，调整、优化采购策略，完善三级文献保障体系，建立省、市、县三级文献流转体系，满足区域读者需求。例如，辽宁省公共、高校图书馆联盟发展联盟成员馆 30 家，涵盖全部地市级公共图书馆及重点高校图书馆。112 家公共图书馆参与联合编目工作，建成全省公共图书馆联合目录系统，覆盖了辽宁省内的主要城市、区县和著名高校。辽宁省高校、科研等系统图书馆亦纳入联合编目工作，丰富联盟平台资源。横向层级制的区域智慧图书馆协作联盟重点建设区域文献建设管理平台，实现省级区域内资源均衡配置与共享。

2. 建立区域智慧图书馆联盟业务工作协作组，纵向提升区域图书馆整体服务水平

在智慧社会、智慧城市建设中，市级、省级图书馆联盟内应建立业务工作协作组，如文献建设、阅读推广、参考咨询、网络技术等协作组，协作组组长单位由业务工作具有优势的图书馆来担任。以吉林省图书馆联盟为例，该联盟有成员馆 84 家，设立多个工作组，由不同的图书馆为牵头单位组织工作：规划协调组、资源建设组由吉林省图书馆牵头；平台建设与维护组由东北师范大学图书馆牵头；珍稀文献保护与开发组由吉林大学图书馆牵头；参考咨询组由吉林省科学技术信息研究所牵头，成员馆加入各工作组。这样搭建的合作、分享、交流工作平台，易于发挥各馆优势，有益于联盟内数据互联，利于各类型图书馆建立合作关系，开发协同工作环境。纵向业务工作组可以促进区县、城市、省级公共图书馆和高校图书馆、科研系统图书馆的业务工作交流和提高，特别是信息服务、学科服务、知识服务工作的开展，业务工作协作组的工作引领，能够提升区域图书馆联盟的整体工作水平和读者服务能力。

3. 构建智慧图书馆联盟馆员开放式合作架构，人人相联实现个性化服务

人力资源共享是图书馆联盟的最高境界，服务创新是图书馆联盟持久发展的动力。联盟成员馆普通馆员是联盟最广大的基础服务群体，利用网络社区、微信群等为业务馆员建立突破传统政令式合作模式限制的自由和互动交流平台，促进馆员思维创新，使其参与到联盟开放式合作服务中，使每位馆员成为智慧图书馆联盟的参与者。各馆馆员具有不同的特长，如数据分析能力、沟通交流能力、信息技术能力等，可以成立开放式合作项目团队，通过借鉴、参考和合作，在智慧图书馆关联数据中分析用户的需求，开展个性化知识服务和深层次的信息服务，增强联盟在用户群体中的影响力。馆员之间非正式的合作

关系，既提高了联盟成员馆的工作参与度，又能够增强区域图书馆联盟的凝聚力和合作黏性，实现联盟各成员馆间的人力资源合作共享，为图书馆联盟的可持续发展提供持久的动力。

第三章　智慧图书馆建设视域下阅读推广模式的构建

第一节　资源知识化模式

在图书馆的阅读推广活动中，最重要的两类资源是用于阅读推广的书籍、文献、期刊，以及读者信息资源（读者所产生的阅读行为、阅读规律及其心理偏好等）。在阅读推广工作中，对这两类资源的深入挖掘和有效利用有利于公共图书馆持续、全面地开展阅读推广。如何对书籍、文献、期刊等资源进行整合升级以满足读者日益增长的个性化、差异化的阅读需求，以及如何利用对读者阅读行为的分析从而更好地预测阅读推广的发展趋势以及发展内容是研究阅读推广模式的重要课题。

近几年，国家以及省级、地市级、县级等各级政府机构对教育和阅读的推广越来越重视，我国公共图书馆的馆藏资源数量也在不断增加，伴随而来的是可用于阅读推广的资源数量急剧增加，但在公共图书馆开展阅读推广的过程中，读者实际阅读和接触到的资源少之又少，这种矛盾造成了公共图书馆在阅读推广中资源的极大"浪费"。同时，在阅读推广活动中，公共图书馆缺少对读者阅读行为规律的分析，没有抓住时代发展下读者的阅读特点，没有满足读者个性化、差异化的阅读需求，这也进一步反映出构建阅读推广资源知识库的必要性和重要性。

结合以上内容分析，本书以智慧图书馆的智慧技术为基础，构建了阅读推广资源知识库构建框架图，如图 3-1 所示。阅读推广资源知识库的构建以公共图书馆馆藏资源、读者信息资源为基础，利用 Web 挖掘技术、知识挖掘技术以及数据库相关技术等深入挖掘两类资源，构建阅读推广书籍、文献等资源知识库以及读者信息资源知识库，并在此基础上形成"读者画像"。

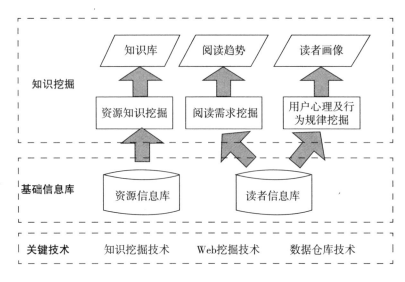

图 3-1　阅读推广资源知识挖掘模式构建框架

一、基础信息库的构建

（一）阅读推广资源信息库的构建

阅读推广资源信息库的构建是整个阅读推广服务模式的基础，同时是一项艰巨的任务。用于构建阅读推广资源信息库的基础数据包括三大类：第一类为公共图书馆的数字图书馆资源；第二类为网络资源；第三类为其他共享资源（如图书情报机构的共享资源）。其中，数字图书馆资源包括图书、文献、音频视频、图片等各类实体资源，以及各类电子资源（如电子书、各类数据库等）。将资源数据进行采集、收集和导入，并将资源数据进行清洗和预处理，过滤掉无用的信息，尽可能避免重复、冗余以及噪声。

阅读推广资源信息库的构建如图 3-2 所示。

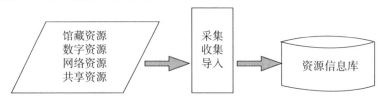

图 3-2　阅读推广资源信息库的构建

（二）阅读推广读者信息库的构建

阅读推广的读者信息也是重要的资源。读者信息库能保证在充分挖掘的基础上，了解读者的普遍需求与差异化、个性化需求，从而制定具有针对性的阅读推广方案以及活动。

通过对读者的信息数据进行分析，可将其中用于建立读者信息库的基础数据分为三类：第一类是读者的持久固定信息，如读者的身份信息，包括读者的姓名、性别、民族、年龄、单位、教育程度、地址等信息；第二类是读者的阅读行为信息，即利用跟踪日志以及 Web 日志记录下的读者阅读行为信息，其中包括静态信息（如到访次数、Web 停留时间、下载次数、图书点击率等），动态信息（如对推送书籍的响应频率、读者的年龄分布、性别比例等）；第三类是读者的个人主观信息，如读者感兴趣的专业领域、方向，想获得的信息、喜欢的图书类型、反馈信息以及提出的改进意见等。

将读者的三类基础数据进行采集、收集和导入，并将基础数据在建库前进行预处理，减少数据的冗余和无关信息的干扰，为知识挖掘提供更加规范和有用的数据。将预处理后的数据经过分析和挖掘，提取输入信息的概念和主题，解析出用户信息库的字段，将数据添加到阅读推广对象信息库中。阅读推广对象信息库需要依据 Web 日志以及跟踪日志的变化进行更新。通过建立阅读推广对象信息库，可以从中挖掘出更多有价值的信息和模式，从而提高阅读推广模式对读者需求和发展趋势的匹配度。阅读推广读者信息库的构建如图3-3 所示。

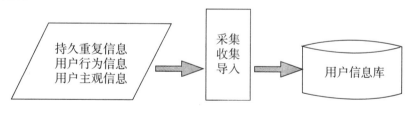

图 3-3　用户信息库的建立

二、知识挖掘与阅读推广资源知识化

（一）阅读推广资源的知识挖掘与知识库的建立

通过知识挖掘技术可以将阅读推广资源信息库中的海量数据资源进行横纵结合和数据分析，将知识进行聚类分析。通过一定的知识挖掘算法和工具，分析各类知识之间的语义关联、主题关联以及馆藏之间的借阅信息关联，将阅读推广资源之间进行有效的知识关联，丰富读者的阅读选择。通过阅读推广资源的深入挖掘，可以有效地在馆藏资源建立联系，为读者提供更多不同类型的阅读资源，同时将资源及其关联形成知识库。图3-4为阅读推广资源的知识挖掘与知识库构建框架。

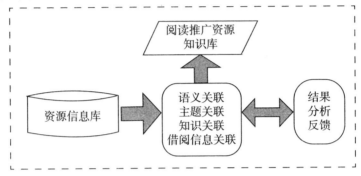

图3-4　阅读推广资源的知识挖掘与知识库构建框架

（二）读者信息资源的知识挖掘与读者画像的建立

一是对读者阅读需求的知识挖掘。读者的阅读需求大致可分为三类，即读者当下的阅读需求、读者模糊意识中的阅读需求以及读者自身也尚未意识到的潜在的阅读需求，即未来的阅读趋势。通过对已有阅读行为和阅读需求的读者的需求信息和访问行为进行挖掘推断出读者没有表达出来的以及未意识到的潜在的需求，进而预测读者的需求变化趋势。

二是对读者阅读行为的知识挖掘。以阅读推广对象信息库中的基本信息为基础，对数据进行筛选、分析、整合以及关联分析和聚类分析，挖掘读者的心智模式、心理特点以及阅读行为规律，并对挖掘出的读者的心理偏好和阅读行为方式等进行分析和评价。利用知识挖掘技术形成更加精准和人性化的"读者画像"。根据每位读者独特的"读者画像"，为其提供更加具有针对性、人性化、个性化的阅读推广模式，如不同阅读内容的展示形式、不同的人机交互方式等，充分考虑读者的个性化体验需求，使用户的满意度和满足度达到最高，激发读者的阅读兴趣，同时有助于读者培养终身阅读的习惯。图3-5为读者信息资源的知识挖掘与读者画像构建框架。

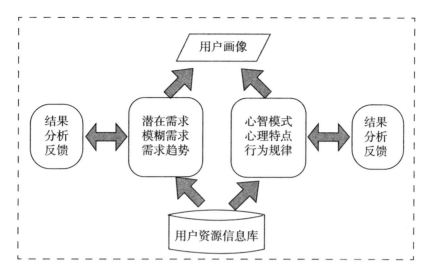

图 3-5　读者信息资源的知识挖掘与读者画像构建框架

第二节　服务智慧化模式

一、图书馆服务智慧化的内涵

随着全球信息化建设浪潮的推进，传统图书馆智慧化进程逐渐加快，这一进程改变了图书馆原有的运营理念、管理模式以及文献资源导航与服务模式。就图书馆具体业务而言，图书馆积极应用互联网，拓展了文献资源远程访问的模式，将原本属于本地、专属访问的文献资源转变为基于互联网而无时间和地域限制的自由访问资源，将孤岛型资源转变为活跃性资源，加之以学科馆员的资源导航服务支撑，使广大读者的资源访问渠道更加广泛和便捷。与此同时，图书馆智慧化建设中的图书馆馆员角色和文献资源服务正在智慧化环境下逐渐变革，将由原来的文献资源的提供者转变为资源需求的导航者和知识挖掘的引导者和提供者，其文献资源服务的本质发生了变化。文献资源的深度服务方式逐渐成为常态，原来适用于专业研究者的诸多技术，诸如超文本、知识挖掘、跨媒体数据分析等高级服务都将伴随读者的学术成长。

图书馆智慧化角色的转变，离不开信息技术的引领，物联网、大数据、云计算、数据挖掘、人工智能等技术都成为读者知识个性化服务应用的新亮点，这些文献资源服务方式将传统图书馆业务变得更加专业化和智慧化。智慧化图书馆建设也已经成为民族文化建设的中心，在城市智慧化的进程中扮演着积极的角色。当下的图书馆已经应用了诸多智慧化元素，智慧化的馆舍系统、智能照明系统、恒温恒湿机、空调机组、给排水系统、新风机、通排风系统、VRV机组、变配电系统、电梯系统等，均可以实现智能化统一管控，这些智慧化系统在完成其主体功能的同时，有效降低了图书馆运营成本和能耗，提高了图书馆管理效率，体现了智慧化服务绿色环保、节能减排的现代管理理念。而图书馆原有的业务自动化系统与馆舍智慧化系统相结合，不仅完成了编目、文献采购、流通管理、书目查询、馆际互借等传统图书馆自动化业务，还建设了基于机器人、射频识别、人工智能等技术的物联网，全面实现了图书馆运营智慧化服务支撑。

具体而言，图书馆智慧服务主要表现在以下方面。

一是树立读者第一，知识服务理念。图书馆必须以服务读者为宗旨，以知识服务为基础服务要素。就图书馆的价值而言，向社会提供文献资源需求支撑是其永恒的动力，单就图书馆在信息时代的新的现实社会发展驱动力而言，信息导航与知识服务是其时代标志，而非传统的文献资源支撑。图书馆知识服务智慧化积极促进了文献资源趋向于知识，知识的发现与推送直接转化为生产力，由此体现的就是图书馆的价值和优势所在。图书馆智慧服务的驱动内发力量运用创新思维，依然是对信息的收集、整理、分析以及推送价值链的构建，而实现的却是知识创新与服务，图书馆的幸福感和获得感就是将知识进行推送，从而将知识转变为生产力。因此，图书馆智慧服务的底线思维就是着重驱动了给予读者群体的知识效益，依靠知识导航与服务体现图书馆的价值。

二是图书馆智慧服务有其自身特点。其一，服务基于信息共享而生。信息时代的各类文献资源泛在化存在，其与社会共生的价值在于共享同一个知识生态系统，其间是共生的逻辑关系，而非稀有。就此观点而言，图书馆文献资源的共享就成为图书馆核心价值存在的基础，图书馆给予读者的文献资源需求回馈基线就是图书馆馆员为读者提供的诸多媒体格式的文献资源及其访问控制方式和权限，开放获取、开源和开放许可等权限原则是不同读者所拥有的基本权利。因此，信息共享在图书馆知识服务的架构当中通常被赋予了专属性和工具性，诸如资源访问是否具有开放获取、无限制访问以及非歧视性等。其二，智慧服务具有高效性。传统图书馆以藏阅为主体的文献资源管理与服务方式，其工作效率较低，为了保障图书馆馆藏资源的储藏与借阅，修建了宏伟的藏书楼，进行了手工书目编撰，组织了庞大的训练有素的馆员队伍以应对读者的借阅需求。尽管管理有序，但仍然不能解决高昂的管理成本问题。当图书馆采用了初期的自动化系统之后，图书馆业务的采访、编目、流通等工作流程大大加快，管理变得高效。而机器人技术、自动分拣技术、RFID 技术的应用，使读者咨询以及图书流通、排架、整库等业务开展效率迅速提高，管理成本急剧缩减。响应物联网时代的需求，传统图书馆业务转变为知识导航与服务时，以往的图书馆自动化管理系统功能稍显逊色，以人工智能和数据挖掘为特色的智慧化图书馆服务才能够适应读者丰富的知识需求。而这样的智慧化要求具有高于以往任何时候的效率需求，使读者跨越时空的知识需求唾手可得。其三，智慧服务具有集成化的特点。不少读者体会过传统图书馆各类资源检索流程，无论是多种资源检索方式和界面，还是信息孤岛、咨询时滞、人工检索表达式等，都需要读者通过几近专业化的学习才能够熟练掌握。而在智慧化图书馆时代，图书馆已经能够集物联网、云计算、人工智能等技术完成文献资源的跨库、跨网、跨媒体的馆际共享式资源整合与集群管理，文献资源的集成化提高了文献资源的利用率。

二、图书馆阅读推广服务智慧化模式构建

从宏观（全国公共图书馆）角度来看，作为我国阅读推广的主体，公共图书馆是阅读推广的主力军和领头羊，在阅读推广活动中具有举足轻重的地位，同时发挥着重要的作用。公共图书馆要实现阅读推广智慧化服务模式，要实现公共图书馆的智慧化广泛互联以及融合共享模式，具体内容如图 3–6 所示。在阅读推广服务智慧化方面，公共图书馆要实现广泛互联智慧服务模式，其中主要内容包括馆馆相联、网网相联、库库相联以及人物相联。实现阅读推广的管理和服务的互联性，广泛互联的公共图书馆将成为未来阅读推广的重要支撑，然后要实现融合共享智慧化服务模式，其主要内容包括三网融合、跨界融合、新旧融合以及多样融合。

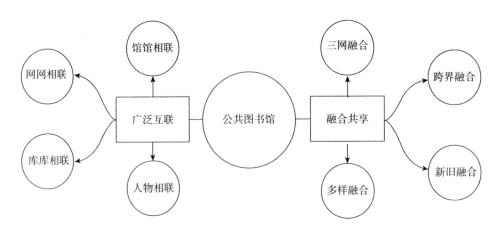

图 3-6　公共图书馆互联共享机制体制

从微观（单个公共图书馆）角度来看，构建公共图书馆阅读推广服务智慧化模式，需针对不同的阅读推广主体来构建相应的智慧化服务模式。公共图书馆可针对移动图书馆、数字网络平台以及实体图书馆三个不同主体来构建相应的智慧化服务模式。具体内容如图 3-7 所示。

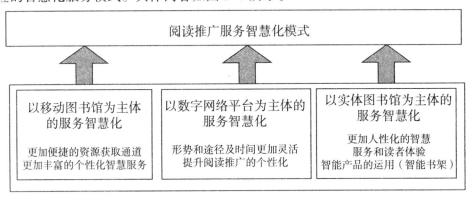

图 3-7　阅读推广服务智慧化模式构建框架

（一）以移动图书馆为主体的阅读推广智慧化服务构建

据第十八次全国国民阅读调查报告显示，2020 年我国居民对于数字化阅读这一方式越来越偏爱，阅读也呈现逐年上升的趋势，手机阅读和网络在线阅读成为成年人数字化阅读的主要方式。同时，受时间以及空间的限制，公共图书馆的资源并没有得到全民读者的使用，造成了阅读推广活动的局限性和短期性。而通过移动图书馆，读者既可以随时随地利用公共图书馆的阅读推广资源，也可以随时随地与公共图书馆以及其他读者建立联系，方便读者阅读，实现阅读推广在全民范围内的持续推广和稳定发展。在移动互联网信息技术的推动和发展下，当代公共图书馆阅读推广模式以及读者的阅读需求范围、阅读需求方式以及需求的内容都发生了显著的变化。而移动图书馆可以准确地把握阅读推广对象的需求范围，满足阅读推广对象的阅读方式以及明确读者的阅读需求内容等。近年来，随着互联网技术与图书馆阅读推广的不断结合，公共图书馆阅读推广的模式和服务得到了不断提升。在阅读推广活动中，读者可以借助智能手机的移动图书馆 App、Kindle 等移动阅读设备随时随地访问公共图书馆。

移动图书馆为读者提供了更加便捷的阅读推广资源获取通道。移动图书馆可将公共图书馆知识库中的资源与读者进行直接对接，为读者提供丰富的数字资源并且这些资源可被读者随时随地直接获取。同时，公共图书馆数字资源的种类、数量也在增加。

移动图书馆为读者提供了更加丰富的个性化智慧服务。移动图书馆在阅读推广活动中可为读者提供阅读参考咨询、个性化信息推送、阅读资源馆藏查询及日常借阅服务等。阅读参考咨询对读者问题的响应速度以及响应内容的全面性是读者所关注的；个性化的阅读资源的丰富性以及推送的及时性是读者在使用移动图书馆过程中重点考虑的内容；阅读资源的馆藏查询和日常借阅服务从传统的实体图书馆平台转移到了移动平台，给读者在阅读中带来了较大的便利，其简易的操作性得到了读者的认可。

（二）以网络平台为主体的阅读推广智慧化服务构建

数字网络时代的到来，使得阅读的途径、阅读的方式、阅读的规模以及阅读呈现出来的特征等方面表现出了巨大的不同，阅读推广的模式也发生了相应的改变。一方面，通过图书馆的数字网络平台可以满足读者随时随地阅读的需求，并与读者建立长期、紧密的联系，促进阅读推广的有效、持续进行；另一方面，通过社交网络可进行社会化的阅读推广活动。

数字网络平台使得阅读推广的形式和途径以及时间更加灵活。其中，阅读推广时间可以将周期性的持续阅读推广以及常规性的日常阅读推广相结合。以数字网络平台为基础，全媒体的网络平台利用不同的媒体形态和不同的内容形式可实现阅读推广在传播途径上的巨大提升。利用全媒体方式建立公共图书馆阅读推广和移动阅读终端，开设阅读推广活动预告、读者交流及留言、培训讲座、真人图书以及新书推荐等栏目。

数字网络平台使得阅读推广的个性化得到提升。个性化的阅读推广可通过数字网络平台以及移动终端开展阅读推广书目、阅读活动信息推送服务，利用相关的工具和载体为读者建立属于自己的个性化阅读知识库，方便读者随时进行阅读和查询。其在满足个人的个性化需求的同时可以满足读者的阅读交流需求。数字网络平台由原本单向的读者活动，转变为多元化的讨论和交流活动，读者可以就阅读书籍等进行话题讨论和意见交流。

（三）以实体图书馆为主体的阅读推广智慧化服务构建

实体公共图书馆承载着阅读推广的各类活动，不可能"消失"，而是会随着互联网和信息技术的发展而进一步发展，展现出以读者为中心，更加现代化、人性化的一面，从而为阅读推广活动提供更加人性化的智慧服务和读者体验。

以基于 RFID 技术的智能预约及借阅书架为例，在阅读推广活动中，实体公共图书馆每天都会有大量的书籍借阅需求，智能预约及借阅改变了传统的书籍预约服务模式，实现了书籍预约的全方位、自助服务，体现了自动化和智能化，方便读者阅读。读者将需要进行预约的书籍放置在预约书架，自动亮灯提示已预约成功。当读者成功进行书籍预约并在预约书架区域刷卡后，系统可读取读者的个人信息，将图书馆管理系统中的预约书籍信息与读者的预约信息进行匹配分析，然后返回相关信息，在智能书架上亮灯来提示预约书籍的位置，读者在拿到书籍后再次刷卡即可自动完成书籍的借阅操作。智能预约书架加快了读者寻找预约书籍的速度，提高了图书馆在阅读推广中的工作效率。

第三节 媒介多元化模式

基于图书馆智慧技术的阅读推广媒介可被分为两大类。第一类为基础型阅读推广媒介，由公共图书馆所提供的移动 App、数字网络平台以及实体公共图书馆三个部分组成。第二类为拓展型阅读推广媒介，包括新媒体平台（微博、微信等）阅读推广媒介、基于新媒体技术的阅读推广媒介以及基于可穿戴设备的阅读推广媒介。基于新技术的拓展型阅读推广媒介符合当下读者的阅读方式和阅读模式，尤其是符合年轻一代的阅读需求。以基础型阅读推广媒介为基石，以拓展型阅读推广媒介为新生力量，全面推进公共图书馆的全民阅读推广活动，对于提高阅读推广的参与度以及满意度有重要的意义。图 3-8 为公共图书馆阅读推广媒介多元化模式构建图。

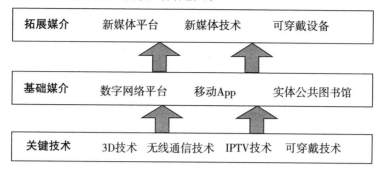

图 3-8 阅读推广媒介多元化模式构建框架

一、新媒体平台阅读推广媒介

新的媒介形态的不断产生与发展，使得信息传播形式大为丰富、传播内容大为扩展、传播速度大为加快、传播机制大为改变，营造出一种全新的媒介环境与信息环境，人们的信息活动均受到其影响。新媒体实质是信息的载体，而信息的生产、传递、反馈都有赖于其载体，因此新媒体在图书馆阅读推广工作中承担着多重角色。

（一）作为信息宣传平台

新媒体用户群体庞大而广泛，打破了时间和空间的限制，且种类多样可选择性空间大，信息呈现方式丰富，这些特点使新媒体具备了良好的宣传价值。图书馆借助新媒体的宣传功能可宣扬阅读文化、传播图书馆知识、推荐优秀书目、发布图书馆活动等信息，发挥自己的阅读引导作用，这也是新媒体在图书馆阅读推广中最基本的也是最常见的功能。

要发挥最佳的宣传效果，图书馆要做到以下几点：①应做好线上宣传与线下活动的统筹，营造全方位的、立体的阅读氛围；②尝试整合式传播，即围绕着一个主题或一个目的，尽可能运用多种媒体进行信息的宣传，既包括新媒体传播渠道，又包括传统媒体传播渠道；③应创新信息呈现形式，摒弃仅依靠文字或图文这种较为枯燥的形式，多运用语音、视频、游戏这些表现力强的形式来传达信息，后者显然更活泼生动、更易吸引读者的注意力，可取得良好效果。

（二）作为内容生产平台

图书馆可以直接在新媒体上进行内容生产，而受众通过新媒体可以直接享受阅读，在这一过程中，新媒体是阅读载体，也是内容生产平台。内容生产包含两种类型：①原有的馆藏文献资源的数字化；②原创精品内容的生产。在对内容的总体设计上，要保证内容能体现出图书馆的人文底蕴与特色优势，并且力求打造精品栏目，最终形成自己的品牌。内容的生产有赖于图书馆的文献资源、人力资源和智力资源的支撑；图书馆馆员只有积极地运用自己的学识和专业技能，对馆藏文献资源进行有效梳理与充分开发，对原创内容进行精心安排与编写，才能生产出高质量的内容，否则图书馆信息极易被淹没在海量而繁杂的信息中。只有先保证内容的质量，才可能吸引读者有限的注意力，从而实现阅读推广的目标。

同时，内容的呈现形式也要做到新颖、美观、协调、富有趣味性。此外，还需注意的是，在新媒体时代，随着生活节奏的加快，人们的时间趋向碎片化，为适应这一变化，越来越多的"微概念"兴起，因此在内容生产时，也可适当地将内容精简、提炼，使其微小却富有深意。

（三）作为咨询服务平台

信息服务是图书馆阅读推广的重要构成部分，图书馆通过新媒体可以让信息服务更便捷、更高效、更个性化。得益于移动终端、网络技术、数字技术的发展，新媒体可以提供移动信息服务，使读者可以随时随地浏览、查询、获取图书馆信息资源。基于新媒体技术的参考咨询服务，比之前的传统咨询方式更为便利、高效，它提供更多形式的咨询服务，如在线咨询、可视咨询、互动咨询、智能咨询等，读者可根据所在环境选择最佳的信息服务方式，以便及时获得有效信息。此外，在新媒体时代，图书馆也可利用大数据提供个性化服务，即对读者个性化信息需求进行智能分析并主动向其推送服务。图书馆通过对读者种种信息活动产生的数据进行搜集、分析后，挖掘出读者的阅读需求与阅读习惯，根据这些信息，可以向读者提供精准的信息推送，以提高信息服务质量。

（四）作为社交互动平台

基于新媒体的传播是双向互动、去中心化的，通过新媒体，可以建立一个以阅读为中心的社交互动平台。这个平台以关系为纽带，注重信息的生产、分享和交流，类似于一个社区或一个生态圈。形成这样一个平台，有助于人们在开放的交流中获得更多知识；由于读者在互动中同样可以生产有价值的内容，因此有助于图书馆积累更多的资源；这种社交文化和圈子文化，易提升用户的黏性与归属感，从而持续激发他们的阅读兴趣。打造一个社交互动平台，对于阅读推广显然是必要且极为有效的。

二、新媒体技术阅读推广媒介

互联网协议电视（internet protocol television, IPTV），是将多媒体技术、互联网以及通信等技术相结合的、利用 Web 技术通过 IP 网络向用户提供互动媒体类型的信息服务业务，其中包括数字电视业务。IPTV 技术是随着网络的飞速发展而出现的一种新兴的信息技术，可为用户提供音视频节目、数字文本类信息以及各类网络游戏等。与传统的电视广播用户被动的接收模式相比，IPTV 技术具有以下四个特点。第一，IPTV 为用户提供了完备的互动功能，用户可通过 IPTV 获得交互式的广播而不是被动的广播，这也是 IPTV 最大的特点。第二，IPTV 可实现个性化的广播，其除了为用户提供电视频道制作的视频外，还可为用户提供个性化的网络信息以及数字资源服务，如数字电视、数字图书馆、网络游戏以及网页浏览等功能。第三，IPTV 技术支持双向服务，用户可根据自己的喜好和需求跟运营商沟通并提出服务申请。

越来越多的新媒体技术开始应用于数字图书馆的阅读推广活动中。IPTV 技术的特点，使其成为数字图书馆进行阅读推广时的重要技术支持，而 IPTV 技术近几年的不断发展，也为数字图书馆阅读推广服务奠定了基础。结合该技术，数字图书馆得以开展了将图书馆的馆藏资源以及阅读信息向读者进行推广的工作。现如今，IPTV 技术已经走进老百姓的日常生活，图书馆只需要与相关部门进行合作，就可以通过 IPTV 技术将图书馆的各类资源输送到大众跟前。电视的普及程度很高，大众喜欢观看电视，那么利用电视进行普及就是很好的途径。电视还可以满足弱势群体的阅读需求，读者可以通过数字电视随时随地进行馆藏资源的获取和阅读，从而将自主学习、自主阅读、生活阅读相结合，真正实现全民阅读。

三、基于可穿戴设备的阅读推广媒介

可穿戴技术是一种新型的计算机智能嵌入技术，通过可穿戴技术可将计算机的计算能力以及感应能力等赋予日常生活中人们使用的配件或者是衣服上。基于可穿戴技术，通过多媒体技术、传感器设备以及无线通信技术等嵌入服装中，可以支持人体发出的手势以及眼睛的指示等多种交互方式。基于可穿戴技术而形成的可穿戴设备不仅是硬件设备，还可通过大数据分析以及云计算等计算机技术实现人机交互以及网络实时更新等功能。可穿戴设备通过其中所包含的独立计算机芯片可保持网络连接状态并时刻进行响应，收集、分析、感知用户的各种行为以及指令，实现灵活的人机交互功能。可穿戴设备有多种多样的形式，包括帽子、手环、手套、手表、耳机、耳麦、纽扣、腰带等。

以可穿戴设备为基础的拓展媒介，是构建智慧图书馆以及构建新时代阅读推广有效机制的重要手段。通过可穿戴设备这一阅读推广拓展媒介，可以实现公共图书馆对于阅读推广活动的全面感知、对读者信息的全面搜集以及阅读推广服务的智慧化。

基于可穿戴设备的阅读推广媒介可实现对阅读推广活动的全面感知。基于可穿戴设备这一阅读推广媒介可结合公共图书馆的物联网技术、FRID、传感器等设备，为用户提供对公共图书馆馆藏资源、图书阅览室、会议室、馆员等一系列资源信息的全面感知和及时获取，同时为从事阅读推广的专业人士及公共图书馆馆员提供了对阅读推广活动以及公共图书馆的全面、实时监控与管理的途径。通过将可穿戴设备中的数据进行分析和处理，可以实现人人相联、人书相联、书书相联等智慧化模式，为今后的阅读推广活动的开展提供强有力的支撑。

基于可穿戴设备的阅读推广媒介可实现对读者信息的全面搜集。可穿戴设备具有近距离和长时间与用户进行接触的优势，对于用户信息的搜集具有得天独厚的优势。在公共图书馆阅读推广活动的开展过程中，利用可穿戴设备可以将读者的兴趣爱好、阅读偏好、阅读习惯、阅读行为甚至是读者或者潜在读者的心智模式、生活习惯、社交活动等数据进行搜集并储存，随时进行分析，实现对阅读推广对象全面地、实时地了解和分析，这对于准确获得读者的阅读需求并提出满足读者需求的阅读推广模式具有重要的作用和意义。

基于可穿戴设备的阅读推广模式可实现阅读推广服务的智慧化。基于可穿戴设备的阅读推广媒介通过对读者信息的广泛搜集、分析以及对公共图书馆资源的全面感知，可在阅读推广活动中为读者提供符合其需求的、适当的服务，同时就读者可能遇到的问题、困难及时地提供意见和方案，全方位地实现阅读推广服务的智慧化，此项服务的提升对于老人、儿童、残障人士等弱势群体尤为重要。

第四节　活动规范化模式

　　首先，一项规范化的阅读推广活动的开展需要对读者阅读需求进行搜集和分析，依据读者的阅读需求制定新颖、明确的推广主题，同时在阅读推广中不断修正主题；其次，对确定好的阅读推广活动和主题进行多方位的宣传，做好前期准备工作以及阅读推广活动的开展工作；最后，对阅读推广开展后的成果和影响进行评价和反馈，对整体阅读推广工作进行经验总结；如图3-9所示。同时，结合当今智慧图书馆发展趋势，在阅读推广活动的开展中，要注意对智慧图书馆理念的运用、阅读推广活动监督评价机制的建立以及阅读推广智慧读者的培训。

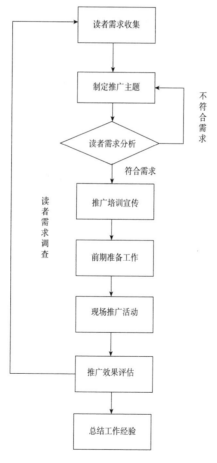

图 3-9　阅读推广活动规范化模式构建框架

一、智慧图书馆"智慧理念"的运用

阅读推广的发展必须依托图书馆的发展，鉴于智慧图书馆已成为图书馆发展的趋势和内容，那么阅读推广活动的开展也需要建立起与智慧图书馆相适应的发展方向和内容。在阅读推广活动的开展中积极加入和运用智慧图书馆的理念，对于发展智慧阅读推广有重要的意义和价值。例如，可将发展智慧图书馆的新视角——SoLoMo 技术应用于阅读推广活动宣传方面。SoLoMo 技术即将社交（sooial）、本地化（local）以及移动（mobile）三项作为关键内容来开展工作。阅读推广活动的宣传工作中可以利用社交化的软件、社交化的平台以及社交化的关系加大阅读推广活动的宣传力度，利用阅读推广活动的本地化，使阅读推广主题的制定更加贴近本地读者的需求，从而增加阅读推广活动的深度。最后，将阅读推广活动通过网络和 App 推及全民，提高阅读推广活动的参与度。

随着时代的不断发展，读者阅读的方式、阅读的地点、阅读的结构以及阅读的规模正在发生变化，只有对读者的阅读趋势以及阅读需求进行不断研究才能保证阅读推广活动真实有效，所以公共图书馆应建立关于阅读推广活动的常态化研究机制，同时应重视对读者的分析和对读者需求的满足，实现阅读推广的持续性发展。

二、阅读推广活动规范化监督评价机制构建

基于新模式的阅读推广活动的顺利开展需建立起规范化的阅读推广活动监督评价制度。阅读推广活动过程中的监督和过程后的评价是阅读推广活动的重要组成部分，如在阅读推广活动绩效评估方面，应该对阅读推广资源的利用率、读者的参与度、活动的广泛度以及产生的影响等内容进行分析。在阅读推广活动的开展中，公共图书馆应依托阅读推广新模式，充分发挥图书馆的优势和功能，利用微信、微博等社交软件以及数字图书馆、移动图书馆等媒介，建立起规范化的、切实可行而又适合于阅读推广新模式的监督评价机制，并以此来不断推动阅读推广活动的开展。

基于新模式的阅读推广活动的顺利开展需建立和完善我国的阅读推广法律保障制度和体系。从国外阅读推广项目的经验来看，阅读推广活动的开展需要国家法律政策的保障、各级政府的制度支持。截至目前，我国所开展的阅读推广活动从国家层面来看，还没有真正意义上的法律保护，同时缺乏地方性

政府的制度保护。我们在阅读推广法律法规建立方面还存在着一定的不足，相关部门应尽快建立阅读推广相关法律法规并在阅读推广活动的实践过程中逐步完善。

三、阅读推广活动规范化智慧读者培训机制构建

在智慧阅读推广过程中，开展对读者的培训显得尤为重要。基于智慧图书馆技术的阅读推广模式以及阅读推广在开展中的特点，公共图书馆应该建立相应的读者信息技能以及意识提升的智慧读者培训课程。公共图书馆开展智慧读者培训课程可以帮助读者了解图书馆的馆藏资源以及使用手段，掌握图书馆数字资源以及馆藏图书馆文献的检索技能，并以此提高阅读推广相关资源的使用率，同时提升读者的信息素养和实操技能。具体在智慧读者培训过程中，公共图书馆可利用图书馆智慧技术、智能化技术以及各类信息化技术开展智慧读者培训。

主要培训内容大致可分为三种情况。第一，阅读推广新读者的智慧阅读启蒙培训。主要针对阅读推广数字资源以及知识资源等检索、查询以及使用等介绍，阅读推广智慧化服务内容的介绍以及阅读推广活动的参与平台与媒介的介绍。第二，急需读者的应急帮助服务培训。通过设置不同的应急帮助内容和板块，帮助读者解决阅读推广活动中遇到的问题，并节省读者寻求帮助的时间，同时培养读者向图书馆求助的意识。另外，还可以通过可穿戴设备以及物联网、无线传感器设备等为读者提供全方位、及时性阅读帮助。第三，资深读者的阅读推广随行培训。公共图书馆可通过智慧读者培训内容为读者提供相关的阅读推广活动信息，开启阅读推广活动的主动约请、主动提醒以及阅读活动实时反馈机制。另外，在智慧读者培训过程中要注意对于弱势读者群体的关爱和重视，开展有针对性的阅读推广读者培训。

第四章 智慧图书馆建设视域下公共图书馆的阅读推广

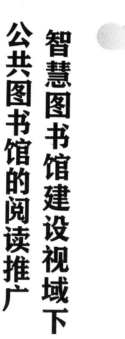

第一节　公共图书馆智慧服务的解读

一、公共图书馆的内涵

公共图书馆作为本地文献信息资源的收藏中心，应在开展全民阅读中采取各种措施，引导国民阅读方向，全方位满足市民的文化需求，以提高全民的思想道德素质和科学文化素质，并大力推进全民阅读，同时提升整个城市的文化品位。

无论阅读的形式、形态如何变化，图书馆尤其是公共图书馆，都是阅读推广的主体。在人类文明史上，图书馆的历史虽然悠久，但古代图书馆和我们今天意义上的现代图书馆，是有很大差异的。其中，公共图书馆及其理念的出现，是图书馆从古代走向现代的重要标志。真正意义上的公共图书馆，只能出现于现代社会，是社会发展到一定阶段的产物，是社会民主、公民权利、社会平等和信息公正等现代人文意识成熟的结果。学界普遍认为，1852 年建立的英国曼彻斯特公共图书馆，是世界上首座现代意义上的公共图书馆，是公共图书馆诞生的标志。曼彻斯特公共图书馆所秉持的政府立法建立、公费支持、免费服务，以及社会成员无区别服务等理念，均为公共图书馆经典理论和基本精神内核。在我国，公共图书馆发端于 20 世纪初，其标志是 1902 年建立的浙江绍兴古越藏书楼和 20 世纪初陆续创建的各省官办图书馆（藏书楼）。

现代公共图书馆的基本精神主要体现在 1949 年联合国教科文组织发布的《公共图书馆宣言》之中。《公共图书馆宣言》表达了世界文化知识界和图书馆界对公共图书馆的基本立场，概括起来，重点向世人明确了以下三个观念：①公共图书馆是现代民主政治的产物，也是民主制度的保障和民主信念的典范；②要立法保障公共图书馆事业的发展，完全或主要由公费支持；③对社区所有成员实行平等的服务，全部免费开放。

《公共图书馆宣言》在 1972 年和 1994 年又做了两次修订，内容虽然有所补充订正，但其主要精神是一以贯之的。现在通行的为 1994 年版，其正式名称为《联合国教科文组织 / 国际图书馆协会联合会公共图书馆宣言》。

公共图书馆的核心是人文关怀的精神。具体来说，就是开放、平等、免费、政府创建、公费支持。这是曼彻斯特公共图书馆首倡，也是《公共图书馆宣言》的基本原则。一个图书馆如果具备了这些特征，就可以称之为现代意义上的公共图书馆了。反之，则不是现代公共图书馆，或者说不是合格的公共图书馆。现代社会中，人文关怀、人本主义、以人为核心的民主社会价值观，在现代公共图书馆中可以得到充分的体现：读书人在图书馆可以不受阻碍地汲取知识、健康成长。正是基于这种认识，有研究者提出："从社会的角度看，其他类型的图书馆只是一种社会机构，而公共图书馆不仅是一种社会机构，还是一种社会制度。"这就是说，在文献采编、藏书组织和服务方式等图书馆业务方面，公共图书馆与大学图书馆、研究图书馆等没有太大的差别。但公共图书馆的存在，使每一个社会成员具备了自由、平等、免费地获取和利用知识信息的权利，代表了知识信息的公平分配，从而维护了社会的民主和公正。公共图书馆存在的意义，超过了图书馆机构本身，有着无可替代的历史使命和社会责任，向全社会展示了现代民主、公民权利和人人平等的重要价值观念。因此，在当今社会，公共图书馆是社会阅读的主体，也是阅读推广的主要场所。

二、公共图书馆智慧服务概述

（一）公共图书馆智慧服务的内涵

在物联网、大数据、云计算、人工智能等新技术的驱动下，传统图书馆的服务已经越来越满足不了用户不断增长的需求，公共图书馆的智慧化发展必然成为一个趋势。公共图书馆的智慧服务是从管理到用户服务的综合的、主动的以及高效的全面自动化服务，是一种对人和事的自动化服务形式，可以在管理和服务上广泛搜集信息，实现自动化决策。例如，在公共图书馆中应用楼宇自动控制系统，对图书馆内的恒温恒湿机、空调机组、给排水系统、新风机、通排风系统、空调系统（variable refrigerant volume,VRV）机组、变配电系统、电梯系统进行统一管理及控制，可以降低图书馆内这些设备的运行费用以及能耗水平，提高图书馆的管理效率，实现节能减排、绿色环保的现代化管理目标；图书馆业务自动化系统，可以用于编目、文献采购、流通管理、书目查询、馆际互借等业务的自动化，如在流通管理方面通过 RFID 技术实现图书借还的高度自动化，在书目查询方面实现图书查询定位的自动化，在馆际互借方面建立图书馆联盟，实现馆际互借的自动化。

公共图书馆的智慧服务以用户为中心，为用户提供个性化的服务。公共图书馆的智慧化服务是基于用户的需求而展开的，通过充分利用各种资源来满足用户的需求，实现图书馆资源以及服务价值的最大化。公共图书馆的智慧化服务突出了人性化以及智慧化的特点，其智慧化的特点促进知识转化为生产力，从而体现知识的价值。用户需要公共图书馆利用其自身拥有的知识资源和知识设备，以满足广大读者的知识需求的服务活动。公共图书馆不仅应该为他们提供信息服务，还应该为他们提供智慧知识服务。智慧服务的发展应以知识服务为基础。图书馆馆员在为用户提供智慧服务时，可以运用创新思维对相关知识进行收集、分析以及整理，从而获得相关知识，支持用户的知识应用以及知识创新，把知识转变成生产力。因此，公共图书馆为用户提供的智慧服务，应着重考虑给用户带来的效益，通过提供知识产品和服务来实现知识产品的增值。

公共图书馆创新服务的内涵应基于图书馆服务和创新这两个因素来建立。图书馆服务是图书馆利用其设施以及馆藏资源直接向图书馆用户提供文献以及情报的一系列活动。创新的观念最早是由熊彼特（Schumpeter）提出的，企业组织通过创新可以使投资的资产再创造其价值高峰。创新的内涵是通过引入新的东西、概念而产生新的变化，这个"新"是指在原理、结构、方法等方面有显著性的变化。结合图书馆服务和创新这两个因素，公共图书馆创新服务则是指图书馆利用新技术和新想法来不断改进现有的服务，提高现有的服务效率以及服务质量，拓展服务的内容。图书馆创新服务的范围较为宽泛，如图书馆服务由被动服务到主动服务、现实服务到虚拟服务都属于图书馆创新服务的范围。图书馆创新服务是基于图书馆用户的需求而展开的，用户的需求推动了图书馆创新服务的出现，用户参与了图书馆创新服务的全过程。

随着信息技术的发展，公共图书馆的传统服务模式受到了挑战，而融合智慧化发展新技术以及新理念的智慧服务成为图书馆服务不断深化发展的创新模式。公共图书馆智慧服务是图书馆在信息技术快速发展的背景下服务图书馆用户的一种新理念。智慧服务理念是当前公共图书馆创新服务过程中的新的发展途径。

（二）公共图书馆智慧服务的特点

1. 信息共享

公共场所是生产者或消费者共享的资源或设施，是协作、互动、网络、共享治理和非专业的商业模式。资源的价值取决于参与和分享，而不是稀有。信息共享是图书馆核心价值的一部分，图书馆馆员和其他信息工作者为图书馆用户提供各种媒体或格式的信息和想法的最佳访问权限，提倡开放性原则。"信息共享"在图书馆中被用于描述特定的服务和工具。建立在智慧化基础上的公共图书馆通过一些新技术将文献信息和用户以及图书馆管理人员进行互联，并且将馆内的各种信息资源进行互相联通以实现用户和前后台、管理的互相智慧连接，从而实现信息的共享。

2. 服务高效

传统图书馆在图书馆的管理上比较落后，服务效率较低。例如，图书馆馆藏资料的管理与流通、物流仓储的管理都需要投入大量的人力成本，在管理上较为费时，而公共图书馆利用各种新技术来进行图书馆的管理，使整个管理过程更加高效便捷。又如，RFID 管理系统的引入大大提高了管理的效率，节省了时间、人力以及物力。随着图书馆的服务体量越来越大，传统的图书馆管理系统已经不再适用，只有利用更加智慧化的信息系统以及更加高效的服务模式才能更好地服务用户，满足用户的需求。这样不仅使图书馆管理更加高效，用户在使用图书馆服务时也更加高效。用户可以自助使用图书馆服务，不受时间、空间的限制，随时随地享受图书馆服务带来的便利性。基于新技术应用的公共图书馆既提高了馆员的工作效率，也提高了用户的使用效率。

3. 服务集成

用户在使用传统图书馆服务时需要花费很多的时间去适应图书馆的各类资源以及服务系统的使用方式和操作界面，为了避免这种情况，公共图书馆充分利用专业化的知识以及信息技术对不同的资源进行多次加工，形成高度的集成化信息服务。公共图书馆基于物联网技术、云计算技术建立整合集群管理系统，在各类文献之间、文献机构之间建立跨系统的应用集成、跨媒体深度融合、跨库网转换互通、跨部门信息共享、跨馆际物流速递的管理与服务方式。例如，图书馆之间成立的图书馆联盟，推动了馆际文献资源的集成化，提高了资源的利用率。

（三）公共图书馆智慧服务的关键要素

公共图书馆的用户服务是公共图书馆的使命所在，当前智慧图书馆的服务仍离不开图书馆中各关键要素的有机组成和多元支持。本书通过相关研究梳理和实践领域的调查，在不断反思的基础上归纳出了公共图书馆智慧服务的关键要素，即智慧馆员、智能技术、融合理念和智慧内容，这四个要素及其作用关系共同构成了智慧图书馆服务体系框架。

1. 智慧馆员是公共图书馆智慧服务的基础

智慧馆员即智慧的图书馆馆员，是公共图书馆智慧服务的提供者和基础保障。由于公共图书馆的用户类型多样，用户需求和行为偏好差别也较大，因而对智慧馆员的要求也更高，主要体现在以下三个方面。

其一，在海量数据不断涌现的背景下，智慧图书馆馆员更需要借助 RFID、云计算等技术来提高馆内资源建设，使数据资源得以有效组织、科学分析和精准推荐等，使馆内资源能够合理安排、有效利用。

其二，在提倡个性化服务、用户至上的环境下，智慧的公共图书馆馆员需要利用图书馆不同类型的用户行为大数据进行挖掘和分析，为用户提供更加契合个性化需求的服务，这对公共图书馆馆员的智慧能力是重要的考验。

其三，由于公共图书馆馆员还承担着图书馆管理的职能，而当代公共图书馆除了应在信息内容层面为用户提供高质量的服务外，还应在馆际空间上提供多媒体、数字化、可视化的服务，这就对图书馆馆员的信息技术操作水平和设计能力提出了更为严峻的考验。

总之，当代智慧图书馆馆员需与时俱进，具备学习创新的意识，时刻关注和努力掌握新出现的信息技术，不断提升自己的工作技能，为用户提供高效率、高质量的服务，成为智慧组织、智慧服务和智慧管理的提供者。

2.智能技术是公共图书馆智慧服务的支撑

在云计算、人工智能等颠覆性技术的依托下，智慧图书馆呈现出数字化、网络化和智能化的发展态势，以多重智能技术为工具的智慧图书馆对传统图书馆进行了解构与重塑。以用户情景识别为例，图书馆通过运用计算机技术和传感器技术进行信息采集和推测，以判别用户当前的情境，理解用户的思维，并基于此提供更具针对性的智慧服务。在实践领域，图书馆的传统借阅环境开始进入信息物理融合、人机交互的更高形态。近年来，国内外许多公共图书馆出现了智能服务机器人，现阶段主要分为面向用户服务的智能问答机器人以及面向馆内资源的自动盘点机器人，前者主要提供包括智能语音咨询、借还书辅助、扫描查书、用户引路等辅助参考咨询功能的服务，后者主要穿梭于馆藏排架处来查找乱放架的书刊，以减轻图书馆馆员的工作强度、提高工作效率。同时，智能的技术环境通过多种渠道使用户需求得到了满足，大大丰富了用户的入馆体验，尤其是公共图书馆中的青少年对机器人的兴趣与热情高涨，也进一步提高了他们对公共图书馆的访问率。

3.融合理念是公共图书馆智慧服务的导向

融合是新一轮科技革命环境下智慧图书馆的创新导向，公共图书馆智慧服务发展过程中可以依赖多模式融合，其在一定程度上也决定了服务的实施效果。具体可分为三个层次的融合性服务。

其一，融合网络技术、多媒体工具，从而扩大公共图书馆内物理空间范围、增强用户感知体验，提供可视化、趣味性服务，如除提供纸质版和数字版的书籍报刊外，还提供多种演示、数字图像、流媒体视频和 VR 等。

其二，将虚拟空间与现实空间对接融合，通过先进的技术来优化业务流程、重构服务模式，如通过对公共图书馆服务所涉及的人与物的全面感知和智慧互联，实现服务内容的个性化、服务层次的多样化、服务方式的便捷化。

其三，公共智慧图书馆不应仅局限于行业内部的技术与模式变革，还应积极探索与其他实体间的服务融合，思考自身业务范围与功能的重构。也就是说，借助大数据、物联网等整合及超越个体机构的力量，进一步拓展图书馆智慧服务的能力，发展诸如创客空间、场景策展等服务，构建智慧服务共同体的"大公共图书馆"环境。在不断升级的理念下，公共图书馆与虚拟图书馆、其他实体通过各种智能技术、智能设备、智能空间融为一体，呈现智慧图书馆服务的高级形态。

4. 智慧内容是公共图书馆智慧服务的核心

公共图书馆拥有海量的资源以及大量真实的读者数据，然而传统环境下图书馆服务常常面临资源和读者服务不匹配的矛盾。在公共图书馆的未来发展趋势下，智慧内容既是图书馆智慧服务所围绕的核心，也是图书馆为用户提供服务所呈现的载体。由于公共图书馆的用户涉及多种年龄阶段、社会职业、知识结构等不同属性，如何对不同用户兴趣偏好、客观需求进行挖掘，并为其提供针对性和适用性资源服务是图书馆智慧服务的重要职责。基于此，图书馆可以开发适合的智慧推荐系统，将数据采集、群体画像、情景感知、观点分析等不同功能模块纳入智慧推荐系统，并对多源异构数据进行统一标准化处理，对不同用户进行分析和画像，以推断出用户的真实需求和行为偏好，并为用户呈现智慧的推荐方案和内容。

（四）公共图书馆智慧服务的必要性与可行性

1. 公共图书馆智慧服务的必要性

随着公共图书馆的发展，图书馆的空间需求、资源需求以及用户需求都在发生着变化。公共图书馆的智慧服务是应对这些需求变化的关键，其通过拓展公共图书馆的空间、丰富公共图书馆的资源等尽力满足人们的需求。

（1）满足空间需求的变化。公共图书馆的空间需求已经从传统的借阅空间转变为传播空间再转变为交流空间。借阅空间中，公共图书馆作为一个物理空间为用户提供基础借阅服务，是一种被动的图书馆用户服务模式。传播空间中，公共图书馆作为"知识中心"为用户进行文化传播以及信息传递，是一种主动的用户服务模式，结合信息化技术和空间而产生。交流空间中，公共图书馆为用户提供开放的、自由的知识交流场所，从而促进知识价值的转化以及创新，如智慧创客空间、研讨空间、网络学习空间。公共图书馆只有拓展图书馆的空间，进行空间再造，提供智慧化空间服务才能满足空间需求的变化。

（2）满足资源需求的变化。公共图书馆的资源需求已经从最初的为藏而藏转变成为用而藏再转变成知识创新。公共图书馆最开始只是为了保存书籍，是"为藏而藏"的发展阶段。随着知识量的不断增长，以及存储空间受限，公共图书馆只能有选择性地持续购买新的资源，从而满足大部分用户的知识需求，是"为用而藏"的发展阶段。当公共图书馆的资源将近饱和时，其丰富的知识资源储备为图书馆进行知识创新创造了有利条件，再加上图书馆管理员与潜在用户的创新才能达到图书馆智慧化"知识创新"的发展阶段。公共图书馆通过人工智能技术以及大数据分析技术，提高知识资源的利用率，满足资源需求的变化。

（3）满足个人需求的变化。个人需求从最初的个体阅读需求转变为个性化需求。公共图书馆的服务最初是针对读者的阅读需求而展开的，通过满足核心读者的阅读需求发挥其价值。但受到公共图书馆资源多样性以及读者背景多样性的影响，读者当前的需求和潜在的需求也呈现出多样性和个性化的特点。公共图书馆通过对读者的行为数据进行动态积累，从而对读者的资源需求进行深入分析，同时对不同背景和学科的图书馆资源进行多样化分类以及集成，满足读者个人的个性化需求。

2. 公共图书馆智慧服务的可行性

公共图书馆发展智慧服务的可行性主要体现在以下几个方面。

（1）新技术的支撑。信息技术的不断发展为公共图书馆发展智慧服务提供了基础以及动力，如公共图书馆基于 RFID 技术为图书馆用户提供了自助借还书服务。

（2）用户的需求。公共图书馆的传统服务已经无法满足图书馆用户的需求，而发展智慧服务可以充分满足用户的需求。

（3）图书馆专业人员基础。公共图书馆有自动化、网络化以及数字化管理的专业人员，可以为图书馆发展智慧服务提供有力的保障，确保智慧服务的实现。

（4）图书馆资源基础。公共图书馆的资源丰富，拥有大量的藏书以及数字化资源，可为图书馆发展智慧服务提供数字化信息基础。例如，用户可以通过各图书馆之间建立的图书馆联盟，随时随地获取图书馆联盟内各图书馆的文献信息。

（五）公共图书馆智慧服务的发展路径

当前，公共图书馆的智慧服务正处在理论与实践的快速发展态势下，有必要对其所呈现的发展路径进行深入剖析，总结其发展过程中的特点、优势与不足，以有效指导未来更多公共图书馆的智慧实践之路。笔者认为，公共图书馆智慧服务的发展路径具体体现在三个方面，即从智能化向智慧化发展、从双向交互向万物互联发展、从边界性向跨界融合发展。

1. 从智能化向智慧化发展

从公共图书馆智慧服务发展所依托的技术水平来看，早期公共图书馆的服务实践主要仍基于资源、手段和过程等数字化、网络化技术，在此基础上呈现出相对智能的图书馆形态；随着物联网、FRID等技术和图书馆融合重构思想的发展，公共图书馆服务呈现出更为明显的"智慧"化特征。笔者认为，智能图书馆是智慧图书馆发展的初级阶段，是以技术为主要支撑来实现用户服务的发展形态，而智慧图书馆除了具备更为互联互通的技术特征外，还体现了超越技术特征的图书馆"智慧"。在知识视角下对智慧进行分析，图书馆"智慧服务"的本质应是调动一切资源和技术来辅助和激发用户进行知识创造、产生智慧的过程。基于此，图书馆的智慧服务要立足于用户进行智慧活动的需求，利用情景感知、用户画像等技术为用户提供更为个性化的服务；同时，始终用"智慧"观念进行服务手段和方法的修正，力求进一步助推用户的智慧活动。

2. 从双向交互向万物互联发展

为用户提供更好的服务是公共图书馆的基本目标。在智慧图书馆出现以前，公共图书馆主要是依托信息技术为用户提供更高质量的借阅、检索、咨询服务，以满足读者的个性化需求。此时，公共图书馆的服务呈现出双向交互的特征，即用户与图书馆馆员的交互，或用户与图书馆信息系统之间的交互。而公共图书馆的智慧服务则体现出万物互联的特征，具体表现如下。其一，公共图书馆提供了一个用户个体知识构建和社区成员间协同知识构建的平台，用户可以通过图书馆用户智能分析系统和智能终端与其他用户相连接，协同创造和分享知识，甚至可以无障碍地互相交流和分享心得。此时，公共图书馆是作为一个智慧的连接平台和舒适的学习环境而存在。其二，公共图书馆通过整合语义检索、数字挖掘、物联网、虚拟现实等技术构建智慧服务平台，在万物互联的背景下为用户提供高质量的体验感知和精准推荐，帮助用户在海量冗余信息中减轻认知负荷，帮助用户在模拟知识情境中加深对知识的理解、记忆和运用。此时，公共图书馆是作为一个互联的学习推理网络和智慧的认知转化平台而存在。

3.从边界性向跨界融合发展

公共图书馆作为承载社会文化和传播知识信息的重要组成单位，其社会价值和重要性不言而喻。在"互联网＋"的背景下，未来的智慧图书馆还需迎合和不断创新，用跨界的思维替代传统的惯性思维，不断拓展延伸社会价值。"互联网＋图书馆智慧服务"是公共图书馆发展的必然路径。公共图书馆具有规模化的信息资源、现代化的技术水平、真实有效的大量用户数据和用户群体，在数据挖掘和利用方面具有先天的优势，不仅可以将结构化、半结构化和非结构化的数据进行规范化和融合化，还能利用自身优势资源与其他组织进行跨界融合，创新智慧服务形式和服务内容。例如，公共图书馆可以选出副本量较多的书籍，置于博物馆、美术馆、商场、银行等其他组织机构，促进信息知识的分享和交流；或与上述机构合作共享相关用户信息并进行深度挖掘，通过汇集多元信息和深度挖掘来推理用户的需求和偏好，以在不同场景为用户提供更加精准、高质量的服务。

（六）公共图书馆智慧服务的实践模式

1.面向资源建设的图书馆智慧服务模式

公共图书馆为用户提供服务类型多样化的趋势愈加明显，但不管提供何种服务，都是依托于馆内丰富的资源，所以智慧图书馆的发展和智慧服务仍离不开高质量的资源建设。当前，国内一些大型的公共图书馆在智慧服务的目标下对馆内资源建设展开探索实践，主要体现在以下五个方面。

其一，在资源内容组织方面，公共图书馆对其馆内丰富的数据资源进行分析、重组和建设，除了基于元数据中心、规范化数据库等实现资源的自动识别和获取外，还凭借自然语言处理、语音图像识别、机器翻译等对具体知识内容进行智能语义标引、智能摘要、机构库等建设。此外，知识计算引擎还可以实现对知识的自动获取，具备概念识别、实体发现、属性预测、知识演化建模和关系挖掘能力，最终形成多源、多数据类型、多知识领域的跨媒体知识图谱。

其二，在资源物理分布方面，公共图书馆可以实现无人书库，即传统的文献入库、上架、定位、取书、清点等工作环节均可由机器人代替，实现全流程、全系统范围的智能识别、自动操作。同时，可基于图书馆大数据智能分析，科学布局馆藏资源，实现智能分库。

其三，在虚拟资源分布方面，公共图书馆有基于云计算的海量存储、高速计算、安全可靠、便于共享及无限扩展等性能，将馆内大量信息资源存储于云端，在一定程度上降低了资源存储利用的软硬件压力。

其四，在资源建设主体方面，更加强调"用户参与"，开始推动"图书馆—用户共同体"协同建设模式，促进用户与馆员之间、用户群体之间有机联动，更加主动地将个性化需求提供给图书馆，在这种模式下，用户兼具资源的创造者和使用者角色，进一步扩大公共图书馆的资源范畴。

其五，在资源馆馆共享方面，公共图书馆间还能实现战略合作，在统一的标准、技术和平台下，进行资源共享，互联互通，实现资源建设的规模化、资源供给的多维化。

2. 面向技术突破的图书馆智慧服务模式

技术是图书馆发展的驱动性因素，也是公共图书馆智慧服务的基础。当前，图书馆的核心技术发生了颠覆性转变，诸如大数据、物联网、移动互联、人工智能等技术的出现，极大影响了图书馆的组织系统架构和用户服务理念。公共图书馆在技术取得创新性突破的基础上，充分呈现出人人之间、人物之间及物物之间的智慧互联互通，并采用人工智能、情景感知、深度学习等方法，实现图书馆利用内外部数据资源对用户进行智慧化服务。

3. 面向读者需求的图书馆智慧服务模式

在智慧环境下，"以用户为中心"、最大程度满足读者的需求是公共图书馆的目标和追求。图书馆的智慧服务应在传统个性化服务的基础上，借助大数据、云计算、移动互联等技术采集更多的读者特征和行为数据，并尽可能将其与图书馆资源、业务、流程等各类数据进行关联及融合分析，借助各类分析技术和交互技术，围绕不同类型用户展开用户画像，深入挖掘其需求、偏好、思想、个性等，通过"大数据＋小数据"服务方式构建用户档案，给用户提供高质量的情景感知、资源定制推荐等，以更好地开展个性化服务。

4. 面向空间再造的图书馆智慧服务模式

近年来，公共图书馆在传统空间服务的基础上，进一步将线下的物理空间与线上的虚拟空间进行融合，产生了诸如学习共享空间、研究型空间、创客空间、城市阅读空间等不同类型的图书馆空间利用形式，体现了图书馆作为信息共享与创新空间的重要地位。随着智慧时代的来临，公共图书馆智慧服务对空间价值的要求更高，由此产生的空间再造实践活动也进展迅速。较为典型的是文化体验空间，其是图书馆空间功能的扩展。智慧图书馆构建智慧展厅展示丰富的馆内资源，通过 VR、AR、三维漫游、多点触控、大屏展示等技术，提供更多展示方式的创新服务。在这些"场景中"，用户的感知体验效果、记忆力理解效果会进一步增强，也会获得前所未有的"参与感"和"临场感"。

第二节　公共图书馆智慧服务的现状

一、个性化智慧服务的实践状况

个性化智慧服务是指依据图书馆用户的信息需求，应用互联网、人工智能、大数据等技术，在对图书馆用户的专业背景、个性特征、知识结构、兴趣爱好、行为方式等进行分析研究的基础上，通过系统推荐、推送以及用户定制等功能，向图书馆用户提供更加有针对性的智慧服务来满足用户的个性化需求。

个性化智慧服务的基本特点为服务的针对性、层次性、主动性以及互动性。个性化智慧服务的针对性指图书馆为不同的用户提供特色的服务。个性化智慧服务的层次性指不同层次的图书馆用户对于信息需求的侧重点有所不同，图书馆根据不同的需求而提供有层次的信息服务。个性化智慧服务的主动性指图书馆能够满足用户的个体信息需求，以用户为中心，主动分析其用户的具体需求，并且主动为用户推送想要的信息。个性化智慧服务的互动性指用户和用户之间、图书馆和用户之间深层次的互动。

个性化智慧服务可以分为个性化智慧借阅服务、个性化智慧参考咨询服务以及个性化智慧推荐服务。个性化智慧借阅服务为互联网技术与智慧服务的理念相结合而产生的新的借阅模式。个性化智慧参考咨询服务为图书馆基于人工智能技术提供的智慧机器人参考咨询服务。个性化智慧推荐服务为图书馆基于大数据技术而提供的个性化推荐服务。

（一）个性化智慧借阅服务

1. 移动智慧借阅服务形式多元化

移动智慧借阅服务包括支付宝借阅、微信借阅、二维码电子证借阅以及App借阅。例如，首都图书馆将图书馆服务接入支付宝钱包、微信钱包等平台的城市服务中，提供支付宝、微信借阅服务，同时在App上提供借阅服务；上海图书馆推出了支付宝图书馆城市服务微站，即通过读者证认证，读者可以一键续借、查询所借馆藏，还可以基于位置信息寻找附近的图书馆，形成通过手机"查书—借书—续借—还书"的完整闭环，同时在图书馆手机App上提供借阅服务；深圳图书馆创新了"微信""支付宝"等移动社交平台的"图书馆之城"移动服务，读者可以通过移动终端实现文献的转借，同时图书馆还提供了深圳文献港手机 App 借阅服务；黑龙江省图书馆在市内打造的"智慧书房"里配置了一台报刊阅读机和一台"万里数字文化长廊"公共文化一体机，读者不仅可以直接通过报刊阅读机和公共文化一体机阅读里面的期刊报纸等数字资源，还可以将自己感兴趣的内容下载到手机上，即通过在首页上下载黑龙江图书馆手机移动阅读的客户端，并输入登录账号密码之后就可以用手机扫描下载；吉林省图书馆推出了手机 App 借阅服务以及微信借阅服务；辽宁省图书馆推出了 App 借阅服务以及微信借阅服务；山西省图书馆推出了 App 借阅以及"颜值识别借书"服务，读者通过在山西省图书馆的微信公众号中输入人脸信息并绑定读者证，就可以通过人脸识别免证借阅；湖北省图书馆引入支付宝城市服务，用户可以在手机上通过支付宝绑定读者证，查看对应证号的图书借阅日期、数量、归还日期等信息，也可以检索馆藏图书，点击杂志精选，查看最新活动公告，免费阅读报纸杂志；湖南省图书馆推出了支付宝和微信借阅服务；安徽省图书馆推出了微信借阅服务；四川省图书馆推出了 App 借阅和微信借阅服务。

同时，图书馆还推出了二维码电子证借阅的新借阅方式。在这些公共图书馆中，二维码读者证借阅服务的覆盖率为30%左右。例如，上海图书馆推出二维码读者证借阅服务，读者在 App 中通过身份证生成一张二维码读者证，可在借书时扫码使用，也可以在读者门禁和自助设备中使用；深圳图书馆推出的二维码读者证借阅服务，使读者可以通过深圳图书馆的微信服务号办理借阅，使用二维码读者证进行借阅服务；辽宁省图书馆推出了二维码电子证借阅服务；山西省图书馆推出了二维码电子证服务，即读者在图书馆微信公众号中绑定读者证生成个人二维码电子证，即可用电子证借阅。

对移动智慧借阅服务的调研结果显示，微信借阅服务的覆盖率最高，达到了85%左右，而支付宝借阅和二维码电子证借阅服务的覆盖率较低，为30%左右。

2. 单向智慧借阅服务向 O2O 线上线下智慧借阅服务转变

单向服务指的是图书馆线上服务以及线下服务的分离。O2O 是一种电子商务模式，指顾客在线上购买服务以及商品，在线下获得商品并享受服务的一个过程。图书馆利用这一模式来实现图书馆线上线下借阅服务的互动融合。例如，深圳图书馆推出的网上预借以及新书直通车服务，可以为读者送书上门，方便读者通过深圳图书馆的微信服务号、支付宝城市服务中的图书馆服务、网站等预借图书馆的图书并选择快递到家的服务；辽宁省图书馆、山西省图书馆、湖南省图书馆亦推出了线上借阅，线下快递到家服务，同时在还书时选择"预约还书"就可以实现快递人员上门取书；内蒙古图书馆推出"彩云服务"，读者通过"彩云服务"手机App即可实现在线上下单借阅书籍，在家就可收到物流公司送来的纸质书籍。

3. 信用借阅服务开始受到关注

公共图书馆的信用借阅服务是指图书馆用户基于第三方信用服务平台支付宝的芝麻信用指数，依据一定的标准免除押金而享受公共图书馆提供的借阅服务。公共图书馆为用户提供信用借阅服务，促进了图书馆用户信用意识的建立，也深化了移动互联网在公共图书馆领域的应用。近年来，公共图书馆相继开始了对信用借阅服务的探索并进行了实践。例如，上海图书馆结合支付宝芝麻信用推出的信用借阅服务，规定上海市读者的芝麻信用分超过650分即可线上免押金借书，而市民只需要一键授权；辽宁省图书馆、山西省图书馆、湖南省图书馆启动了支付宝芝麻信用免押金线上借书、快递到家服务，规定读者的支付宝芝麻信用分在600分以上就可以在手机支付宝App的芝麻信用借书入口处免押金办证、借书、快递到家。

（二）个性化智慧参考咨询服务

个性化智慧参考咨询服务主要体现在公共图书馆引入即时通信（instant messaging,IM）实时咨询机器人为图书馆用户提供的咨询服务上。公共图书馆引入咨询机器人可以有效地提高图书馆咨询服务效率，减轻图书馆工作人员的负担，让图书馆工作人员有更多的时间为用户提供更好的图书馆服务。

IM咨询机器人能够进行智慧回复以及关键词自动匹配。IM咨询机器人的机器人系统和公共图书馆预设的知识库进行连接，当用户在机器人显示屏中输入想要知道的问题后，机器人即可通过主题匹配方式或者关键词，在图书馆的知识库中查找答案然后为用户解答。IM咨询机器人可以为图书馆用户提供实时咨询服务，帮助用户快速获得想要的信息。例如，上海市图书馆使用了参考咨询机器人"图小灵"，主要放置在办证处和中文书刊外借室接受读者问询。"图小灵"不仅能在图书馆没有馆员值守的情况下为用户处理一些业务问题，还可以帮助读者查询天气、路线，当使用图书馆自助机器的人们排队的时候，也可以与用户进行互动，如陪用户聊天。深圳图书馆使用了IM咨询机器人"小图丁"，其可以回答用户经常咨询的问题，为用户提供实时咨询服务，帮助用户更加方便地获取自己想要的信息，同时可以为工作人员提供对话质量、数量，用户评价以及在线时长等方面的分析。辽宁省图书馆使用了咨询机器人

"图图"，"图图"可以回答用户的一些简单提问，为用户的一般性咨询进行解答，也可以为小朋友讲故事、唱歌，同时"图图"还可以与用户进行互动，在用户发出问路语音后为其指路。湖北省图书馆的咨询机器人是根据用户需求定制的，可以满足用户的各种需求，如馆藏书目检索、为儿童讲故事、咨询解答等。在对书目进行检索时，用户可以直接用语音说出所需检索书目的名称，机器人则会根据用户需求进行分析然后为用户提供书目索引号信息。在一些关注度较高的关于图书馆业务的基本问题上，如借阅证办理、借阅规则、图书馆开馆时间等，用户可以向机器人直接进行咨询就可了解图书馆业务的基本问题。

目前，我国公共图书馆对于咨询机器人服务的运用还相对较少，咨询机器人在满足用户个性化需求方面也较为有限，灵活度还有待提高。通过对选取的公共图书馆样本的调研，可知这些公共图书馆的咨询机器人服务的覆盖率为30%左右。

（三）个性化智慧推荐服务

个性化智慧推荐服务是指图书馆基于大数据技术，根据用户的特点和兴趣，为用户推荐感兴趣的信息，这是一种主动的深层次个性化服务方式。公共图书馆通过对网络信息数据的挖掘，从而深入了解图书馆用户的兴趣和需求，为用户提供个性化的推荐服务。

1. 用户信息数据的准确挖掘

数据的挖掘是从众多的数据库中得到一些人们感兴趣的、潜在的、隐含的知识。个性化智慧服务的数据挖掘是从各大数据库以及网络信息空间发现的隐含其中的知识信息。公共图书馆对用户信息数据的准确挖掘有利于发现用户信息数据之间的关联，并为之后的预测以及决策提供知识信息支撑。

2. 个性化用户信息的主动推送

公共图书馆在数据挖掘的基础上根据用户的需求为其进行主动的信息推送。个性化信息的推送会将自动搜集到的图书馆用户感兴趣的信息主动定期、不间断地推送给用户。个性化用户信息的主动推送帮助用户节省了信息寻找的时间，提高了用户获取信息的效率。

首都图书馆推出阅读推荐服务，为用户提供中文图书、外文图书、试听以及电子图书的推荐服务。上海市图书馆在手机 App 中应用 iBeacon 技术，并且结合位置定位、二维码等常用的移动技术提供智慧推荐服务。iBeacon 技术可用来激活阅览室，读者在阅览室可以随时知道自己所在的楼层及阅览室的具体位置，通过点击 App 上的地图即可查看阅览室的详细信息以及该阅览室的最新读者活动。读者可以通过手机 App 查看热门及推荐图书或者检索感兴趣的图书，并查询上海市内其他的图书馆的馆藏状态。同时，读者如果想要外借图书可以用手机 App 进行定位，并直接通过 App 添加到索书列表提交索书请求。图书馆手机 App 在图书出库之后会及时将出库提醒推送给读者，读者收到提醒后就可以直接去出纳台借书。吉林省图书馆的个性化智慧推荐包括相关借阅、可能感兴趣的图书、同名作者的其他著作、相关收藏。

二、立体互联式服务的实践状况

公共图书馆的立体互联式服务是指图书馆实现互联互通以及信息共享，图书馆智慧服务的立体互联主要指的是图书馆基于云计算技术、物联网 RFID 技术、大数据技术而实现的馆与馆之间的互联、馆与人之间的互联、人与人之间的互联。

馆与馆之间的互联主要体现在馆际的合作上，不同的级别、地区、类型的图书馆之间突破地点、时间、体制等的限制从而达成馆际间的互联互通。馆际合作的智慧化则主要体现为基于云计算技术而建设的图书馆联盟云服务平台。例如，首都图书馆与北京市内的 110 余家各体制类型的图书馆联合建设的"首都图书馆联盟"平台，使读者只需要用一张读书卡就可以浏览百余家图书馆的文献资源，做到"一馆办证、各馆通用""一卡借阅、就近还书""一馆藏书、各馆共享""一馆讲座，各馆转播""一馆咨询、多馆服务"；上海图书馆联合金陵图书馆、浙江图书馆、南京图书馆、安徽图书馆成立的"长三角地区图书馆视障服务联盟"平台，实现长三角地区图书馆视障文化服务的资源共享，共同助力长三角地区的视障阅读；深圳图书馆与深圳各类型图书馆合作，共同建设了联合服务平台——"深圳文献港"，注重数字资源的统一揭示与服务，涵盖了各成员图书馆的资源，包括知识服务和馆际互借服务，促进了资源的共建共享；吉林省图书馆与长春高校系统、公共系统以及科研系统的图书馆建设的"吉林省图书馆联盟"平台，在馆际互借、联合采购、资源建设等方面进行合作；辽宁省图书馆联合辽宁省各公共图书馆、高校图书馆联合建设的"辽宁省公共、高校图书馆联盟"平台，可使读者享受各成员馆的文献资源；湖南省图书馆、湖北省图书馆、安徽省图书馆等公共图书馆联合建设了"湘鄂赣皖公共图书馆联盟"平台；四川省图书馆加入了"丝绸之路国际图书馆联盟"平台；云南省图书馆参与建设了"云南省公共图书馆参考咨询联盟"服务平台。

馆与人之间的互联主要体现为公共图书馆基于物联网 RFID 技术提供的

RFID 智慧自助服务，可以让用户享受不受时间、地点限制的泛在化服务。RFID 自助服务主要包括自助借还书机、24 小时自助图书馆的自助借还书服务以及其他自助服务，如自助办证、自助复印、自助充值等。通过对选取的公共图书馆样本的调研，可以得知这些公共图书馆都应用了 RFID 技术，对 RFID 技术应用最多的服务为自助办证、自助借还书服务。例如，这些公共图书馆都在馆内放置了自助借还书机，并建设了 24 小时自助图书馆，为用户提供自助借还书服务。

人与人之间的互联主要体现为馆员与用户之间的互联以及用户与用户之间的互联。馆员与用户之间的互联主要体现在图书馆工作人员基于新的技术为用户提供的服务上，如基于大数据分析技术提供的个人阅读账单。例如，深圳图书馆在年末为用户提供的个人阅读账单是图书馆工作人员进行设计的，从海量的用户数据中提取用户较为关心的数据，并按照主题进行分类，让用户能够清晰地了解自己一年的图书馆使用情况以及阅读数据。用户与用户之间互联主要体现在用户与用户之间的线上图书转借服务上，需要借书的用户与需要还书的用户在线上进行转借确认，确认好之后即可双方约定见面进行二维码扫码确认转借图书。例如，深圳图书馆推出的文献转借服务，支持用户之间通过手机版"我的图书馆"App 进行图书的转借；内蒙古图书馆的线上图书转借服务支持用户之间通过"彩云服务"手机 App 来进行线上扫码确认，如果用户之间无法见面还可直接通过预约附近的彩云智能中转云柜来完成，即还书的用户对云柜进行扫码开箱并将图书放置在箱内，借书的用户再对同一台云柜进行扫码开箱即可完成图书转借手续。

三、空间再造服务的实践状况

信息技术的快速发展改变了知识信息交流、传播以及获取的方式，用户对于泛在知识环境的需求也越来越高。随着图书馆的服务逐渐向"以用户为中心"转变，图书馆成为用户进行交流、学习以及研讨的一个重要空间。图书馆空间在图书馆智慧化建设过程中具有不可忽视的重要作用，其被赋予了更多的服务功能。图书馆空间在智慧服务中体现为其空间可以满足用户复杂多变的需求，提供感知、智慧的服务。传统的图书馆空间已经无法满足用户的需求，而随着图书馆智慧化建设的需要，各公共图书馆加强了对图书馆空间再造的实践探索。

经过调研，将近一半的公共图书馆都打造了创客空间，但是由于各公共图书馆所在地区经济存在差异以及服务理念有所不同，打造的创客空间也有所区别。例如，上海市图书馆在国内最早进行了创客空间的探索，在2013年打造了新空间"创·新空间"，以创新工具、馆藏文献、数字技术为基础，以文化创意为核心，以"知识交流、激活创意"为主题，以不同类型的创新型活动项目为载体，营造一个创新的氛围，实现创新灵感和设计的衔接，打造一个信息共享、学习交流的复合型新空间，为创新者提供孵化空间。深圳市图书馆打造了集"学习、探索及开拓思维"于一体的创客空间，并在空间内设有四个功能区域：创意作品展示区、创意设计制作区、讨论交流区、研究学习区。在这个空间内，青少年用户可以进行创意交流以及实践。深圳图书馆的创客空间提倡用户进行创新活动，将创客的一些特质传递给用户，如创客的观念、想法、能力以及素养。同时，其也提倡用户进行实践活动，对用户的创新力、想象力、协作能力进行培养，并将3D打印、机器人实训、手工机床等一整套创客文化服务体系引入空间内。黑龙江省图书馆打造了创客空间，在创客空间内提供虚拟现实体验，开展机器人教育培训活动，还开展专注力和记忆力训练课、速读体验课、手工创意课等系列开发智力的课程，同时开展疯狂英语、体能训练沙龙、易物沙龙等活动。云南省图书馆打造了青少年创客文化空间，提供教育、文化以及创客类型等相关培训和讲座。

　　这些公共图书馆的空间再造服务除了创客空间的打造外，还包括知识共享空间、文化交流空间以及绿色物理空间的打造。知识共享空间包括研讨空间、学习空间、新技术体验区等，文化交流空间包括学术交流空间、休闲交流空间、文化娱乐空间等。绿色物理空间是将绿色环保技术应用于图书馆物理空间上而形成的。例如，首都图书馆改造北京地方文献数字书房，提升"北京学"研究环境；改造古籍阅览室，营造中华传统文化研究和交流氛围。吉林省图书馆打造了娱乐休闲空间，建设数字电影放映室、4D影院；打造了绿色物理空间，使用光伏发电、地源热泵技术让图书馆物理空间变得更加节能、环保；利用信息发布系统、智能楼宇控制等技术使图书馆的空间服务变得更加智慧化和人性化。山西省图书馆打造"悦读'心'体验"空间，用户可以通过红外感应和影像动作识别技术体验神奇的"空中翻书"，也能借助图像识别和人体红外检测法矫正阅读的坐姿，还能在这里借助视频识别技术玩捕捉动作的"体感游戏"。湖北省图书馆打造绿色物理空间，如在馆内应用冰蓄冷、地源热泵、低温送风等环保系统来运行其中央空调；在建筑外面建立了保温屋顶，其一大特色是屋顶可以用来种植绿化；在馆内供水方面应用了群组集热太阳能系统；在建筑的管理上应用了楼宇自控系统，实现对建筑中的机电设备进行统一管理。湖北省图书馆打造学术交流空间、项目研讨空间；开设咖啡厅，建设空中花园，打造读者交流休闲空间；开设音乐厅、影视观摩厅等，打造文化娱乐空间。安徽省图书馆打造面向读者的"交流空间""人文空间""休闲空间"。四川省图书馆打造公共数字文化服务区，分为影音体验、新媒体、智慧家庭图书馆等六个区域，可实现读者海量数字资源查询利用、高品质影音欣赏、新媒体互动体验等功能。

四、虚拟体验式服务的实践状况

公共图书馆的虚拟体验式服务是基于 VR 技术而提供的沉浸体验式服务。虚拟体验式服务在公共图书馆智慧服务中体现在三个方面：图书馆资源管理与检索、VR 阅读以及空间导航与漫游。在所调研的公共图书馆中，虚拟体验式服务主要体现在 VR 阅读上。例如，黑龙江省图书馆为用户提供多视角的 VR 体验，有安全科普、禁毒互动场景等。吉林省图书馆利用 VR 虚拟现实技术举办了 VR 贺新春数字文化虚拟现实体验活动，并不断更新 VR 活动素材，在2019 年设计了全新 VR 场景，将春节期间的传统年俗以及民间故事用 VR 场景进行展示，设计实景交互体验情节，让用户沉浸式感受春节文化，加深用户对传统文化的了解。辽宁省图书馆设立 VR 体验区，将虚拟现实技术应用到传统文化中，为用户构建身临其境的沉浸式场景。深圳图书馆、湖北省图书馆以及湖南省图书馆提供虚拟现实体验 VR 活动。在图书馆资源管理与检索方面，将 VR 技术应用在文献检索的过程中，可以导引用户的具体操作。例如，深圳图书馆将图书馆进行 3D 建模，在三维位置中准确标示图书馆资源的位置，为用户提供资源导航服务。上海图书馆建立了"虚拟—现实图书馆服务体系"。在空间导航以及漫游方面，深圳图书馆的各空间布局以三维图展现出来，并辅之以文字说明，使用户能够清楚图书馆的空间布局。

由于应用 VR 技术的成本较高以及技术存在壁垒，这些公共图书馆对于 VR 技术的应用还不够深入，应用的范围较为有限。

五、公共图书馆智慧服务的成效分析

（一）东部地区公共图书馆智慧化发展较为发达

东部地区公共图书馆依托其经济优势大力推动图书馆智慧化的发展，与其他地区公共图书馆智慧化程度相比，其智慧化程度较高，智慧化发展较为发达，提供的智慧服务内容也相对深入。东部地区公共图书馆在新技术的应用上相对较早且较深。例如，在 RFID 技术的应用上，东部地区公共图书馆不仅应用于自助借还书服务上，还应用于智能书架、安全门禁等服务上。深圳图书馆还将 RFID 技术应用于图书快速盘点、智能书车、图书分拣服务上。上海图书馆较早推出结合 iBeacon 技术与位置定位、二维码等技术的定位服务，用户可以通过手机 App 快速定位图书所在的书架位置，在经过阅览室时可以随时知道自己所在的楼层及阅览室的具体位置，通过点击 App 上的地图即可查看阅览室的详细信息以及该阅览室的最新读者活动。

（二）联盟模式逐步搭建，智慧服务打破各自为政、单打独斗服务模式

众所周知，馆藏资源是公共图书馆开展智慧服务的基本要素，公共图书馆需要构建立体式、交互式、多元化的文献资源体系，才能满足社会用户广泛多元的公共文化服务需求。近年来，无论是纸质文献资源还是电子文献资源的数量和价格均在逐年上升，而各级政府为各级公共图书馆文献资源体系建设拨付的经费尚无法与文献资源增长速度相匹配，面对这种状况，公共图书馆界采用不断加强联盟建设的方式纾解这一困境。

2017 年，《"十三五"时期全国公共图书馆事业发展规划》明确图书馆联盟的专业指导和业务合作双线发展模式，将京津冀、长三角等地区作为图书馆联盟试点区；《中华人民共和国公共图书馆法》（以下简称《公共图书馆法》）第四十条、第四十八条分别从文献、数字、信息、业务、人力等角度规定了联盟细则，推进图书馆联盟的法治化进程。据调查，公共图书馆界现有全国公共图书馆讲座联盟、全国图书馆参考咨询联盟、全国图书馆信息服务无障碍联盟、粤港澳大湾区公共图书馆联盟、长三角公共图书馆网借图书服务联盟、浙江省公共图书馆信息服务联盟、陕西省公共图书馆服务联盟、吉林省图书馆联盟、重庆区域性公共图书馆联盟等全国性、跨区域及省、市域图书馆各级各类联盟。联盟强调从资源、服务、信息等方面加强合作，有效提高了馆藏资源的利用率，使各地区文化相融相通，打造了"优势互补、功能复合、智慧互联、开放共享"的图书馆联盟，打破了公共图书馆各自为政、单打独斗的智慧服务模式。

公共图书馆通过联盟形式共享馆藏资源、人力资源、空间资源。这种联盟服务方式不仅可以为国家节约部分财政经费、提高馆藏资源利用率，还有效提高了公共图书馆的服务效能，但此种联盟合作方均为图书馆业内机构，无论是服务资源、服务人员还是服务空间均存在一定的局限性。公共图书馆界应主动出击，挖掘各界资源、延伸服务职能、提升服务空间，积极寻求跨界合作，利用多方面资源，为广大用户提供随时、随地、触手可及的公共文化服务。

（三）各公共图书馆智慧服务各具特色

这些公共图书馆在提供智慧化创新服务时基本上结合了自己的情况。首都图书馆打造"市民学习空间"，实现了线上及线下实体空间内的互动学习与交流；上海市图书馆应用 iBeacon 技术为读者提供定位服务，以及使用参考咨询机器人"图小灵"与读者进行互动；深圳市图书馆建设"图书馆之城"统一服务平台，为读者提供了便捷、高效、无差别的一站式图书馆服务；黑龙江省图书馆建设"智慧书房"，不仅提供数字资源的在线阅览，还支持用手机进行下载；吉林省图书馆利用 VR 技术举办的 VR 贺新春数字文化体验活动，为读者提供了沉浸式的新春文化体验；辽宁省图书馆提供"辽图约书"服务，使辽宁省读者不出家门，即可实现网上借书、送书上门；山西省图书馆提供"颜值识别借书"服务，使读者通过在山西省图书馆的微信公众号中输入人脸信息并绑定读者证就可以通过人脸识别免证借阅；湖北省图书馆建设"楚天智海"学习中心，创建学术交流空间、创客创业空间、项目研讨空间、文化传播空间；内蒙古自治区图书馆推出"彩云服务"，读者可以在任一地点的任一书店直接下单借书；四川省图书馆建设智慧家庭图书馆，为全省每个电信家庭建立了虚拟书房。

（四）各公共图书馆智慧服务以人为本

各公共图书馆在为用户提供智慧创新服务时，以人为本，以用户为中心，让用户能够高效便捷地使用图书馆的服务。公共图书馆提供的 RFID 服务，使得用户在借还书方面更加自助化，其中 24 小时自助图书馆、24 小时街区图书馆的使用为用户随时随地借还书提供了便捷高效的服务。公共图书馆内放置的咨询机器人不仅可以为用户解答一些基础问题，还可以与用户进行一定的互动，使用户在不需要求助图书馆工作人员的情况下也能了解图书馆的一些基本信息，而图书馆工作人员对咨询机器人的用户咨询记录进行整理就可以了解用户的一些需求，从而有针对性地改善图书馆提供的服务，让图书馆的服务变得更加高效。图书馆提供的支付宝芝麻信用借阅服务让用户的借书过程变得更加简单，比如用户在家就可以完成借书的过程，不需要支付押金就可以享受书本快递到家的服务。这些公共图书馆提供的智慧创新服务为用户带来了极大的便利，让图书馆的服务更加深入人心。

（五）各公共图书馆智慧服务以技术应用为主

各公共图书馆提供的智慧创新服务基于现代技术的应用，将创新技术融合到图书馆的服务中，提高图书馆服务的效率。RFID 服务是基于 RFID 技术的应用而提供的服务，RFID 技术是一种非接触式的自动识别技术。RFID 技术的引入实现的自助借还、智能盘点、自动分拣等服务，使图书馆馆员从传统的借还书、图书分拣等工作中解脱出来开展其他的服务，同时方便了读者。VR 体验区应用了 VR 技术，VR 技术给用户一个沉浸式的数字阅读体验，让用户更直观地感受文化的魅力。云服务是基于云计算技术的应用而提供的服务，包括各种云平台服务。人工智能服务是基于人工智能技术而提供的服务，包括图书馆提供的咨询机器人服务。大数据服务是基于大数据技术的应用而提供的服务，在图书馆中主要应用于阅读账单、数据展示墙、用户数据采集、用户画像、数据挖掘与集成、用户荐购、阅读推荐以及数据竞赛等。

六、公共图书馆智慧服务的问题分析

虽然公共图书馆都意识到了图书馆智慧化建设的必要性，并结合自己的具体情况开展了智慧创新实践，提供相应的智慧服务，并取得了一定的成果，但还是存在一些问题。

（一）新兴信息技术发展速度与稍显滞后的相关标准及法律出台进度

随着经济社会的发展，我国公共文化事业依托新兴信息技术的发展进入了智慧服务时代。例如，公共图书馆通过人脸识别技术、大数据技术、定位技术等挖掘、分析用户需求，向用户推送相关服务信息及资源信息；通过资源共享和数据传输提高资源利用率；应用物联网技术将支付宝平台及图书馆的网约书库进行对接，以用户的个人信用为保障，向用户提供借阅服务；应用新兴信息技术为用户打造云平台，提供网上展览、知识问答、云端阅读等线上服务。诸如此类的应用新兴信息技术为用户提供智慧服务的案例不胜枚举。新兴信息技术以迅猛的发展速度浸入图书馆智慧服务之中，但需要看到，新兴信息技术在给图书馆创造效能的同时，相伴而生的还有用户隐私、数据安全、文献版权等一系列现实问题。与新兴信息技术应用相关的业务标准、服务标准及法律法规，必须加快研究、出台进度，并与之配套衔接。

近年来，国家相继颁布了《公共图书馆服务规范》《中华人民共和国公共文化服务保障法》《全民阅读促进条例（草案）》《公共图书馆法》《数字图书馆资源管理指南》等一系列与图书馆相关的行业标准和法律法规，为图书馆开展公共文化服务提供了保障。但也应看到，公共图书馆与支付宝、微信、抖音等第三方软件进行合作，涉及用户个人信息安全问题；图书馆开展纸质资源数字化、展览及讲座资源共享等工作和服务过程中的版权问题；图书馆通过人脸识别技术搜集用户信息等。凡此种种，很多问题依靠现有标准及已经颁布的法规尚不能囊括。众所周知，行业标准与法规的起草、制定与颁布需要在实践的基础上去拟定、完善与实施。所以，现阶段存在新兴信息技术发展速度与相关标准及法律出台进度稍显滞后的问题。

（二）公共图书馆的智慧化管理有待加强

公共图书馆要想实现智慧化发展，离不开智慧化的管理。目前，公共图书馆的管理大多是单向的管理，用户在参与活动时被动地接受图书馆的管理。在这种被动的单向管理方式下，图书馆用户的意见很容易被忽略，这并不利于图书馆达到"以用户为中心"这一目标，无法满足用户对于图书馆复杂多变的需求。在对公共图书馆的调研中，可以发现图书馆为其智慧服务的用户提供的反馈渠道很少。用户在接受图书馆提供的智慧服务后如果想对某一具体智慧服务进行意见反馈，并不是很容易。在公共图书馆的智慧化管理中，馆员也起着重要的作用，其专业性也有待加强。

（三）公共图书馆重应用轻开发的现象有待改善

从公共图书馆提供的智慧服务来看，不少图书馆都存在注重技术的应用而忽视开发的问题。大多数图书馆主要是靠业务外包等方式来实现智慧创新服务，这导致对智慧创新服务的开发力度不够。首都图书馆自主研发的智慧服务主要是在线学习互动平台——市民学习空间；上海图书馆自主研发的智慧服务主要是"上图发现"知识资源发现服务平台以及上海市"城市公共文化机构移动服务平台"；深圳市图书馆自主研发的智慧服务主要是结合图书分拣与立体智能技术设备的调剂书库项目以及"图书馆之城"统一服务平台；黑龙江省图书馆自主研发的智慧服务主要是黑龙江省图书馆大数据分析平台、"龙江学习中心"服务平台、"文化共享工程黑龙江网络点播台"新媒体服务平台以及讲座直播系统；辽宁省图书馆自主研发的智慧服务主要是辽宁省公共图书馆数字文献信息资源平台以及图书馆联合参考咨询平台；湖北省图书馆自主研发的智慧服务主要是公共文化数字服务平台及其移动服务平台"云上鄂图"；安徽省图书馆自主研发的智慧服务主要是公共电子阅览室信息管理云平台以及"云阅读"云服务平台；内蒙古图书馆自主研发的智慧服务主要是"彩云服务"云服务平台。这些公共图书馆自主研发的智慧服务数量较少，且自主研发的智慧服务基本上是云平台服务，由此可以看出图书馆对于智慧服务的自主研发力度还远远不够，对于服务内容的研发也需要注意多样性的问题。

（四）公共图书馆的服务广度及深度有待加强

智慧化图书馆提供的服务应该是"以用户为中心"的泛在化服务，让用户随时随地使用图书馆的服务。目前，图书馆的服务覆盖范围比较有限，要实现服务的泛在化还需要进一步扩大自己的服务范围。例如，各大公共图书馆虽然基本上建立了24小时自助图书馆，但是建立的数量还比较少，离用户随时随地使用图书馆的服务还有一定的距离。

图书馆目前开展的智慧服务多数集中于传统服务领域，如移动服务、云服务等，与智慧数据、智慧物联等关联较大的智慧服务的开发和运用相对较少，这也导致这部分的智慧服务发展比较缓慢。例如，多数公共图书馆在基于RFID技术的应用中，只用于自助借还书服务，而用于图书馆分拣及物流系统、图书数据及财产管理、图书盘点、书库管理等服务比较少。

（五）公共图书馆的功能需求空间改造有待完善

随着信息技术的发展，图书馆提供的阅读和学习空间已经不能满足用户的需求。对于图书馆来说，图书馆空间是用户需求和服务功能的表现方式，图书馆的空间布局也应随着用户需求的变化而不断进行调整。图书馆需要不断利用科技手段来提升图书馆"第三空间"的智慧服务，着力打造图书馆的新功能需求空间：文化空间、学术空间、社交空间、休闲阅读空间、体验空间。目前，图书馆的空间再造与智慧服务的融合大部分情况下只是功能的简单叠加，创新融合的程度还需要加强。图书馆可以引进智慧仓储技术，实现高密度存储、自动化高速取还书、自动化保温保湿、座椅自动跟随和自动归位等，将RFID的智慧化改造与空间功能、服务功能融合，也可以将移动服务与图书馆虚拟空间、创客空间建设相融合。虽然一些图书馆已经进行了实践，但是新空间的改造尚需要融合新的服务理念、服务功能以及服务内容。

（六）不同地区的公共图书馆智慧化发展不平衡

通过对13个一级图书馆智慧服务的调查，可以看出东部地区的公共图书馆提供的智慧服务程度最高，东北地区的公共图书馆的智慧服务程度整体要高于中部地区的公共图书馆，西部地区公共图书馆的智慧服务整体情况在四个地区中最差。

一方面，东部地区的公共图书馆由于所处地区经济发达，政府的财政支持力度较大，在人力、资金的投入方面得到了相应的保障。而西部地区的公共图书馆受财政制约，硬件设施不如中东部地区，现代高科技技术的应用也相对迟缓。例如，云南省图书馆的购书经费、信息化建设经费、日常运行经费、人员经费等比较紧张，馆舍陈旧、设施老化、资源短缺等问题较突出，在这种情况下，云南省图书馆开展智慧服务缺乏有力的支撑。西部地区公共图书馆的智慧化发展相对滞后，提供的智慧服务也相对较弱。图书馆的智慧化发展依托于现代信息技术、智慧设备、充足的资金以及物理建筑空间，需要大量的人力、物力来保障其智慧化发展。由于西部地区的公共图书馆在智慧化建设中资金不足且缺乏足够的专业人才，导致其开展智慧创新服务的能力还有较大的提升空间。例如，3 个西部地区公共图书馆在人工智能服务方面并没有进行实践，在移动创新服务方面只有云南省图书馆提供了手机扫码阅读，提供的智慧服务内容相对较少。

另一方面，东部地区的公共图书馆与国外图书馆的交流更加频繁，能更快了解吸收国际上图书馆界的一些新理念、新技术，以此借鉴国外优秀图书馆的经验来不断发展自己，也能更好地提供智慧创新服务。例如，首都图书馆参加国际图联大会和美国图书馆学会年会，积极参与国际图书馆界的业务研讨和交流活动；组织短期境外培训，培养和造就兼具国际视野与创新精神的高素质人才，选派业务骨干赴英国和美国开展短期培训，学习和借鉴国际先进的管理模式和实践经验；并且开展"首都图书馆与国外图书馆开展合作交流工作项目"，加深与国外图书馆的合作交流。上海市图书馆加强国际文献传递和馆际互借业务，并且进入亚太地区借入馆前 20 名，是唯一上榜的中国大陆地区图书馆；在借出馆的排名中亦较为靠前，也是中国大陆地区排名最靠前的图书馆。

第三节　智慧图书馆建设视域下公共图书馆的阅读推广发展策略

一、树立立体化智慧服务思维

公共图书馆服务的群体十分广泛，这些群体阅读需求的跨度也很大，因此图书馆读者智慧服务应树立立体化服务的理念，根据读者呈现出来的需求趋势，丰富自身的读者服务形式。当前，图书馆读者的学习需求和科普需求较迫切，成为新时期读者的典型特征。为了满足读者的新需求，图书馆应充分发挥智能终端的服务优势和移动网络技术优势，为读者提供即时化和碎片化的知识服务。图书馆要转变传统的读者服务理念，积极提供线上体验阅读与下载等服务，同时要利用智能化设备，如利用智能机器人为读者提供参考咨询等服务。读者体验是影响读者服务质量的又一重要因素，新时期图书馆读者服务应区别以往单一、缺乏互动的服务形式，利用虚拟现实技术、增强现实技术等为读者建设一个能够立体化、形象化展示资源的平台，并提供虚拟书架、图书定位等多项智慧化服务。

二、加快相关法律及政策的出台，为智慧服务提供保障

（一）细化经费拨付条目，设立智慧服务专项经费

《中华人民共和国公共文化服务保障法》第四十五条规定了各级政府根据公共文化服务的事权和支出责任安排所需经费的基本制度，但此条法规比较宏观，只对拨付文献资源购置费有明确的预算经费项目，智慧服务相应经费未列入具体预算条目。为保障智慧服务持续运转，笔者建议各级财政部门在制定经费预算时增加预算项目，对公共图书馆开展智慧服务涉及经费具体条目进行细化，将各级公共图书馆智慧服务硬件设施及软件设施购置费、运营费等费用纳入其中。

（二）完善用户信息条目，确保用户个人信息安全

公共图书馆智慧服务是以人脸识别技术、RFID技术、大数据技术、定位技术等为支撑的，依托这些新兴信息技术开展数据挖掘、资源整合、信息推送等智慧服务。服务过程中需要获取肖像、姓名、性别、身份证号等用户个人信息。现在《公共图书馆法》在用户个人信息保护方面存在"保护义务主体失之过窄""侵权行为未全面列举""未对用人者责任作出规定"的问题。可从根据对用户信息数据的实际控制来确定保护责任人、对侵权行为全面列举、对用人者责任作出规定三方面，完善现有《公共图书馆法》相关条目，避免公共图书馆智慧服务陷入侵犯用户个人隐私的纠纷中，在确保用户个人信息得到法律保护的同时，推动智慧服务合法化进程。

（三）制定智慧服务标准，规范智慧技术应用服务

随着智能时代的到来，公共图书馆不断改变服务方式、调整服务模式，

逐渐引进智能设备，为用户提供更为优质、高效的服务，运用物联网技术、云计算技术、大数据技术等搭建数据平台，开展借还、检索、咨询、空间等服务项目的智慧服务，为用户提供高度自动、个性鲜明的定制式、体验式服务。但目前，智慧服务尚处于"各自为政"的状态，各级公共图书馆开展智慧服务时涉及的技术应用与相关服务没有统一的标准，不利于未来智慧时代图书馆全域资源的融合与对接。面对这一现状，制定智慧服务技术应用与服务标准成为当务之急。笔者呼吁相关部门牵头组织专家团队制定标准，指导公共图书馆智慧化系统的研发、设计、应用和服务。

三、建立智慧服务体系，为智慧服务提供全域资源

（一）以各省域联盟为基础，建好全国智慧服务体系根基

馆藏资源、智能设备、智慧馆员是各级公共图书馆开展智慧服务的基本保障，各省级公共图书馆因其服务地域、服务人口及行政级别的天然属性，具有优于其他基层公共图书馆的资金、资源和人力优势。建立各省域公共图书馆联盟，将省域内各市、区、县级公共图书馆设为智慧服务体系的节点，通过联盟体系建设共享省级公共图书馆现有资源，可以缩小省域内联盟成员资源差距，尽量达到各省域内智慧服务资源配置平衡，同时将各级公共图书馆特色资源通过联盟平台进行分享，做到互通有无、优势互补，从而做好智慧服务体系根基建设工作。笔者对我国 20 家省级公共图书馆联盟建设情况进行调查，结果显示大部分省份已建立省域联盟，如陕西省公共图书馆联盟，其成员馆已经达到 107 家，在全省公共图书馆中的占比达到 96.3%，基本建立起了全省公共图书馆文献资源信息互联共享体系。

（二）以跨区域联盟为框架，夯实全国智慧服务体系结构

2021 年是"十四五"开局之年，各图书馆如何按照《中共中央关于制定国民经济和社会发展第十四个五年规划和二〇三五年远景目标的建议》的要求谋篇布局，实现"十四五"期间的高质量发展，开好局、起好步至关重要。公共图书馆应搭建以各级公共图书馆为节点、以省域联盟为基底、以跨区域联盟为框架，由点到面的交互式智慧服务体系。图书馆人应该认真谋划、制定智慧服务体系建设的近期、中期及长期目标，指导其成员馆融合和使用新一代智能技术，开展智慧知识生产，实现图书馆资源智能管理，以满足多元化、个性化、智能化、智慧化、绿色化等知识服务需求。例如，湖南、湖北、江西、安

徽、山西、河南六省公共图书馆于 2020 年 9 月 27 日成立中部六省（湘鄂赣皖晋豫）公共图书馆联盟。该联盟计划在协调文献采购、编制联合书目、共同开发文献、加强古籍保护和资源共享、交流办馆经验、建设数字资源、培养专业人员、开展研讨活动等方面开展合作。

（三）以全国性联盟为链接，打造全国智慧服务体系架构

党的十九大报告提出建设"智慧社会"，从社会全局出发，进行城乡一体、"四化"同步的智慧化发展顶层设计，为国家发展、社会进步、科技创新以及个人终身学习和全面发展提供智慧化知识信息服务，这既是智慧社会建设的重要目标与内容，又是智慧社会带给图书馆的历史机遇与时代挑战。公共图书馆应紧紧抓住这一机遇，打造以用户为中心、全时空智慧化服务的智慧图书馆。2020 年，国家图书馆提出全国智慧图书馆体系建设思路，推动了全国图书馆空间、资源、服务、管理的全面智慧化升级，使图书馆事业更好地服务于国家创新发展和公众学习阅读。打造以各省域图书馆联盟为根基、以跨区域图书馆联盟为框架、以全国性公共图书馆联盟为链接的智慧服务体系，形成国家级知识仓储，逐步构建图书馆智慧服务体系，应成为各级公共图书馆的重点目标和任务。

四、培养智慧馆员，加强智慧管理

（一）培养智慧馆员

智慧馆员是图书馆智慧化建设中不可缺少的一个因素，是智慧化图书馆提供创新服务的核心。

在新形势下，智慧馆员面临更大的挑战：在为用户提供智慧服务时，要利用技术设备去了解用户的真正需求以及特点，通过大数据分析用户的阅读兴趣、行为、潜在需求等，以用户为中心，为用户提供个性化服务。这对馆员的素质提出了更高的要求：馆员既需要对新技术、新设备的使用有一定的了解，也需要帮助用户实现从知识发现到获取、整合这一过程。图书馆在这种情况下应该加强馆员队伍建设，培养智慧馆员，为提供智慧创新服务打好基础。

不断提升馆员的专业业务能力。图书馆应制定明确的培养计划，不断加强馆员的专业能力，并开展跨学科交流和到馆交流，为馆员提供良好的成长环境。加强馆员对相关技能知识，如现代信息技术、管理学、心理学、物联网、大数据、云计算技术、数据挖掘、人工智能等的学习。图书馆可以与高校、社

会机构以及其他图书馆之间进行合作交流，为馆员搭建交流学习的平台。

培养馆员的创新意识。智慧馆员应培养自己的创新能力，在掌握专业业务能力的基础上发展创新。馆员自己要主动学习新思维、新知识、新技术，不断提升自己的水平，为用户提供更好的服务。图书馆在馆内要大力支持馆员创新，为馆员发展创新能力营造良好的大环境，加大对创新思维的宣传力度，鼓励馆员进行创新，并建立创新人才激励制度。

（二）加强智慧管理

智慧化图书馆的管理应该强调协作、合作以及用户参与，可以采取多项举措，如提高管理和管理系统的透明度，用户参与决策过程，自动和优化管理程序，实时分析图书馆使用情况，以提高图书馆战略和决策的质量等。图书馆用户作为图书馆的利益相关者，可以参与图书馆管理。智慧管理是基于图书馆员工和用户的集体智慧，而集体智慧的基础是"一个团队可以完成一项个人无法完成的任务"。它的意义在于可以利用一群人的智慧来解决问题，依赖相互沟通和协作而不是少数人的能力。通过降低某个人执行任务或作出决定时可能发生偏颇的概率和成本，以及通过参与者数量来处理更复杂的任务，可以实现个人无法实现的任务。公共图书馆通过智慧管理可以提高服务的效率，为文化和教育作出贡献，并改善用户对相关信息和社会服务的获取。

图书馆还应当加强设施设备和技术平台的智慧化管理，建立较为完善的信息安全管理机制，全面推进信息服务系统的建设和应用，提升业务管理自动化水平和馆务信息化水平，实现传统业务自动化管理系统和数字图书馆管理系统间的互联互通，推动图书馆业务和服务全流程的数字化、网络化管理。

五、健全相关长效机制，为智慧服务提供续航动能

面对深度均等化的发展目标，和万物互联化的发展机遇，公共图书馆智慧服务内容、模式也要随之不断调整。智慧馆员是公共图书馆开展智慧服务的核心要素，面临新的机遇和挑战，智慧馆员要加强对新目标、新环境、新技术、新资源、新空间、新载体、新活动、新环境的学习与认知。

（一）建立人才引进机制，为智慧服务注入动力

图书馆智慧服务的开展需要馆员具有大数据、云计算、物联网、区块链等新兴信息技术的应用能力；具有信息搜集、数据挖掘、思维分析的能力；具有新媒体平台应用能力；具有活动宣传推广营销能力；具有熟练的智能设备操

作能力；具有智慧项目自主研发能力。因此，公共图书馆应建立专业人才引进机制，根据图书馆业务需求向人事部门申请引入专业人才。引入专业人才应制定详细的引进政策，打破常规招聘制度的限制，综合考虑所需人才的层次、结构等。同时，应对不同领域、不同层次的人才实行差异化、个性化的用人、留人政策。通过柔性、灵活的个性化用人模式，让人才的价值得以充分体现。

（二）建立 O2O 培训机制，为智慧服务赋能增效

公共图书馆在引进人才的同时，应重视现有馆员潜能的挖掘工作。图书馆现有馆员一般熟悉馆藏资源、了解业务流程、拥有实践经验，是开展智慧服务需要依靠的重要人力资源。图书馆应建立馆员长效培训机制，从现实需要和长远发展的角度出发，加强馆员业务培训，提升馆员的综合素养。图书馆应根据业务需要建立线上线下相结合的 O2O 培训机制。首先，要了解馆员培训需求，做好培训调研工作；其次，要有针对性地设计培训方案、有目的地设计培训课程、有选择性地邀请培训专家，借鉴他馆的培训经验，同时要注重人职匹配、重点突出、内外兼修；最后，要善于运用网上在线教育培训方式，利用在线课堂、远程教学等载体和平台，采用差别化、个性化和共享性结合的形式，让馆员变被动学习为主动学习、互动学习，从而最大限度地提高智慧培训的质效。

（三）建立评估激励机制，为智慧服务提供保障

资源、技术、馆员、用户构成了图书馆智慧服务基本要素，其中馆员作为服务实施者是核心要素。公共图书馆智慧服务的开展需要高质量的智慧馆员队伍，因此智慧馆员队伍的稳定性至关重要。为确保智慧馆员队伍的稳定性，以及为智慧服务提供可续航动力，公共图书馆应建立智慧馆员评估激励机制。第一，图书馆应确定智慧馆员评估指标，将智慧服务相关内容及参加培训内容、学时等纳入馆员评估体系，以季度为基础评估考核期，以年度为综合评估考核期，根据评估指标对智慧馆员的交流能力、服务能力、胜任能力进行测评。第二，应建立激励机制，将智慧馆员的评估考核成绩与馆员岗位选择、学习交流、绩效奖励、职级晋升等个人成长机遇挂钩。健全完善的评估激励机制有助于馆员及时发现自身的不足，增强馆员的危机意识，努力进行有针对性的强化培养，从而为图书馆智慧服务提供丰富的人才储备。

六、强化科技驱动

(一)强化图书馆云平台建设，提升信息化服务

构建智慧图书馆云服务平台，实现资源服务一体化、建设标准化、服务网络化。建设基于云存储、云服务和大数据的技术平台，提升信息设施管理水平，实现对各类型海量数据的有效管理、存储、分析和利用。加强业务管理系统对新的信息管理和服务环境的适应性研究与调整，完善业务统计平台，提高系统平台的运行性能和访问速度，为各项业务工作提供强有力的技术保障。利用大数据、云计算、物联网等新技术，推进数字图书馆一体化网络建设，根据用户需求加强数字资源的联合建设，提升公共图书馆数字文化服务能力。

(二)注重新技术的研究，创新服务内容

随着现代信息技术的快速发展，公共图书馆利用新技术实施创新驱动发展战略，在科技的驱动下创新服务内容。图书馆应将科技创新与公共文化服务有效融合，提升整体服务水平；应大力推进大数据技术、云计算技术、移动互联网技术、物联网技术等的研究，为图书馆转变服务模式、服务内容，满足人民群众新时期的需求提供技术支撑；应利用关联数据、聚类分析等进行交叉研究，实现公众阅读热点预测；应重视大数据技术在公共文化服务体系中的应用，对读者多元化的阅读需求进行动态分析；应完善网络体系等基础设施建设，通过 RFID 等物联网技术实现文献的智能化管理，充分利用先进技术、新兴媒体等与图书馆服务相结合开展智慧创新服务，为用户提供个性化、泛在化的服务，增强图书馆与用户之间的互动，实现用户服务的智慧化，打造既有文化传承又符合未来人们多样化需求的智慧型图书馆。

(三)加大信息安全保障系统建设

图书馆应该加大对数据安全的保护力度，并完善信息安全风险评估，建设信息安全监控体系；应提高应对网络安全事件并进行事前防范的能力，减少有害信息的流传；应健全信息安全应急指挥和安全通报制度，不断完善信息安全应急处置预案，增强信息基础设施和重要信息系统的抗毁能力和灾难恢复能力；应加大对信息安全保障工作的资金投入，加强上网信息的审查和管理，防止不良信息的发布和传播，确保图书馆信息资源和服务的绿色、安全。

七、拓展智慧服务内容

（一）延伸服务范围

图书馆应积极拓展服务领域，开展延伸服务，探索出适合自己的延伸服务模式，利用互联网等新技术，扩大服务的辐射面和影响力，延伸智慧化服务范围；应加强 24 小时自助图书馆建设，以读者需求为导向，增加人性化、个性化的服务，进一步提高服务水平与服务效能。

加强流动服务建设。建设流动图书馆，扩大流动服务覆盖范围，在公交车及站台、出租车、轨道交通等城市公共设施网络中拓展图书馆智慧化服务，呈现可阅读、可触摸、可交流的立体阅读。加强分馆和服务点建设，提高分馆和服务点建设水平，丰富分馆和服务点资源类型和服务手段，提升服务水平，建立起纸质资源与数字资源相结合、传统借阅与新媒体服务相结合的分馆和服务点服务模式。加大对社区图书馆的支持力度，完善流通网点建设，实现对分馆和服务点服务项目的量化考核。建立健全馆外图书流通体系，不断扩大服务半径，积极开展图书馆服务进机关、进企业、进社区、进学校、进军营等活动，根据具体情况，提供面向不同群体的、有针对性的服务。组织形式多样的图书"漂流"活动，让图书走进社区、商场，进入市民家庭、咖啡屋、广场公园、娱乐空间和广播电视节目。

（二）深化服务层次

完善读者自助服务，进一步提高自动化服务程度。运用移动互联、物联网、大数据技术，通过云平台支撑，实现各类新媒体系统的聚合服务，提供深层次的智慧化创新服务。聚焦各领域关键技术的应用示范，推进移动自助和自带设备的全域服务。

深层次整合文献信息资源，逐步实现馆藏信息资源揭示重点从文献层转向内容层和关系层，建立基于内容的立体化、多元化知识网络，全面提升专题知识服务能力。利用大数据技术，实时开展信息采集、抽取、挖掘及处理，为各类信息服务系统提供数据输入，提高信息服务的层次和深度。加强对有关馆藏文献信息资源利用和用户信息行为数据的挖掘与分析，以信息社群为单位，提供差异化、个性化、多元化的服务，以满足不同层次用户的多样化需求，不断提升资源整合对用户个性化信息需求的针对性与适应性。

八、打造智慧空间

推进智慧空间建设工作，为智慧服务提供多元平台。智慧化图书馆的服务方式及服务模式相较传统图书馆来说已经发生了很大的变化，实现了用户之间最广泛的互联与信息的共享。图书馆应以人为本，积极推进智慧化服务和管理，为读者营造一个自由、互助、参与的文化信息共享空间以及创意空间。公共图书馆应通过与书店、出版社、咖啡店等进行跨界合作，从而扩容传统物理服务空间；依托新媒体技术，打造云端平台；搭载 5G 网络和 VR 技术，构建虚拟服务平台，从而为用户提供面向多元文化需求的"学术空间、创新空间、社交空间、休闲阅读空间、文化体验空间""五位一体"的新型智慧服务空间，为用户提供更加专业化、智慧化阅读体验。

（一）跨界合作融合发展，扩容物理服务空间

自 2015 年国务院发布《关于积极推进"互联网 +"行动的指导意见》后，关于图书馆跨界合作的研究与实践日益增多。公共图书馆与书店、地铁、咖啡馆、银行等其他城市公共空间进行跨界合作，借助实体书店提供的丰富资源、咖啡馆提供的优雅人文环境、地铁提供的移动空间及银行提供的公共服务空间，将公共图书馆的智慧服务融入市民的衣食住行中，让空间距离不再成为人们获取文化知识的障碍，在改变图书馆仅依靠单一线下实体馆舍开展服务的传统模式的同时，使公共图书馆的物理服务空间通过"图书馆 +N"的形式得到扩容。例如，国家图书馆与京港地铁共同创意发起的"M 地铁·图书馆"、青番茄公司的"IN LIBRARY"咖啡图书馆、辽宁省图书馆与中国工商银行辽宁省分行河畔新城支行创办的"图书馆 + 银行"合作模式等，都是图书馆与不同领域、时空、行业之间的相互融合发展，拓展图书馆物理服务空间、共同服务社会大众的成功案例。

（二）依托新媒体，打造云端服务平台

随着移动互联网、云计算、物联网、大数据等技术的成熟发展和广泛应用，传统图书馆的物理空间已经不能满足用户多样化的知识需求。公共图书馆应从用户需求出发，依托微信、微博、抖音、快手、小红书等新媒体，整合公共图书馆数字资源，加强虚拟空间建设工作，为用户打造云端服务平台。2020年，在新冠疫情期间，图书馆实体物理服务空间被迫关闭，但各图书馆纷纷通过微信、抖音等新媒体平台实现虚拟空间服务，保障广大人民群众公共文化服

务供给。例如，上海图书馆在新冠疫情期间，微信平台推文阅读量屡次过 10 万，微博最高阅读量超 90 万，抖音点击量在 4 月更是在 24 小时内达 1 030 多万。试想一下，1 030 多万的点击量，如果是在实体物理空间达到这一服务量，其运转需要的时间、人力及资源成本有多高，但在线上云端平台其服务成本较低，可见依托新媒体平台打造云端服务平台是将来公共图书馆开展智慧服务的发展趋势。

（三）搭载 5G 网络和 VR 技术，构建虚拟服务平台

5G 技术对创新公共图书馆服务业态、拓宽社会力量参与渠道、提升图书馆服务效能具有重要的推动作用。5G 网络环境可以打破时空限制，让用户通过 VR 系统进入虚拟世界。VR 以计算机虚拟仿真的模式对现实世界中难以实现的情境进行三维仿真模拟，实现人体视觉和心理在虚拟和真实的世界间进行转换。图书馆可组建 VR 资源库，重建图书馆资源体系，采用虚拟现实建模语言构建三维虚拟场景，使资源栩栩如生地再现，实现文字、图像资源的三维转化，实现"人""物"交互。这种跨终端、多场景、高效性的 VR 多场景融合服务，为用户提供了全方位、立体式、体验式、沉浸式的虚拟服务空间。

九、加强对外合作与交流

以图书馆联盟为平台，以科研合作与业务协作为支撑，推动图书馆间的交流与协作，积极组织、参与地区性或全国性学术研究活动，推进业务合作项目的开发与深入开展。加强与高等院校图书馆、科研院所图书馆等各类型图书馆之间的资源共享与协同服务，建立资源互补、互利共赢的合作机制，加强国内行业之间的合作交流。

积极开展国际交流合作，拓展对外交流的深度与广度，扩大影响力和交往范围，积极开展并参与有关国际组织和行业组织的活动，不断拓展国际合作领域和合作范围，进一步发展与国外图书馆的友好关系。通过学者访问、业务培训等方式，学习借鉴国外先进图书馆的办馆理念、技术和手段。通过建立图书馆联盟、建设信息共享与服务平台等方式，推进与世界主要国家和地区有影响力的大馆之间的务实合作。

第五章 智慧图书馆建设视域下高校图书馆的阅读推广

第一节　高校图书馆阅读推广概述

一、高校图书馆阅读推广的概念

高校图书馆是高等学校教育的重要组成部分，是培养国家人才的根据地，是学生开启知识财富的钥匙。高校图书馆阅读推广是全民阅读推广的重要组成部分。高校图书馆开展阅读推广活动，不仅可以充分发挥图书馆育德、育才的作用，还可以培养读者的信息素养，使其充分获取、利用图书馆文献信息资源。

高校图书馆作为高校师生学习知识的主要场所，担负着阅读推广的主要责任，应以"培养人才、提高素质"为宗旨，广泛开展阅读推广活动，倡导"多读书、读好书、读书好"，促进读者文化素质的全面提高。

"高校图书馆阅读推广"的含义，从字面上理解，主要体现在学生阅读权利保障、学生阅读素质提高、图书馆职能发挥以及学习型社会构建等方面。第一，高校图书馆依托馆藏纸质书刊和数字化资源及馆内外空间，可以联合学校相关部门及校外组织，发挥阅读推广主体的主动性，营造书香氛围、引领阅读方向、激发阅读热情，从而引导大学生养成阅读习惯。第二，高校图书馆阅读推广活动的开展可以通过专业化的服务方式运作，从阅读推广的角度对大学生的阅读状况进行调研，指导和帮助大学生养成自主阅读学习的意识，从而极大地促进大学生阅读素养的提升，推动高校教学科研的发展。总的来说，高校图书馆阅读推广是指高校图书馆采取有效的措施引导读者重视阅读，有针对性地开展阅读推广活动，根据高校读者的类型和需求特点，培养读者坚持读书、用心读书的阅读习惯，提高其阅读的质量、数量和阅读能力，这对读者的成长和成才有着重要的意义。

二、高校图书馆阅读推广活动的类型

高校图书馆阅读推广活动类型丰富，按照不同划分标准可以分成不同类型。

（一）按照开展频率划分

阅读推广活动按照开展频率可分为定期活动、不定期活动、临时活动。

1.定期活动

定期活动是指高校图书馆以周或月为周期定期开展的活动。此类活动有固定的举办时间和活动名称，对大学生阅读习惯有持续深远的意义。比如，每月图书借阅排行榜，可以为大学生阅读图书提供有价值信息；每周数字资源培训课，可以让大学生学习如何获取和利用资源。此外，还有每周好书推荐、每周影视欣赏等定期活动。

2. 不定期活动

不定期活动是指为丰富大学生阅读生活而策划的一系列活动。此类活动新颖丰富，注重创新，活动主题与图书馆或阅读紧密贴合，对培养大学生阅读兴趣有重要意义。例如，演讲比赛、征文比赛等都属于此类活动。

3. 临时活动

临时活动是指未经策划临时举办，但对指导大学生阅读也有重要作用的一系列活动，如转发的名人或名校的书目推荐、热门话题的书展与画展等。

（二）按照媒介形式划分

阅读推广活动按照媒介形式可分为人媒式活动、物媒式活动、纸媒式活动、视媒式活动、数媒式活动、多媒式活动。

1. 人媒式活动

人媒式活动以人作为阅读推广活动的传播媒介，如真人图书、读书沙龙。人媒式推广交流更便捷。

2. 物媒式活动

物媒式活动以某种事物作为阅读推广的传播媒介，使阅读更具体。

3. 纸媒式活动

纸媒式活动以传统纸张作为阅读推广的传播媒介，在各个高校图书馆阅读推广活动中应用较多。

4. 视媒式活动

视媒式活动包括现场购荐、书展等，是一种看得见的阅读推广形式。

5. 数媒式活动

数媒式活动如数字资源培训等，是数字化的阅读推广形式。

6. 多媒式活动

多媒式活动是采用多媒体技术推广阅读的推广活动。

三、高校图书馆阅读推广活动的构成要素

高校图书馆阅读推广活动的构成要素大致包括五种：阅读推广活动的对象、阅读推广活动的内容、阅读推广活动的开展时间、阅读推广活动的传播渠

道以及阅读推广活动开展的意义。

（一）高校图书馆阅读推广活动的对象

高校图书馆阅读推广活动的服务对象主要为高校的师生。了解阅读推广服务对象的需求，可以有针对性地开展阅读推广活动。第一，高校师生接受高等教育，有较强的自学能力，知识水平认知度高，是信息获取的高端人群。第二，高校师生作为课题的学习研究人员，需要构建专业知识体系。因此，阅读推广应提供给高校师生最新、最前沿的信息，帮助读者掌握快速、全面、准确地获取信息的技能。

（二）高校图书馆阅读推广活动的内容

高校图书馆阅读推广活动的内容是阅读推广的核心部分，开展适合高校的阅读推广活动，才能真正达到阅读推广的目的。高校阅读推广活动内容主要分为以下几个部分。

1. 馆藏文献的推广

高校图书馆拥有大量的馆藏文献，是读者获取信息的优选场所。高校图书馆往往以专题书展、专业书展的方式推广馆藏文献，在采购图书时，会和书商合作开展"你荐我购"等活动。

2. 数字文献的推广

如今高校师生越来越多地利用数字资源，海量的数字资源让读者在获取利用信息时费时又费力，高校图书馆合作数据库开发商可以通过开展数字资源培训和丰富有趣的检索大赛，提高读者信息检索的能力。

3. 检索工具的推广

无论是纸质资源还是数字资源，读者都更希望图书馆可以指引阅读，以便获取更新、更有价值的资源，由此，高校图书馆会开展书目推荐、借阅排行榜、好书排行榜等活动。

4. 阅读理念的推广

无论高校图书馆多么重视并积极开展阅读推广活动，都不如读者自身对阅读的高度重视，因此传播阅读推广的理念，提高阅读在读者心中的重要程度十分重要。

（三）高校图书馆阅读推广活动的开展时间

高校图书馆阅读推广活动的开展时间是相当自由的，比如学生都有寒暑假和期末考试，这两个阶段一个是学生最放松的时期，另一个则是学生最紧张的时期，根据不同时间段开展不同的阅读推广活动，才能达到更好的阅读推广效果。每次开学期间，是学生积极性最高的时期，图书馆可以开展丰富多彩的比赛活动，调动大家阅读的积极性；在每学期考试复习期间可以开展专业讲座或书展，主题如英语四六级、考研考博、公务员培训、各个专业推荐目录等；放假期间，高校图书馆可以开展线上网络活动、好书荐读活动等。此外，每年的 4 月 23 日是世界读书日，各个高校基于这一节日可以开展相应的读书日或读书节活动；新生入学和临近毕业时可以开展指导阅读活动。

（四）高校图书馆阅读推广活动的传播渠道

高校图书馆阅读推广活动的传播渠道可以扩大阅读推广的影响力，让更多的读者参与其中。高校师生接受新事物快，目前可以采用的传播渠道有两种：一是传统的传播渠道，也称线下传播，以张贴海报、校广播站、通知等方式为主；二是新媒体传播渠道，也称线上传播，以微博、微信公众号、图书馆主页、高校主页等方式为主。许多高校图书馆阅读推广活动的前期宣传、开展过程、活动评选等都通过网络平台。在活动的前期宣传时，可以通过微博、微信等新媒体平台发布图书馆阅读推广活动信息，以点赞、投票等形式选出参与活动的获奖者，并将活动结果展出供读者在线交流。通过网络能及时了解读者需求，拉近了图书馆与读者之间、读者与读者之间的距离。

（五）高校图书馆开展阅读推广活动的意义

1. 有利于学生阅读习惯的养成

高校是培养学生、教授人才的主要阵地。学生在高校开展学习活动，主要依靠的不再是家长和教师的耳提面命，而是需要树立自主学习意识，充分发挥自己的主观能动性，自主制定学习计划和建立学习通道。高校图书馆是为学生提供阅读服务的主要机构，学生只有在图书馆内进行必要的阅读和学习，才能够有效提升自己的知识储备能力。但是，受应试教育结构的影响，学生在进入高校前有效的阅读时间非常少，对于阅读没有建立清晰的认识，也缺少最基本的阅读人文性以及结构性，多数学生对阅读架构没有基本的认识，因此在进入大学后，也没有形成很好的阅读习惯。虽然高校设立了综合性的图书馆，但是多数学生也只是在学期考试时才会使用。学生没有良好的阅读计划，高校图书馆在基础阅读推广方面的监管力度也不足，就导致学生阅读理念的形成进入恶性循环。

2. 有利于提高大学生的综合素质

高校图书馆是大学生学习的第二课堂，也是相当重要的一个课堂。开展阅读推广工作对提高大学生综合素质具有重要意义。高校图书馆在为大学生专业学习和科学研究提供文献资料和咨询服务的同时，也为大学生准备了内容丰富的阅读材料。

大学生的阅读存在着随意性、盲目性、片段性以及功利性等特点，图书馆开展阅读推广工作，使大学生的阅读生活更有针对性，也使学生的阅读更符合其个性发展。高校图书馆开展阅读推广活动，能够引导大学生深入阅读，养成良好的阅读思考习惯，开阔视野，丰富知识储备，陶冶情操，提高大学生综合素质。

3. 有利于传承传统文化

高校具有为社会培养和输送人才的作用和职能，大学生肩负着传承优秀传统文化的使命。高校图书馆在为教学和科研工作提供信息支持的同时，也是传承优秀传统文化的重要基地。青年学生对未知世界充满好奇，却忽略了对传统文化的认知和感悟。图书馆可以通过多种形式的活动吸引、引导大学生走近传统文化，认识传统文化，体会传统文化，让大学生真正认识到文化传承与创新同等重要，都是时代赋予他们的使命。

四、高校图书馆开展阅读推广活动的必要性

（一）满足大学生的阅读需求

高校图书馆的存在，主要为了给所有在校大学生提供相关的服务。高校图书馆设施健全，能够在很大程度上直接激发学生们的阅读热情，让他们形成有良好的阅读习惯，这不仅能够帮助他们拓宽获取知识的途径，还能够使图书馆内部各种资源的利用效率得到提高。因此，高校图书馆阅读推广服务的普及就显得尤为重要了。高校通过开展这样的活动，能够在很大程度上为学生营造一个非常轻松愉快的阅读氛围和阅读环境，不仅能够帮助学生对阅读产生极大的热情和耐心，还能够让他们在阅读的过程中获得更多的知识、理解更多的内容，进而提高自身的素养。

（二）创新图书馆服务的需要

目前，为了保证大学生阅读能力和阅读水平能够达到一个新的层次和阶段，高校已经通过各种途径和手段开展了具有创造性的阅读推广活动。这些活

动的顺利展开和进行，也逐渐引起了很多读者的关注。要知道高校图书馆虽然能够更好地保证教学任务的高效完成，但是也不能只是一味地开展一些传统服务，比如讲座宣传、指导流通阅读等。尤其是在当前网络技术和信息技术不断发展，数字化阅读的方式已经得到了很大的普及，并逐渐成为一种流行趋势的关键时期，高校图书馆需要转变服务理念和服务思想，对服务的方式、手段和内容进行创新和改革，以满足当前大学生多元化、差异化、全方位的阅读服务需求。

（三）高校图书馆发展的必然结果

阅读推广服务的普及不仅是当前网络信息技术飞速发展所产生的结果，还是目前图书馆发展的必然趋势和方向。高校图书馆的发展已经到了主动为读者提供各种学科服务的阶段，这也就意味着高校图书馆在提高学生的阅读能力、阅读水平以及帮助他们获取更多知识方面所要承担的责任和使命变得越来越大。所以，开展阅读推广服务，不仅能够使学生积极主动地与我国阅读社会发展的方向和潮流进行融合，还能够保证图书馆对提高整个社会阅读量所起的重要作用。

第二节　高校图书馆阅读推广的方式

一、高校图书馆讲座活动

（一）讲座的定义

《比丘尼传·宝贤尼》："贤乃遣僧局赍命到讲座，鸣木宣令诸尼不得辄复重受戒。"《朱子语类》卷七九：□于是日入道观，设讲座，说'皇极'，令邦人聚听之。"《桂岩书院铭》："桂岩种德，旧扁在此，讲座有铭，敢效遗轨。"所以，"讲座"本义是高僧说法或儒师讲学的座位。如今常作为一种教学形式，多利用报告会、广播、电视或刊物连载的方式进行，如中国经典文化阅读讲座。"讲座"有传播知识、交流思想、传承文化之效。高校图书馆讲座是高校图书馆利用人员、场地、设施和技术等条件，出于一定的目的，通过组织、策划，邀请主讲人，面向读者开展的一项常规性活动。组织、举办各种讲座，是高校图书馆阅读推广工作的一种重要方式。高校图书馆拥有丰富的教学资源，通过举办讲座，开设"第二课堂"，可以很好地培养读者的阅读素养，提升读者的终身学习和继续教育能力。

（二）讲座的类型

根据讲座的功效划分，高校图书馆阅读推广讲座主要分为两大类。一类是用户培训课程。例如，新生入馆教育、文献信息检索教学、数据库使用培训、internet 免费学术资源的检索与利用、阅读工具使用辅导等，这类讲座既体现了高校图书馆教育读者的职责，也是高校图书馆营造阅读氛围的有效手段。另一类是文化交流讲座。这类讲座是图书馆的主要服务内容之一，历史悠久，早在 20 世纪五六十年代，沈雁冰、郭沫若、老舍、季羡林等文化名人就先后在图书馆举办讲座。这类讲座不同于一般的上课，对主讲人的文化素养和沟通能力要求很高，还需要其具有及时有效地应对读者提问的能力，因此主讲人一般是知名教授、社会名流等。如今高校图书馆在开展这类讲座时，邀请的主讲人不仅有专家学者，还有普通的读者，目的在于阅读技巧的分享和阅读体验的交流。另外，根据形式的不同，讲座还可以分为以下三类。一是系列讲座，即在学期伊始或每月伊始就确定讲座内容、时间和地点，提前在图书馆网站上进行公布，供用户自由选择。二是不定期讲座，该类讲座往往结合当前读者关注的热点问题、热门活动、新资源或新技术举办。三是预约讲座，即图书馆提供的以用户为导向的讲座，预约讲座将决定权交由用户掌握，讲座内容和时间均由用户来定制，能够细化培训对象，深化培训内容。四是文化讲坛，即各种类型的文化交流讲座。

（三）讲座的组织与策划

1. 讲座策划

前面已有些论述，在进行策划时，除内部资源之外，还可调动外部力量，采取联办的方式，如与团委、院系等联办。不仅要经常在馆内举办讲座，还应把讲座活动办到学院、办到下属专业，延伸到社会各个领域。

2. 宣传推广

尽可能多渠道有针对性地发布讲座活动的信息，将讲座的讲题、主要内容、主讲人、举办时间和地点等，通过入场券、海报、告示、手机短信、宣传手册及资料等媒介及时地传递到听众手中。活动后，编撰并发布讲座新闻稿，开展讲座纪念活动，主讲人与听众的联谊会和座谈会等。

3. 听众服务

听众的满意度是评估讲座成功与否的重要标准，因此，听众服务应该融入讲座业务的各个环节和具体细节。如预约报名服务、后续的主讲人联系服务（帮助读者与主讲人沟通）、听众满意度调查等。

4. 现场主持

一名优秀的主持人可以驾驭整个过程和每个环节，在调动全场气氛、沟通嘉宾与听众关系、总结或评论讲座内容、引导听众提问等方面发挥关键作用，可以说是讲座成功的关键因素之一。

5. 讲座现场控制

应根据每场讲座的具体要求，做好讲座场地的布置，包括讲座背景安放，讲台布置，现场灯光、音响的安装、调试，有条件的应尽可能为讲座配置专业的摄影、摄像、录音等设备，并由具备各相关业务素养的专职人员负责保管与使用，为后期的视频制作、书刊出版做好资料储备工作。维护讲座现场秩序，加强安全管理，保证讲座顺利进行。

6. 后期制作

开展讲座衍生服务，节约资金，将讲座制成书刊、录像、光盘、网上视频等产品并提供服务。这些产品的开发既需要相关的网络知识、版权知识，又比较细致繁杂，文字案头工作也不少，应由专人负责，有条件的可以建立相关学科专家数据库（在图书馆进行过演讲的主讲人）。

二、高校图书馆书展活动

（一）书展的定义

书展即图书展览会的简称，是图书馆一种传统的服务方式。面对读者阅读习惯的转变，简单的书目推荐已经不具备足够的吸引力和影响力，而书展对展示馆藏资源、营造阅读氛围、提高借阅量起着重要作用。所以近年来，高校图书馆习惯利用一些纪念日、节假日或特殊的时间节点，在图书馆内或校园内的显著位置设立专区周期性地开展书展活动。书展活动已经成为图书馆阅读推广的一种重要手段。

（二）书展的类型

按照展出图书的来源，可将书展分为三类。一是展出图书馆自身馆藏资源。这类书展通常被称为主题书展，即在某一时期内，围绕某一主题，挑选相关书籍集中展示，旨在吸引读者浏览和借阅，提高资源利用率，传递某种思想和价值观。例如，纪念抗日战争胜利 70 周年图书展、伟人纪念日图书展、诺贝尔文学奖得主莫言图书展。二是展出非自身馆藏资源。这类书展主要由高校图书馆联合出版社、新华书店、资源供应商等图书出版发行机构举办，由前者提供场地后者提供图书资源。这类书展往往还同时开展现场选书荐购或直接销售图书等活动，可以缩短图书流通周期，提高读者阅读率。三是不同图书馆联合展览馆藏资源。由于图书馆在组织书展过程中可能会出现资源短缺的现象，因此拥有共同目标、馆藏互补的某一区域内的两所以上的高校图书馆常以联合举办书展的形式开展活动。这类书展不仅可以扩大活动影响范围，提升活动实际效果，还可以进一步促进馆际互借等多种协作交流。

（三）书展的主题

作为阅读推广活动形式之一，高校图书馆的书展区别于其他展览，除活动主办方是高校图书馆外，书展的主题也是其重要特点。高校图书馆书展的主要对象是校内师生读者，所以要充分利用馆内资源，选择合适的书展主题内容，满足读者的阅读需求。书展的主题内容可以是学校某一领域的专家教授的荐书，也可以是馆员或师生读者精心挑选的优质的、利用率高的图书，还可以选择富有创意的主题为内容。书展主题内容的选择既要注意避免一些生涩难懂的理工科类图书，又要结合学科和馆藏特色拓宽主题和深度；既要周期性地开展系列主题书展，又要保持相同主题书展时间上的间隔；既要举办以校内师生读者为对象的与学术科研结合紧密的，如各种教材主题书展，又要举办面向不同层次、不同类型读者的通俗易懂、贴近生活的，如科普知识及法律常识主题书展。

（四）书展的组织与策划

1. 人员配置

书展工作包括前期的策划宣传与资源场地的选择、期间的组织、后期的整理与总结，涉及人员主要有负责人（总策划人）、工作人员、宣传推广人员、安保人员等。主要负责人不仅要统筹全局，还要负责监督、协调、总结等工作。较大规模的书展还应该成立一个临时性的领导小组，成员应该包括图书馆馆员、学校相关部门人员、院系教师和社团学生等，成员之间要有明确的分工和团结合作的精神。工作人员是指参与布展、图书搬运、设备操作、撤展等具体工作的人员，可由图书馆馆员带领社团学生和师生志愿者构成。宣传推广人员则是指线上、线下活动信息发布者和宣传单、横幅、海报的设计者，可邀请有兴趣的具有专业特长的师生担任，由图书馆馆员来协调。

2.展厅选址和布置

如今大多高校图书馆都有专门展厅，小型的书展可在图书馆内开展。如果组织大型的书展，则需要在馆外搭建临时展厅。展厅选址对活动效果影响很大，需要选择人流量大的公共场所，但要注意避免影响学校正常教学秩序，也要注意安全保障工作。展厅的布置风格应该与书展主题相一致。同时，最好选择晴朗的天气，组织开放式的书展，以取得最佳的宣传效果和视觉效果。

3.线上与线下相结合

通过海报、横幅、广播等发布信息告知读者展览的名称、主题、时间和地点，是高校图书馆书展活动传统的宣传途径，如今仍然有众多的受众群体，作用不可取代。在新媒体时代，利用新的宣传技术开展线上宣传的作用将越来越显著，如耶鲁大学创办书展专门网站，当读者对相关的展览信息感兴趣时，可以选择下载 ics 文件，从而直接把具体的展览日程安排同步到 outlook 日程表中，点击 email 通知时，展览信息还可以自动地被转发到指定的信箱。facebook 和 twitter 的快捷链接则能够将相关信息通过读者的社交网络快速传播。另外，受时间、空间的限制，很多读者不能直接参与书展，导致实体书展惠及的受众数量有限。为了更好地服务校内外的广大读者，高校图书馆举办线上书展已经成为线下书展的一种拓展和延伸。例如，美国达特茅斯学院图书馆对在线展览给出了简洁、明了的概括："之前以实体状态呈现的展览，现在通过数字手段加以保存并以自由获取的方式向公众开放。"① 清华大学图书馆百年馆庆网站开设了"数字展厅"，华东师范大学图书馆网站上有"主题书展角"，北京师范大学图书馆网站常年举办系列微书展。

4.书展的存档与总结

存档与总结是高校图书馆书展活动中较为薄弱的环节。书展活动资料的存档不仅是一种总结方式，更是未来工作中回顾指导的参考。例如，香港科技大学图书馆于 1991 年开始有计划地、大规模地开展书展活动，如今任何一位读者都可以在图书馆网站上查阅历年来的展览详情，且网页的设计也与展览保持着一致的风格。科学合理的归档和数字化工作，极大地方便了读者们的观展需求，也极大地促进了读者利用图书馆的欲望。总结读者对书展活动的反馈与评价，发现书展主题是吸引读者前来观展的重要因素。一方面，读者会选择观看自己感兴趣的主题书展，他们认为这样的书展对自己的生活、工作和学习比较有帮助；另一方面，读者会选择观看与高校图书馆馆藏特色相关的书展，他

---

① 雷强.美国高校图书馆在线展览述评 [J].图书馆学研究，2013（17）：84-86.

们认为这是高校图书馆的优势和特色书展，参观学习的价值较大。

三、高校图书馆图书推荐

图书推荐通常以发布推荐书目、新书推荐、获奖图书推荐、借阅排行榜、畅销书排行榜等形式出现。发布权威性推广书目，是被广泛采用的荐读方式。

（一）源流概述

推荐书目又称导读书目、必读书目、劝学书目等，通常由各学科领域的名家开具。其中，文化名家所开具的推荐书目往往与文化传承、人文艺术修养、社会发展等人们普遍关注或需求的知识内容相关，故成为推荐书目中使用最多的一种类型。应传统教育体系的需要，中国自唐代开始即有推荐书目产生；其后有元代程端礼的《程氏家塾读书分年日程》，明末陆世仪在《思辨录》中开列的青少年阅读书目，清代龙启瑞的《经籍举要》，以及张之洞的《书目答问》。民国年间，胡适、梁启超应《清华周刊》之约，分别开列了《一个最低限度的国学书目》和《国学入门书要目及其读法》，朱自清撰著了《经典常谈》。1949年中华人民共和国建立之后，出于传承传统文化的目的，一些学者在经典推荐方面继续耕耘，如钱穆的《中国史学名著》、张舜徽的《中国史学名著题解》、王余光的《影响中国历史的三十本书》等。另外，还产生了一些反映新的时代文化背景的推荐书目，如北京大学50位著名教授共同推荐的《北京大学学生应读选读书目》《清华大学学生应读书目》（人文部分）等。

与中国推荐书目的发展相对应，西方世界也出现了多种推荐书目，如美国图书馆学家唐斯的《改变世界的书》，专栏作家费迪曼的《一生的读书计划》，由美国哈佛大学113名教授共同推荐的《最有影响的书》。由于产生的时代背景各不相同，推荐者的知识背景、视野、思想高度与个性亦不相同，因此这些推荐书目也存在许多分歧。但这些并不影响书目的推荐意义，透过它们，读者更容易了解和把握传统文化精神。

（二）当前的主要推荐内容与方式

随着时代的变迁，读者的阅读喜好已发生了巨大的改变，体现在图书阅读方面，主要为经典阅读与流行阅读及实用性阅读之争。为了在推荐经典的同时亦能适应青年学子的阅读需求，高校图书馆在推荐内容、推广方式上均进行了调整和创新。

在推荐内容上，图书馆通常既推荐教授书单，也推荐新书、学生荐书、借阅排行上榜图书、获奖图书、畅销书，以此增强推荐书单的时代感与魅力。同一所学校的教授开列的书单代表着具有某种共通文化精神的高级知识分子的学术文化取向与判断，故所列书单既能体现校园文化与学术文化，又能启迪学生并产生共鸣。将同属于校园的教师荐书与学生荐书整合起来，则能产生具备校园用户普遍代表性的、体现校园文化特质的导读书目。北京大学图书馆创建了"阅读推荐"专题网站，分"新书通报""教授推荐阅读——对我最有影响的几本书""学子推荐阅读"三类。上海交通大学图书馆推出了"影响交大人的书"的活动，从教授和学生两个层面来征集，并制作展板展出。另外，由于当前图书馆服务强调以用户为中心及图书馆与用户之间的交互，因此图书馆在考虑荐书活动时已开始收集来自读者（主要是青年学生）的荐读意见。例如，有的图书馆在读书节期间举办"我喜爱的一本书"活动，对活动有兴趣的师生可将书名及喜爱（推荐）理由写在图书馆提供的便签上，并贴在图书馆的大型白板上，方便其他读者浏览；图书馆也可以把这些荐读内容整理成一份来自读者的荐读，甚至是带有导读性质的书单。

在推广方式上，图书馆主要是建设专题网站，甚至是全文网站，以及创建微信荐书专栏或阅读 App。清华大学图书馆创建了"读在清华"专题网站，分"每周甄选""新书通报""借阅排行"三类推荐。中国人民大学图书馆创建了"读史读经典"全文专题网站，进行经典阅读推广。西安交通大学针对大一至大四的学生，推荐了"100 本经典"，并创建了全文专题网站，引导推广阅读。西南交通大学图书馆创建了专题网页"经典阅读推荐书目"，推荐了 96本图书。在创建微信荐书方面，北京科技大学图书馆获 2017 年国际图书馆协会联合会（以下简称"国际图联"）第一名的项目"读书天"颇有新意，每天在专栏上推送一本由学生原创书评的图书及书中的精彩片段，将学子荐书与微信的广泛传播力有机地结合起来，取得了显著的成效。在创建阅读 App 方面，上海交通大学图书馆推出的"思源悦读"App 是一个有益的尝试。

图书馆在利用各类导读书目进行阅读推广时，往往会配套举办书展、图片展、讲座、影展等活动，让阅读成为校园文化并得到弘扬。

四、高校图书馆微书评活动

（一）微书评的定义

书评，"图书评论"的简称，即评论并介绍书籍的文章，是以"书"为对象，实事求是地、有见识地分析书籍的形式和内容，探求创作的思想性、学术性、知识性和艺术性，从而在作者、读者和出版商之间构建信息交流的渠道。书评之于读者，在于它的信息功能，即为读者选择图书提供参考，以便读者有针对性地去阅读，如当当、京东、亚马逊等图书销售网站都具有书评功能；还在于它的导读功能，即准确反映图书核心内容，帮助读者了解图书精要，为读者在阅读价值上提供了判断和参考，如美国联机计算机图书馆中心（OCLC）的开放维基版联合目录和国内的豆瓣网书评等。很多作家都是兼职书评人，如约翰·厄普代克（John Updike）、苏珊·桑塔格（Susan Sontag）、科尔姆·托宾（Colm Toibin）等都在《纽约书评》或《纽约客》上发表了大量高水平书评。19世纪大文豪亨利·詹姆斯（Henry James）更是留下4 000多页的评论性文章，几乎涉及同时期所有重要作家的作品，而村上春树（Murakami Haruki）的杂文集《无比芜杂的心绪》，也可以说是半部书评集。微书评，则是内容在140字以内的微型书评，主要是以书为对象进行介绍或评论。

（二）微书评的特征

规范优秀的微书评如《活着》：如果你没有看过张艺谋拍的电影《活着》，就别看了，看原著吧，如果你看过电影《活着》，那就请你看一遍书吧，让你升华一下，文字带给你的真实和震撼，让你的想象超越时间、空间，扩展到你的生活、意识、思维方式……福贵的形象和命运让你感受着历史的残酷。所以，与传统书评相比，图书馆微书评除依旧具有书评的功能和作用外，还具备以下五个特征。

一是短小精悍。微书评相对于传统书评的优势是精短、睿智、神韵，寥寥几语即点睛之笔。一语点石成金的精评，如鲁迅对《史记》的精短书评："史家之绝唱，无韵之《离骚》。"

二是参与性强。传统的书评对作者和读者的要求较高，加上通过传统的媒介进行传播，书评常常被贴上学者们的"专利商标"。普通大众不愿意写书评也不敢写，加之书评学术理论水平较高大众不愿意精心慢慢品味。微书评的学术性和写作门槛较低，内容形式也较简单，更方便传播，所以大众的参与度较高，作者和读者群体广泛。

三是方便易操作。微书评并不需要作者通篇认真阅读某一本图书后才能创作，它更注重作者的阅读心得和感受，由主观判断即可，不需要证据论证。很多情况下微书评只是作者在阅读图书的某一章节，甚至是某一句话而突发的灵感。同时，由于通过微博等新媒体进行传播，读者可以随时随地利用智能手机等工具进行阅读，便于作者与读者间的实时互动与交流。

四是轻松的意境。微书评突破了传统书评在逻辑、字数和结构等方面的限制，形式更加短平快，符合读者的碎片化阅读习惯。

五是影响力大。无论是微书评的作者，还是微书评的读者，不但数量庞大，而且影响范围深远。加上新媒体互动性强的特点，使微书评的评论对象的种类也很广泛和丰富。另外，在作者与读者交流沟通过程中，经常会发生读者反过来变成作者的场景，随着交流的深度和广度不断拓展，"长尾"图书会被慢慢挖掘并流行开来。

（三）微书评的实施策略

1. 组建精品微书评队伍，提供高质量书评

优秀的微书评能体现图书的思想性、知识性、学术性、艺术性，要发挥微书评信息导航作用，图书馆应重视微书评团队建设。图书馆馆员作为知识导航员，应努力提高文学素养，了解读者需求，熟悉馆藏，撰写出高水平的微书评，成为创作微书评的主力军。学科教师应以雄厚的专业背景，通过微书评向学生推荐专业性强的优秀图书，促进学生对专业知识的理解。青年学生求知欲强，应在形成世界观、人生观、价值观的关键期，读好书增长智慧，成为创作微书评后备军。为了彰显微书评的公信力和指导性，图书馆还可以邀请专家学者撰写思想性、专业性强的学术微书评，为读者讲解微书评知识。

2. 建立微书评数据库

建立科学合理而又内容丰富的微书评数据库，是高校图书馆开展微书评促进阅读的基础。首先，可以鼓励馆员、教师、学生读者撰写微书评；邀请专家学者撰写微书评；收集整理馆内现有、网络在线和其他图书馆的微书评；通过购置或协商取得作者和出版商的微书评使用权，丰富图书馆微书评数据库。其次，按照一定规范分门别类整理微书评，并将其录入相关数据库，建立完善的并能有效满足各类读者需求的各具特色的微书评数据库。最后，开发用户检索、浏览、下载和上传系统，不仅使用户可自行获取相关书籍的微书评，还可以使用户上传自己的微书评。

3. 搭建微书评交流平台

在图书馆网站首页开设微书评博客，介绍每种书的出版信息，并附上微书评，实现与读者的互动。在图书馆网站开设读者微书评交流中心，并融合多种媒体，利用微博、微信、个人图书馆 App、图书馆信息平台等，将读者微书评交流中心打造成移动阅读交流中心，鼓励读者参与微书评创作与交流，促进

作者与读者之间、读者与馆员之间、读者与读者之间的交流与互动，促进思想的碰撞与融合，提升读者的阅读鉴赏能力。链接微书评交流中心和微书评数据库，实现既能在网上查阅微书评，又能发表微书评的双向交流机制和读者与图书馆的互动机制。平台交流主题既要体现理想气质和批判精神，又要包括人物传记、推理小说、旅行美食等读者喜闻乐见的主题内容；既要尊重作者的学术观点，提倡百花齐放、百家争鸣，又要充分发挥微书评的审美功能，引导读者阅读积极向上的书刊，辩证地汲取书刊的内容。

4. 举办微书评大赛

2010 年 10 月，"榕树下"网站举办了"首届微书评大赛"，吸引了社会上各行各业人士热情参与。

2011 年 8 月，广州日报联合广州市委宣传部、大洋网、新浪微博等举办了"书香羊城——微博书评大赛"，新浪微博点击率超过 48 万人次，收到微书评作品 12 万余份。

2013 年 11 月，江苏省高校举办了大学生"外教社·共读微书评大赛"；2014 年 5 月，无锡市举办了"全市青年微书评创作大赛"。

2016 年 5 月起，人民出版社读书会办公室联合教育部直属机关团委等 20 多家单位和组织共同举办了"芬芳四季·阅读中国"全国微书评大赛，迄今已举办三届，关注"读书会"社交平台和"人民出版社读书会"官方微信公众号的网友达 20 万人次，收到投稿数千篇，这是最大规模的全国微书评大赛。

2019 年 10 月，天津市全民阅读活动办公室、天津市高校图工委在全市高校举办了第三届天津市书香校园微书评大赛活动，涵盖全市 32 所高校，收集参选作品 2 400 余篇。

2019 年 4 月 23 日，国家新闻出版署面向全国发起"阅读，我与祖国共成长"书评征集活动，收到全国各行各业书评投稿 3 341 篇。

2019 年 4 月，由福建省教育厅主办，福建省高校数字图书馆承办的"第三届福建省大学生书评大赛"，有 14 717 人参赛，提交 16 732 篇书评。2020 年 5 月，以"抗疫前行，书香校园"为主题的第四届福建省大学生书评大赛，被列入 2020 年福建省新闻出版局、海峡出版发行集团主办的"第六届海峡读者节"活动项目之一。

高校图书馆可以借鉴上述活动案例，根据馆藏定期举办微书评大赛，激发读者读书、评书的热情，重视参与互动的过程，从而推动阅读。高校图书馆还可以通过图书馆网站开发专门书评系统，建立微书评创作积分激励体制，鼓励读者对图书进行评论，引导读者"以书交友"，分享阅读心得和乐趣，营造阅读氛围，如重庆大学图书馆的"书评中心"系统。

5.建立微书评服务共享机制

建立微书评服务共享机制，是改善高校图书馆微书评工作的重要手段，也有利于提高图书馆微书评工作总体水平。通过加强高校图书馆间的交流与合作，可以实现微书评资源的优势互补、互通有无、分工协作。另外，高校图书馆还可以通过加强与出版社、书店、行业协会和相关网站之间的合作交流，逐步打造一个互惠互利的微书评有机整体，增加图书馆微书评的虚拟馆藏，使高校读者自由阅读各类微书评资源，有效满足各类读者对微书评的需求。

五、高校图书馆读书会活动

（一）读书会的定义

《礼记·学记》曰："独学而无友，则孤陋而寡闻。"所以，阅读既是个人的独立行为，同时需要与人互动交流才能更进一步，而读书会就是读者互通交流的平台和有效途径。卡兰德（Carlander）曾以瑞典的读书会为例，指出读书会是一种特殊形式的小团体研读，参与者通过互相讨论彼此帮助，目的是促进理解和相互启发；虽然有阅读计划和研读素材，但并没有固定的知识或材料，也没有需达成的特定目标，自愿参与，聚会时间和地点以参与者方便为原则。近年来，读书会以其简单自由、平等互助、形式多样、渗透力强等特点，已经成为推进全民阅读的主要模式。例如，在瑞典几乎每个乡村都有学习圈，学习圈已成为瑞典人的一种生活方式；在美国，据统计如今约有四分之一的图书馆读者参与了他们各自所属的读书会；在中国自古就有以文会友的美好传统，如今组织、引导、支持读书会活动也已经成为高校图书馆阅读推广的重要手段之一。

（二）读书会的模式与类型

随着社会阅读风气的兴起，如今读书会有了进一步的发展，其运作模式和工作类型也是多种多样、各具特色。在世界范围内，读书会主要有以下九种类型：单主题读书会、多主题读书会、互流通读书会、图书漂流读书会、图书馆读书会、在线网络读书会、作者读书会、广播读书会和书店读书会。按承办方划分，主要有公共图书馆组建的读书会、高校图书馆组建的读书会、民间自发组建的读书会，同时可以按活动目标、需要、主题、年龄、性别、区域、是否收费等角度进行分类。总体来说，高校内的读书会模式相对单一，类型也较少。据统计，中国大学校园内的读书会主要有学生自发组建、学校图书馆牵头组建和学校教学管理部门牵头组建三种类型，也有少数校外读书爱好者利用高校图书馆资源和平台组织的读书会，如新乡学院图书馆晨光读书会就是依托新乡学院图书馆，由新乡市内一批高层次阅读爱好者组织的书友会。

目前，高校图书馆读书会主要有两类模式：一类是图书馆发起成立并自行运作的读书会，如重庆大学图书馆创立的"书香重大"读书会，华中师范大学图书馆创办的"风雅读书会"，天津财经大学图书馆成立的"思扬读书会"等；另一类是学生自发成立和自主管理的读书会社团，但在章程中明确图书馆作为指导单位或主管单位，如合肥工业大学"春风读书会"、华东政法大学读书会等。高校图书馆读书会活动的组织主要涉及三种情况：一是高校图书馆成立的读书会组织，并由该组织举办读书会活动；二是高校图书馆通过指导类似于读者协会等学生社团举办的读书会活动；三是高校图书馆工作人员自发组织的读书会活动。相对于国外和中国港台地区，目前中国大陆大多高校图书馆还是以自己独立组建读书会的模式来开展阅读推广活动的情况居多。

（三）读书会的实施策略

1. 明确定位，提高会员自读率

自由、平等等特征，既是读书会组织吸引读者的优势，又是读书会组织稳定性不足的劣势。高校图书馆需要通过规范读书会组织规章制度，明确组织目标、组织方式、活动宗旨，来有效缓解这一问题。其中，以明确组织目标最为关键，图书馆要准确定位读书会及其活动的宗旨，在会员加入组织之初对其进行必要的入会教育，既要强调组织的自由性和平等性，又要强调组织活动的参与性和互动性等特点。在组织活动过程中，为了提高全体会员的自读率，要避免长期开展单一的阅读分享、专家讲座等阅读传授性活动，避免活动失去阅读交流与促进的功能。

2. 加强管理，提高读书会影响力

相对小众和分散，也是读书会组织的特点之一，容易造成组织持续性弱，组织的活动频次低、覆盖范围小等问题。高校图书馆应该通过独立创办和积极引导两种途径，增加校园内读书会组织和成员的数量，使读书会组织既小又多，既专又散，使每个读书会都有其自身特色和内涵。通过大量短小精悍的读书会，开展连续不断的形式多样的读书活动，可以提高读书会组织的影响力和阅读推广活动的认知度、参与度和支持度。另外，相对于其他传统的阅读推广活动，目前图书馆组织读书会活动比较前卫新鲜，部分读者对图书馆组织的读书会活动了解不足，对读书会活动的形式和内容认识得也不够真切，需要高校图书馆通过传统的宣传手段和方式结合读者喜欢的新媒体平台，以营销等企业管理理念，加强对读书会及其活动的宣传和推广。

3.建立激励机制，激发学生阅读兴趣

第一，建立激励机制，对阅读表现好的学生进行适当的奖励。读书会的目的是提高学生的阅读数量和质量，在第二课堂培养学生个人素养，拓宽学生眼界。因此，为了激励更多学生加入读书会，使其通过读书会真正领悟到课本外的知识，可以对表现好的学生进行适当奖励。

第二，构建阅读交流机制，为学生创造自由轻松的阅读环境。各高校可以针对本校的实际，在遵循基本阅读原理的基础上，为学生进行阅读交流打造更好的环境，建立有效的阅读交流机制，激发学生阅读兴趣。

4.持续扶持，引导交流与合作

总结国外和中国港台地区读书会的工作经验发现，读书会活动的有效开展，需要一定的资金、资源、场地和设施设备等基础条件。台湾地区高校读书会发展势头迅猛，活动影响深远，探究原因发现既有台湾地区教育主管部门出台的"奖励大学教学卓越计划"的支持，也有各高校和图书馆制定的读书会推广要点、实施办法或细则等完善的政策引导，这些使读书会活动不仅具有合理的顶层设计，还拥有进一步发展的资源支持。另外，读书会组织的成长和发展需要高校图书馆持续大力地引导和支持，但更需要图书馆以外的高校其他行政部门的帮助和关心；需要图书馆为其搭建合作交流平台，以便与校内外其他的读书组织、相关行业协会、文化传媒机构、图书发行机构等的合作，才能获得更多的支持和汲取更多的工作经验，才能使读书会组织和活动茁壮成长。

六、高校图书馆朗读活动

中国从古代开始，朗读就作为读书人的一种传统学习方式而存在，摇头晃脑吟诵的读书人形象在文学作品中很是常见。传承到现代，朗读已由学习方法转变为一种常见的阅读方法，也是图书馆阅读推广工作中经常采用的活动形式。许多图书馆和书店都推出过朗读活动，如哈尔滨果戈里书店的"朗读者计划"等。

（一）活动特点

1.选用经典名著

从活动组织者的角度来说，促进经典名著的阅读是阅读推广活动的重要内容之一，对提高读者的道德修养和思想素质有着积极的作用。对于高校图书馆来说，举办经典名著阅读活动，有利于促进大学生了解与传承中华优秀传统文化，是传承伟大民族精神的重要渠道。朗读活动中读者主动选择的朗读对象也通常都是脍炙人口的经典名著，这不仅是因为经典名著的遣词造句都是经过作者千锤百炼而来，符合汉语的特点，适合朗读，更是因为这些作品都传递着作者的理念与精神，能带给读者收获与感悟。

2. 参与门槛低

朗读活动的基本要求是读者能使用普通话正确流畅地对照文本念出或背诵出选段，对参与活动的读者的阅读能力要求不高，参与门槛较低。阅读能力较低的群体（如儿童、残障人士）也能参与活动，这有利于提高这些群体的阅读积极性。从这个角度来说，朗读活动有助于克服弱势群体的阅读障碍，促进图书馆资源与服务的公平利用。

（二）朗读活动的实施策略

朗读效果主要体现在对听众的感染力上，听众对朗读者分享的内容能感同身受，朗读的作用就体现出来了。要提高感染力，除了提高朗读者本身的朗读能力外，环境氛围的影响也很重要，因此在组织朗读活动时，需要重点关注以下两个部分。

1. 完善活动流程，提高朗读质量

参与朗读活动的读者大部分不是播音、主持专业出身，在发音、语调等方面必然有瑕疵。为了使活动达到更好的效果，策划时应在活动流程中加入筛选与培训环节。这样不但能帮助参与者提高阅读能力，而且有助于其了解语言魅力，提高艺术修养。

2. 丰富活动形式，营造环境氛围

在目前举办的各种朗读活动中不难发现，朗读已不仅是站在台上高声读那么简单。为了达到更好的表达效果，对听众产生更强烈的感染力，参与者通常会采用配乐、配舞等多种形式，或是制作、播放配套的视频等，使朗读更像是一场文艺汇演。因此，活动组织者在策划活动时不需要限制活动形式，活动地点也可以根据活动主题灵活调整；进行活动准备时，对灯光音响、服装道具、现场协调等问题都需要仔细设计，妥当安排。

七、高校图书馆图书漂流活动

（一）图书漂流简介

图书漂流是一段文明美丽的奇妙旅程，它起源于 20 世纪六七十年代的欧洲，读书人将自己读完又不再阅读的图书贴上标签（一般为黄色）随意放在公共场所，如公园的长凳上，遇到这本书的人可取走阅读，读完后（可能会附上阅读故事、心得等信息）再将其放回公共场所，让下一位爱书人阅读，继续一段漂流书香。没有借书证，不需付押金，也没有借阅期限，这种好书共享方式，让"知识因传播而美丽"。如今越来越多富有想象力的书友在投漂图书时，在投漂说明中设定了自己的漂流规则，使图书的漂流过程变得更加丰富多彩，而不再局限于投放户外。例如，一位书友在过生日时收到一本书，阅读之后，他产生了一个想法，就是让这本书在每个恰逢要过生日的书友中传阅。这本书不再直接投放到公共场所，而是通过传递的方式在恰当的时间传递到恰逢要过生日的书友手中。

随着互联网的普及，图书漂流活动变得更有效率、更普及。2001 年，美国人罗恩·霍恩贝克（Ron Hombaker）受 PhotoTag.org 网站的启发，为了让那些尘封的图书再次进入社会，成为世界各地热爱读书人的共享资源，从而将漂流的图书变成永久性的流动图书馆，在其妻子和两位志同道合的朋友的协助下，成功创设了"图书漂流网站"。该网站的标志就是一本奔跑的书，理念是"爱它，就释放它"，非常朴素隽永。网站自问世以来，深受世界各地读书人的欢迎，如今网站注册会员已经遍及世界各地。图书漂流的"分享、信任、传播"宗旨与"每个人都有阅读的权利，社会有责任保证每个人都有机会享有阅读的利益""让世界上每一个角落的每一个人都能读到书"等图书馆精神和核心价值观完全吻合，使其在国际图书馆界、出版界、教育界等领域深受推崇。

我国图书漂流活动始于 2004 年年初，当时春风文艺出版社在国内组织策划了全国首个图书漂流大型公益性活动。2004 年 3 月，深圳有位记者第一次尝试了图书漂流活动。2004 年 5 月，在南开大学校园内发生了第一个由大学生实施的图书漂流案例。2006 年 5 月，吉林大学图书馆率先在高校图书馆组织开展图书漂流活动。此后，全国各地图书馆、出版社、新华书店、社区、个人等纷纷开始组织图书漂流活动，其中拥有丰富资源和独特优势的高校图书馆更是积极将图书漂流活动作为阅读推广工作的重要形式之一。

（二）现代图书漂流活动的实施策略

1.转变工作理念

近年来，如何充分利用馆藏资源特别是纸质类资源，遏制资源使用率下降的趋势，已经成为高校图书馆亟待解决的重大问题。图书漂流这类新颖的阅读推广活动，可能是解决问题的突破口之一。图书馆要树立开展图书漂流的理念，同时要转变"重藏轻用""爱不释手"的传统观念。为了扩大漂流书的数量和来源渠道，高校图书馆不仅要大力鼓励广大读者积极捐书，还要积极将馆藏好书漂出去，同时要在年度预算中，单独设置每年用于漂流的资源经费项目。在工作初期，思想观念的转变尤为重要，务必要避免对捐赠图书进行"精心"挑选以充实馆藏而将其余图书用于漂流的现象发生；同时，要避免将那些几乎全无利用价值的馆藏资源填充进漂流书架和站点；要力争做到将好书漂向读者，让书香沁人心脾，以发挥资源利用价值，促进读者阅读，促进读者共享阅读。

2. 转变角色定位

高校图书馆全权负责图书漂流各项工作和全部环节，不利于发挥读者的聪明才智和激发读者的活动创意，不利于活动的持续开展和活动宗旨的有效实现。高校图书馆要及时转变活动角色，主要负责活动的统筹工作，包括活动规则的制定、活动资源的筹集、资金政策的争取、校内外相关部门的合作等。活动的具体实施，应该坚持以读者为主导、图书馆协助的原则，以半自由状态为活动运行模式，让读者自己成为图书漂流的践行者。图书馆和读者双方应分工明确，团结协作，充分发挥各自在活动中的优势，提升活动效果。在活动开展之前，要在原有的读者协会等学生社团组织的基础上，成立新的图书漂流读者工作委员会之类的组织，专门负责开展图书漂流活动。只有充分调动读者的参与积极性，才能提高漂流书的质量和图书的持漂率。例如，2014年11月，华东理工大学图书馆开展图书漂流活动，就是由图书馆主办，由校学代会、自管会承办，活动现场吸引了众多同学以及部分老师的参与，短短一个小时400多本图书就被"一抢而空"，活动中图书的漂流路线几乎都是南北打通。

3. 加强活动宣传

任何推广阅读活动的组织和实施，都需要积极有效开展全程性的宣传工作。相对新鲜的图书漂流活动，更需要开展大量的宣传工作才能有效实施和进一步发展。宣传活动的内容，不仅包括活动的规章和意义，还包括对参与者的诚信教育。宣传活动的方式，不仅要包括传统的宣传渠道，还要注重新媒体的应用和图书漂流网站、实体漂流站点的建立。宣传活动的对象，不仅要在校内广泛开展，还要有针对性地面向校外读者。宣传活动的时间，不仅要做前期宣传，还要做到过程性宣传和总结性宣传。宣传活动的模式，不仅要开展单一的宣传活动，还要结合评选图书漂流榜、读者发漂榜、阅读漂流图书心得体会交流等开展鼓励性、立体化的宣传活动。正所谓细节决定成败，在加强活动宣传工作的基础上，还要注重活动经验的总结，不断提高活动细节处理水平。活动不仅要做到漂流图书可读性强，还要通过精心包装设计漂流图书的封面和标签内容，打造"明星"漂流图书。

4. 加强合作交流

图书漂流活动的效果很大程度上取决于漂流图书的质量，而反映于图书的持漂率。虽然部分社会组织和个人都认为在当今功利阅读、浅阅读盛行的浮躁的阅读环境下，图书漂流作为一股清流，对促进全民阅读、资源共享和社会公德都有积极的作用，但他们中的大多数目前仍处在观望状态，甚至持冷眼看待的态度。高校图书馆在开展活动过程中，要加强与外界的联系和合作，以取得更多的关注和支持。首先，加强与出版发行机构的合作，以便获取更多有价值的图书资源用于漂流。其次，加强与学工部、宣传部、团委等校内其他部门的合作，以增强活动宣传效果和提高读者的参与积极性。再次，加强与其他高校图书馆的联系，通过区域内高校图书馆之间的合作组织实施图书漂流活动，以提高图书的持漂率和漂流路线的长度。最后，加强与社会之间的合作，通过取得社会组织机构的支持与合作，以提高活动影响力和影响范围，建立校内图书漂向社会与社会图书漂进校园的双向机制。

5. 加大宣传力度，引导新型阅读方式

对于图书漂流，要加大宣传力度，在校园内营造一个良好的读书氛围。或者在校园里开展大型的参与性、互动性强的活动和聚会，向学生介绍图书漂流，积极引导和鼓励广大师生参与到图书漂流这项活动中来。利用各种媒体，不仅要运用校园广播、校园宣传栏、校园播放屏幕、学校 BBS、学校图书馆网站、校报等传统媒体，还要运用新兴传播媒介的传播优势，及时更新相关活动信息，提高学生的阅读兴趣，倡导文明读书理念，培养共享文化。

6. 加强和改进漂流制度

各图书馆的图书漂流活动之所以难以持续开展下去，其主要原因不在于读者，而在于组织方，因为读者永远都是正确的。组织方应首先在自己身上找原因，原因是什么呢？那就是图书漂流的制度设计缺失，这跟企业管理是一个道理，好的制度可以把一个坏人变成一个好人，坏的制度可以把一个好人变成坏人。因此，加强和完善图书漂流制度是这项活动可以持续下去的关键。

八、高校图书馆读书竞赛

竞赛是在一定规则下，比较能力、技术高低的一种活动形式，在高校内也是常见的活动。比赛内容从教学创新、创业到业余生活，参赛对象从学生到教师、校内各行政人员，花样繁多，不胜枚举。

从阅读推广的角度来看，任何一种活动的目的都是为了培养参与者的阅读兴趣和阅读习惯，提高他们的阅读质量和阅读能力。因此，竞赛虽然常常与其他活动形式结合开展，但活动的内容始终围绕阅读能力，使用的道具也离不开书。

根据活动参与方式，竞赛活动可分为现场型竞赛和作品征集型竞赛两种。现场型竞赛是指参赛者在同一时间、同一场地内同时完成某项任务，并且当场比较得出结果的形式，如朗读比赛、演讲比赛、知识问答比赛等。

作品征集型竞赛是以某一主题或某一类型的创作作为比赛内容，读者不需要在现场创作，只需要在规定时间内提交比赛作品，由活动组织方组织评委评选后得出结果，如书评、诗文比赛等。

（一）竞赛活动的特点

竞赛活动的特点体现在对读者有显著的激励作用和长效的影响力两个方面。

1. 显著的激励作用

竞赛活动的激励主要体现在两个方面，一方面他，为读者提供了展现个人才能的平台，名次、称号为读者提供了精神层面的满足感；另一方面，奖品等物质奖励在不同程度上对参赛者也有激励作用。总的说来，竞赛活动能对参赛者起到各方面的激励作用，能提高读者阅读的积极性和主动性；奖励方式的选择范围比较广，可操作性较强，在阅读推广中有着较广阔的拓展空间。

2. 活动时间长，影响力持久

一次竞赛活动从预热宣传、报名、预赛、决赛到成绩公布与推送，相关活动持续时间较长，在保障宣传的情况下，能在一定时间内获得人们的关注，形成一段时间的影响力。

（二）竞赛的组织策划

1. 成立组织委员会

为了保障竞赛的顺利举办，需要成立一个专门的活动组织委员会（以下简称"组委会"）。在这个组委会下又需要根据不同职责设立对应的小组。组委会通常有四项职责：第一项是联络与组织，保障所有活动主办方、协办方和活动参与者之间的消息传递通畅；第二项是制定竞赛流程、竞赛规则和竞赛内容；第三项是后勤保障；第四项是作为评委为选手和作品打分。不同的小组各司其职，才能顺利地完成整个活动。

2.竞赛流程及规则设计

流程和规则是竞赛活动"比什么、怎么比"的重要说明。如果是现场型竞赛，在流程设计上需要注重活动现场安排、设备准备、人员调控等问题；如果是作品征集型竞赛，在设计活动各流程时要关注作品提交方式、联络人设置等问题，保障整个活动各流程顺利衔接。

第三节　智慧图书馆建设视域下高校图书馆的阅读推广发展策略

一、阅读推广服务基础设施重构与数据中心建设

阅读推广智慧赋能要以数据作为基础性的支撑和保障，而数据来源于图书馆信息化、自动化、智能化等基础设施的升级与改造，并通过数据中心实现存储、分析、应用、研究、决策等一体化服务，因而图书馆基础设施重构与数据中心建设是推进阅读推广智慧化的先决条件。

（一）图书馆基础设施重构

经过多年的发展，图书馆已经在文献资源建设、知识服务、数字人文等领域实现了信息化建设，建立了相对完善的、可支撑业务的信息基础设施工程，同时积累了丰富的服务经验。但是，面对复杂多变的服务环境（如新工科、新医科、新农科、新文科等的出现）及读者对图书馆服务的新期待和新要求，图书馆应该站在更高的战略支点上进行顶层设计与长远规划，优化基础设施配置，加速智能设备的应用，做好软硬件系统之间的无感连接，打通各系统之间的壁垒，建设数据共享通道，进而提高图书馆信息基础设施的数据服务能力。"十三五"期间，重庆大学图书馆通过"两主一备"建立了数字资源"云端＋本地"的融合保障体系，为图书馆传统信息基础设施的转型升级提供了可靠支撑，如智慧图书馆服务门户、京东阅读、课程文献中心等；在"十四五"规划中，将会依托基础设施工程的全面融合带动图书馆线下和线上服务的同步深度协调发展，进而全面实现资源的云存储、云获取，以及读者云服务、图书馆业务的云管理等，重庆大学图书馆的探索与实践为我们提供了可靠参照。基于此，高校图书馆必须着力推进基础设施信息化建设，包括硬件层面的高性能服务器、大容量存储、高速网络、智能门禁等，软件层面的虚拟化平台、云计

算平台等，为数据中心建设提供基础保障。

（二）图书馆数据中心建设

没有数据就没有智慧阅读，所以图书馆在信息基础设施护航下，应注重数据中心的建设与应用，打造可靠的数据生态环境，让数据介入阅读推广的全流程，从而解决读者需求不明确、推广效果不明显等问题，使阅读推广更能体现学术性、专业性和价值性。图书馆数据中心在功能上应具备数据的采集、存储、分析、决策等功能，可依托第三方技术公司来实现，在数据类型边界上可分为资源数据、读者数据和运行数据，做好组织与应用，纳入规划、分期完成，采取分布式、集群化解决方案。资源数据的本质是数字图书馆的建设，涉及馆藏资源、**OA 资源和共享资源**等，重点解决纸本馆藏、特藏、教参等资源**的数字化建设**及数字资源的元数据重组等，实现真正意义上的纸电融合，为资源的展示、组织和服务提供基础保障。读者数据按属性可分为学生读者、教师读者和社会读者，再根据不同读者群体的静态属性（如专业、兴趣、性别、科研等）进行二次分级，为阅读内容提供支撑。运行数据通常包括图书馆内部数据和外部数据两部分，内部数据指读者利用图书馆过程中产生的、可直接获取到的数据，如借阅数据、到馆数据、电子资源利用数据、阅读活动数据、预约数据等；外部数据指读者参与非图书馆活动过程中产生的数据，通常与图书馆没有直接的关联，却是读者画像的重要数据来源，如选课数据、上网日志、社交数据等。在数据中心的数据分析与应用过程中，还应注重数据安全及读者隐私保护，提高数据风险防范意识与危机预警及处理能力。

二、推广主体责任分担与价值共创

推广主体主要解决"谁来推广"的问题，随着阅读推广工作的常态化，推广主体已不再是单一的图书馆，而是逐步发展为以图书馆为主要力量、其他组织或机构广泛参与的多元力量的共同体，因此如何对推广主体责任进行界定、分解，打破"多方参与、无人负责"的尴尬局面，从价值共创视域强化共同体意识，将是阅读推广智慧赋能迫切需要解决的问题。

（一）明确责任、科学界定

在高校，阅读推广不仅是图书馆的任务，更是需要相关部门合作发力，而图书馆作为主要力量，需要明确各参与主体间的责任，以主体贡献度、参与度、相关度等可量化数据作为评定标准与权重分配，并通过制度进行规范和约束，以使阅读推广工作具有稳定性和持续性。阅读推广主体责任主要包括认识层面和实施层面：认识层面主要是对阅读推广的任务、意义、目的等阅读推广前置要素的认同，并主动纳入学科发展规划，切实发挥多元主体的能动性作用；实施层面主要是对阅读推广的路径、方法、评价等阅读推广后置要素的执行，致力于推动读者阅读习惯培育与知识体系完善。通过主体责任的分解、细化与权重分配，可以进一步明确归属。沈阳师范大学图书馆从 2017 年开始，将部分专业阅读推广工作交由二级学院来承办，纳入课堂教学计划，实现了不同推广主体间的责任分解，收效显著。比如沈阳师范大学与学前与初等教育学院合作的"少儿绘本创作与阅读"，与管理学院合作的"启智学术沙龙"等，专业性与学术性较强，因此由相关学院承担较多的主体责任（包括策划、组织、实施、总结、评价等），现已经成为该校校级特色阅读品牌。

（二）价值共创、合谋共赢

价值共创是经济学领域概念，指价值的创造应该由企业和消费者共同实现，但是随着该理论在管理学领域的不断应用，又被赋予新的内涵。价值共创不仅是多个主体之间通过沟通、规划以及其他有目的性的互动而实现的一系列变化和结果，还是一个互惠的过程，每个主体在这个过程中对价值的感知会以其承担责任和付出资源的多少作为背景条件。价值共创强调每一个参与主体在进行价值创造的过程中都会对整体价值产生重要影响。阅读推广多元主体间的协作，其本质上就是价值共创的过程，即通过责任界定推进主体间利益融合，消除内耗，共创价值。一是利益动力机制，根据阅读推广项目的类型、规模、学术特征等进行分析，以众包或立项形式进行推进，发挥不同主体的动力作用；二是利益分配机制，以主体合作、贡献度等为基础，对阅读推广所产生的资源利益、政绩利益等进行分配，即贡献决定收益；三是利益协调机制，多元主体参与阅读推广时，需要根据主体的学术特征、组织能力等进行统筹与协调，在兼顾公平与效益、自愿与协商的前提下，最大限度地发挥主体作用。以动力、分配、协调为基础的价值共创机制、权重拆解策略，将会更加科学、有效、智慧地推进主体间的合作与共赢，激发主体力量并形成合力。

三、推广对象特征重构与差异分级

推广对象主要解决"向谁推广"的问题，只有将阅读推广对象按照属性特征进行差异化分级，才能实现细致分层、按需推送，阅读推广也才能更具针对性，这样对读者而言，受用度和价值性更高，对图书馆而言，在用户学习和科研过程中能够发挥智慧化的支撑作用。

（一）特征重构

阅读推广对象特征不再是简单的年级、专业、性别等属性，而是以数据中心为底层支撑架构，全面收割能够反映读者特征的全场景数据，形成粒度相对细微的特征数据库，通过特征属性的重新构造服务于读者的差异化分级。读者数据按特征的流动性主要分为两类：一是静态数据，主要来源于数据中心的读者数据模块，这类数据一经采集，其特征基本不变，通常包括年级、专业、兴趣、性别、爱好等；二是动态数据，主要来源于数据中心的运行数据模块，具有较强的时效性和价值性，能够反映出特定时间内读者特征变化的隐性趋势和规律，通常包括图书馆内部的借阅数据、到馆数据、阅读数据、电子资源利用数据、参与阅读活动数据、空间及座位预约数据等，以及图书馆外部的社交数据、上网日志数据等。

（二）差异分级

根据读者特征数据库，为每位读者贴上若干标签，通过标签对读者进行差异化分级。一是根据读者的协同特征标签打造具有某一相同属性的社群，也就是同质群体，为其提供相应的阅读推广服务，对读者而言，其可能会同时属于多个不同社群，在不同的时间内，所属社群也会不同，协同特征通常包括专业相似、课程相似、课题相似、兴趣相似、借阅相似等，协同特征分级既能将具有相似特征的读者汇聚起来，打造不同的阅读交流圈子，又能使阅读推广有的放矢、提升效果；二是基于读者的个体特征标签进行千人千面的个性化推荐，这种推荐具有较强的针对性和适配性，每个读者自成一类，根据标签权重决定推荐内容的优先度，属于"点式"服务。

四、推广内容精准聚焦与个性匹配

推广内容主要解决"推广什么"的问题，将推广内容与差异分级的读者进行有效匹配，把合适的资源推送给合适的读者，是提升阅读推广效果的关键。阅读推广活动开展多年，正从普适性的经典阅读向特征性的专业阅读转化，读者也更加期望阅读推广内容能够精准聚焦于学科专业层面的学习与科研，并提供更有价值的个性化匹配内容。

（一）精准聚焦

精准聚焦主要解决推广对象差异分级后，推广内容如何与之匹配的问题，主要从以下两个维度推进：一是相关性策略，即推广内容的属性与目标读者群体特征匹配，注重资源的相关性挖掘及关联推广，保证推广内容的覆盖面，匹配策略包括关键词匹配、分类匹配、搜索词匹配、主题匹配等；二是热度策略，包括全局热度、分类热度、主题热度以及关键词热度等，更加适用于冷启动环境下推广内容的构造，比如对于新生读者，由于缺少相应的运行数据而难以进行特征分析，可以向其推广具有某类热度特征的资源。在精准聚焦策略下，作为推广主体，还要适度优化策略，避免由于"信息茧房"效应，而将读者过度困于同质化信息空间内。

（二）个性匹配

个性匹配指推广内容根据读者个体特征进行构造，属于一对一的"点式"服务，这种匹配方式有较强的针对性和可用性，但是会消耗推广主体更多的资源，拉高推广成本，通常适用于某些重点研究领域的相关读者。如果依托智慧图书馆平台，推广内容的个性匹配就相对可行，能够服务于每一位读者，甚至是读者方向的个性化定制功能，如重庆大学智慧图书馆平台下的"猜你喜欢"，就是基于读者个体特征的个性化阅读内容推荐服务。

五、推广途径媒介创新与全景覆盖

推广途径主要解决"如何推广"的问题，在移动互联、5G、VR 等技术的支撑和应用下，图书馆的阅读推广服务也应向多场景化、全媒体化方向发展，满足不同读者在不同场景下的服务需求，打造智慧化的阅读环境，提升阅读体验，将推广内容以最合适的方式推送给有需要的读者，满足不同类型读者的阅读需求。

阅读推广途径主要分为线下和线上两种，两者是并行关系，而非替代关系。通过两种途径的融合，可以覆盖不同类型的读者群体，为他们提供场景明晰、虚实兼顾、精准定位、智慧送达的阅读推广服务体验。线下推广主要适用于阅读意愿不太强烈、阅读自觉过于松弛的读者，能够有效营造阅读氛围，吸引这部分读者从关注阅读到回归阅读，其主要依托图书馆的文化空间开展诸如读书分享会、读书沙龙、真人图书馆等大型阅读推广活动，如上海交通大学图书馆的"鲜悦"，已经成为校园阅读品牌活动，向一代代上海交通大学读者传递着阅读的力量，该项目还获得了 2015 年首届全国高校图书馆阅读推广案例大赛一等奖；线上阅读推广主要借助社交网络平台浸入读者的网络空间，通过对读者社交数据的分析，挖掘读者社交网络平台的关注热点，通过开设官方认证服务号或移动 App 等方式开展深层次的定向阅读推广活动，进而唤醒读者的阅读热情，如国家图书馆、上海图书馆、河南工业大学图书馆、内蒙古农业大学图书馆等通过"抖音"开展相应阅读推广活动，让阅读"活"起来、"炫"起来。国家图书馆还在 2019 年的世界读书日当天启动了"抖音图书馆系列活动"，邀请"阅读明星"为读者朗读推荐书单，以此激发公众阅读行为、培养公众阅读兴趣。此外，上海交通大学图书馆的"思源悦读"、南京大学图书馆的"掌上汇文"、浙江大学图书馆的"浙大图书馆"等基于移动终端的 App 应用，都提供了丰富的数字阅读功能，能够满足读者移动阅读的需要。可见，读者对新兴社交媒体的关注度较高，图书馆完全可以利用"今日头条""抖音""快手"等平台开展相应的阅读推广活动，如果具备技术条件还可以研发 App，既能激发阅读推广的活力，又能吸引读者回归图书馆、回归阅读。

六、提高馆员队伍学科专业化素质

高校图书馆智慧化服务更多强调提高馆员队伍的整体服务能力，为保障知识发现与服务系统的正常运行，馆员的创新程度、学习敏锐度、知识储备、服务意愿能有效提升图书馆智慧服务效能。图书馆需要调整人员结构，按需设置岗位，重组业务流程，重构参考咨询服务体系，组建更为专业的参考咨询队伍。学科馆员队伍建设在智慧图书馆服务中是非常重要的。多元化的服务方式、现代化的服务手段，需要更多的不同学科专业背景的个体馆员之间相互协调，形成一个多态势的服务团体。学科馆员服务路径要从图书馆到学院转变为从图书馆到学科再到教师，以嵌入式、协同式和团队式服务方式优先服务高校优势学科和重点学科，为其提供更加全面、周到的学科服务。为此，高校图书馆馆员服务团队建设应遵循以下方法：一是设立智慧化馆员选拔标准，按岗位需求细化智慧化馆员的培训模式，增强其学科专业素养，提高其综合信息服务能力；二是在人才引进方面，对馆员的学历条件、从业经验、学科知识等方面进行考察，择优聘任，优化复合型人才的引进考核制度，以学科专业人才为骨干建立起高校重点学科服务团队；三是构建馆员交流平台，建立合理的激励机制和管理制度，以此提高智慧化馆员的创新能力及工作积极性，带动整个图书馆服务工作效率和质量的提高。

七、注重推广目的与效果评价的对照驱动

除主体、对象、内容、途径等推广要素外，图书馆还应注重推广目的与效果评价对阅读推广工作的影响与驱动，通过评价指标量化、流程标准化、制

度规范化等建立科学、智慧的评价体系与机制,使阅读推广工作既能守正,又能创新。

图书馆开展阅读推广工作受阅读环境影响,在主体、对象、内容、途径等要素层面都发生了很大变化,阅读推广的初心和目的有被边缘化的潜在问题,推广主体在开展活动过程中存在过于追求形式化、政绩化现象,而忽略了阅读推广本身的意义和价值所在。所以,在阅读推广工作不断走向深水区,面临从形式、内容到途径不断创新、丰富的主流趋势下,推广主体作为阅读推广工作的第一责任人,要明确目的与意义,**阅读推广工作始终要以文化为根基,从"抓眼球"转向"抓效果",贯彻"立德树人、服务教学"的根本任务,发挥"滋养民族心灵、培育文化自信"的功能。**

效果评价是校正、评估阅读推广工作的重要抓手,笔者比较倾向于张怀涛、岳修志等学者倡导的要素评估理论,即对阅读推广效果进行整体的定量评价,而不是简单以参加读者人数、图书借阅率等进行衡量。在主体层面,主要对参与意识、服务意识、贡献度、组织能力等进行评估,杜绝主体不作为和"挂名"现象;在对象层面,主要对参与活动的人数、主观意愿、认知度、阅读行为等进行评估,比如读者参与活动不是简单以人数来衡量,而是关注参与意愿(主观参与还是外力驱使);在内容层面,主要对推广内容的价值度、有用度、关注度、使用量等进行跟踪评估,如对推广内容的评估不是简单以某本书的借阅量或下载量为评价标准,还要重点参考阅读深度,即真正阅读还是只借不读,有没有二次借阅,有没有持续关注相关领域的资源等;在途径层面,主要对参与人数、参与时长、评论、点赞、关注、转发等进行量化与评估,根据运行数据判断推广途径的有效性和可行性。

参考文献

[1] 吴佳丽.高校图书馆阅读推广理论与实践研究[M].延吉：延边大学出版社，2019.

[2] 张海波.智慧图书馆技术及应用[M].石家庄：河北科学技术出版社，2020.

[3] 阮莉萍，朱春艳.阅读推广理论与实践[M].武汉：武汉大学出版社，2018.

[4] 王家莲.新时代阅读推广研究[M].沈阳：东北财经大学出版社，2018.

[5] 孟银涛.泛在环境下高校智慧图书馆研究[M].北京：中国农业大学出版社，2018.

[6] 杨永华.智慧时代高校图书馆服务创新与发展研究[M].北京：原子能出版社，2020.

[7] 李明.高校图书馆阅读推广研究[M].北京：朝华出版社，2019.

[8] 孔瑞林.高校图书馆阅读推广研究[M].济南：山东教育出版社，2019.

[9] 陈幼华.高校图书馆阅读推广理论与方法[M].北京：朝华出版社，2020.

[10] 刘纪刚.高校图书馆阅读推广理论与实践[M].北京：九州出版社，2019.

[11] 周秀玲.大数据环境下高校图书馆阅读推广创新模式研究[M].天津：天津科学技术出版社，2018.

[12] 程超.大数据技术在图书馆阅读推广中的运用[J].办公室业务，2021（7）：167-168.

[13] 崔娜.人工智能时代公共图书馆智慧服务研究[J].河南图书馆学刊，2020，40（5）：23-24，29.

[14] 杜希林，刘芳.关于"十四五"时期公共图书馆智慧服务若干问题的思考[J].图书馆工作与研究，2021（9）：20-29.

[15] 杜杨芳，刘峤，曹阿成.VR技术支持的智慧图书馆服务模式研究[J].兰台内外，2021（10）：45-48.

[16] 范宇.新时代高校图书馆学科馆员与学科建设研究[J].黑龙江教育（理论与实践），2021（3）：48-50.

[17] 高媛.基于大数据分析技术的智慧图书馆信息服务模式研究[J].农业图书情报学刊,2018,30(6):189-192.

[18] 贾志城.图书馆智慧服务要素分析[J].中国有线电视,2020(10):1228-1230.

[19] 蒋雷.移动互联网时代图书馆数字阅读推广探究[J].采写编,2021(8):189-190.

[20] 李冬燕.数字时代高校图书馆阅读推广文化与理念[J].科技视界,2020(9):7-8.

[21] 李鹏.智慧图书馆核心技术解构与展望[J].电子技术与软件工程,2021(16):180-181.

[22] 李厦,李笑.在"图书馆+"理念下做好全民阅读推广工作[J].河南图书馆学刊,2021,41(1):2-3,16.

[23] 李校红.公共图书馆智慧服务研究:关键要素、实现路径及实践模式[J].情报资料工作,2019,40(2):95-99.

[24] 李秀东.大数据驱动下图书馆智慧化发展探究[J].柴达木开发研究,2021(1):42-44.

[25] 刘玲玲.数字图书馆移动服务模式研究[J].河南图书馆学刊,2020,40(12):115-116,119.

[26] 鲁黎明.论阅读推广内涵与阅读推广工作原则[J].宁波教育学院学报,2015,17(1):78-81.

[27] 罗桦,陈勇,张清.基于云计算技术的图书馆建设和管理创新[J].通讯世界,2016(8):276-277.

[28] 马洪杰."人工智能+"视域下图书馆智慧型服务空间构建研究[J].河南图书馆学刊,2020,40(11):77-78.

[29] 曲莎薇.图书馆阅读推广的核心价值[J].国家图书馆学刊,2021,30(1):69-76.

[30] 孙金星.阅读推广对全民素养提升的作用及途径探析[J].河南图书馆学刊,2020,40(12):9-11.

[31] 孙鹏,王贵海,车宝晶.高校图书馆阅读推广服务的智慧赋能[J].大学图书馆学报,2021,39(3):91-96,121.

[32] 王波.阅读推广、图书馆阅读推广的定义：兼论如何认识和学习图书馆时尚阅读推广案例[J].图书馆论坛，2015，35（10）：1-7.

[33] 王捷.大数据环境下普通高校图书馆服务转型策略研究[J].图书馆学刊，2021，43（3）：43-48.

[34] 王靖娜，刘娟.论微信公众平台在高校图书馆阅读推广工作中应用[J].科技风，2019（31）：222.

[35] 文康辉."十四五"规划背景下智慧图书馆建设策略研究[J].兰台内外，2021（22）：55-57.

[36] 翁丹丹.5G通信技术在移动图书馆中的应用探索[J].智库时代，2019（52）：11-12.

[37] 熊瑛，王湘玮.基于新媒体的图书馆阅读推广探析[J].内蒙古科技与经济，2018（7）：128-129，132.

[38] 杨国凤.人工智能技术与图书馆服务变革探析[J].图书馆学刊，2021，43（5）：1-5.

[39] 杨莲勉.阅读推广的发起与意义[J].科教导刊（中旬刊），2019（35）：153-154.

[40] 杨文娟，纪昀.探究智慧图书馆的三大特点[J].智库时代，2018（22）：103-104.

[41] 杨霄.图书馆阅读推广实践的基本理念及多元化趋势[J].图书馆学刊，2017，39（7）：20-23.

[42] 姚春燕，王佳宁.智慧图书馆视域下的区域图书馆联盟构建探析[J].农业图书情报学报，2020，32（1）：58-64.

[43] 姚敏.新型服务能力建设视域下图书馆嵌入式学科服务模式研究[J].河南图书馆学刊，2019，39（1）：78-80.

[44] 于文汀.高校图书馆阅读推广服务的必要性及对策分析[J].科技创新导报，2020，17（3）：241-242.

[45] 张怀涛.阅读推广的概念与实施[J].河南图书馆学刊，2015，35（1）：2-5.

[46] 张建敏.浅析图书馆智慧化服务[J].图书馆界，2017（4）：78-80.

[47] 张静.网络环境下高校图书馆智慧服务建设走向探析[J].科技创新导报，2019，16（35）：263-264.

[48] 张恺.公共图书馆智慧服务新模式实践研究[J].内蒙古科技与经济,2020(4):147-150.

[49] 张鹏勇.面向RFID技术的智慧图书馆管理系统分析[J].天津商务职业学院学报,2017,5(4):82-85.

[50] 张炜,陈菁."为了一切的人"与"为了人的一切":当代知名教育家朱永新人文教育及阅读观解析[J].新世纪图书馆,2021(4):23-27.

[51] 张文彦,程美丽.阅读投入与人格发展间影响关系的研究述评[J].图书馆界,2019(5):24-29.

[52] 张燕.新时期公共图书馆读者智慧服务策略研究[J].河南图书馆学刊,2021,41(8):35-37.

[53] 赵国彬.阅读的力量[J].教育家,2021(30):70.

[54] 周杰.LoRa技术在智慧图书馆中的应用研究[J].新世纪图书馆,2021(5):57-61.

[55] 周枣,刘士林.从阅读媒介到媒介阅读:数字时代阅读文化与阅读媒介的关系转向[J].编辑之友,2021(9):18-24.

[56] 朱波莉.移动数字图书馆的认识及服务模式的探究[J].今传媒,2019,27(9):25-27.

[57] 邹晶.高校图书馆阅读推广活动意义探讨[J].文物鉴定与鉴赏,2020(1):94-95.

[58] 刘泽宁.基于智慧技术的公共图书馆社会化阅读服务模式研究[D].天津:天津理工大学,2021.

[59] 肖奕夏.5G环境下的智慧图书馆研究[D].华中师范大学,2020.

[60] 李丹.公共图书馆"互联网+"阅读推广模式创新研究[D].武汉:中南财经政法大学,2019.

[61] 董雪敏.基于智慧图书馆技术的公共图书馆阅读推广模式研究[D].天津:天津理工大学,2018.

[62] 彭珍.我国公共图书馆智慧服务研究[D].湘潭:湘潭大学,2019.

[63] 张玉斌.我国公共图书馆智慧服务研究[D].太原:山西财经大学,2018.

[64] 陈远方.智慧图书馆知识服务延伸情境建构研究[D].长春:吉林大学,2018.